Adrian Plass
Und der Grashalm sprach ...

W0245015

Adrian Plass

Und der Grashalm sprach ...

Vater-Sohn-Geschichten

Aus dem Englischen
von Christian Rendel

Die Deutsche Bibliothek – CIP-Einheitsaufnahme

Plass, Adrian:
Und der Grashalm sprach ... : Vater-Sohn-Geschichten / Adrian Plass.
Aus dem Engl. von Christian Rendel. – 2. Aufl. – Moers : Brendow, 1999
(Edition C ; C 502)
ISBN 3-87067-695-7

2. Auflage 1999
ISBN 3-87067-695-7
Edition C, C 502
© 1997 by Brendow Verlag, D-47443 Moers
Originaltitel: „Father to the Men". First published by
HarperCollinsPublishers, London, 1997. Copyright © 1997 Adrian Plass
Einbandgestaltung: Kortüm + Georg, Agentur für Kommunikation,
Münster (Westfalen)
Titelillustration: Thomas Georg
Satz: Convertex, Aachen
Druck und Bindung: Clausen & Bosse, Leck
Printed in Germany

Inhalt

Dieses Buch ist dem Andenken meiner Mutter gewidmet, die starb, bevor es vollendet wurde, und ihren Enkelkindern Stephen, Luke, Jason, William, Maya, Matt, Joe, David, Katy und „Pod".
Wir alle werden sie sehr vermissen.

Vorwort

Dieses Buch handelt von Vätern und Söhnen, von Tod, Himmel und Ehe, von dem langen Arm, mit dem die Vergangenheit sowohl zum Guten als auch zum Schlechten bis in die Gegenwart hineinwirken kann, und natürlich auch ein bißchen von Kricket. Mit anderen Worten, es ist, wie es bei all meinen Büchern der Fall war, genau da angesiedelt, wo ich in meinem Leben und in meinem Denken nun einmal gerade stehe.

Ich meine mich zu erinnern, daß C. S. Lewis in einem seiner Essays einmal bemerkte, daß nahezu jede Vermutung über ihn, die seine Kritiker auf der Grundlage des von ihm Geschrieben angestellt hatten, vollkommen falsch gewesen sei. In diesem Zusammenhang ist es vielleicht interessant, darauf hinzuweisen, daß die Geschichte mit dem Titel „Posthumer Kuchen", die von der Art und Weise handelt, wie eine Familie auf den Tod von Oma Partington, ihrem ältesten Mitglied, reagiert, in Wirklichkeit lange vor den anderen geschrieben wurde. Meine eigene Mutter, ein sehr wichtiger Teil meines Lebens, starb, während ich mitten im Schreiben dieses Buches war, so daß es durchaus verständlich wäre, wenn ein zukünftiger Biograph (angenommen, es wäre jemand so verrückt, über mein Leben schreiben zu wollen) davon ausgehen würde, daß „Posthumer Kuchen" direkt mit diesem sehr traurigen Ereignis zusammenhängt. In Wirklichkeit ist es die Geschichte mit dem Titel „Nichts als die Wahrheit", die am ehesten auf eine Anatomie des Schmerzes und der Verwirrung hinausläuft, die ich in den Wochen nach ihrem Tod empfand und noch empfinde. Und natürlich sind diese Gefühle bewußt oder unbewußt in die meisten Geschichten, die Sie in diesem Buch finden, eingeflossen (einschließlich der humorvollen Passagen – meine Mutter wäre entsetzt, wenn sie glauben müßte, daß ihr Hinscheiden den Beginn einer morbiden Phase in meiner Arbeit eingeläutet hätte). Es besteht kein Zweifel, daß die rauhe Wirklichkeit, nicht nur jemanden zu verlieren, den ich geliebt habe, sondern auch jemanden, der mich bedingungslos liebte, auf wunderbare Weise meinen Blick für Dinge geschärft hat, von denen ich in der Vergangenheit behauptet habe, daß sie mir sehr wichtig seien.

Komme ich *wirklich* in den Himmel?

Werde ich dort *ganz bestimmt* wieder mit den Menschen vereint sein, die ich geliebt habe?

Wo berührt oder vermischt sich die Wirklichkeit Jesu mit der Wirklichkeit des gewöhnlichen, rauhen Alltagslebens?

Was sind uns unsere Beziehungen wert, und wie sollten wir sie richtig gebrauchen und schützen?

Wie können wir in die Eintönigkeit, die bei so vielen von uns als „christliches Leben" durchgeht, eine angemessene und kreative Leidenschaft hineinbringen?

Wird Lawrence endlich für Hinchley aufschlagen, und wird er sich vor dem Schiedsrichterdienst drücken, nachdem er „ausgemacht" hat?

Dies sind gewiß einige der wichtigen Fragen, die ich in diesem Buch entweder elegant umschifft oder in denen ich mich katastrophal verheddert habe, aber wie immer habe ich nur über Dinge, Menschen und Situationen geschrieben, die mich nun einmal amüsieren, interessieren oder faszinieren. Falls diese Geschichten eine Botschaft enthalten oder irgend jemandem eine Frage beantworten, dann ist mir das sehr recht, doch trotz dieser Liste schwerwiegender Themen sind es Geschichten, an denen man sich erfreuen, nicht Traktate, die man exegetieren soll, falls es ein solches Wort gibt. Manchmal fragen mich Leute, warum ich nicht lieber ausdrücklich „evangelistisches" Material schreibe. Dies ist vielleicht eine geeignete Stelle, um einmal darauf hinzuweisen, daß so ungefähr all meine Versuche, offen zu evangelisieren, ziemlich nutzlos gewesen sind, während diejenigen meiner Bücher, die entweder witzig oder spekulativ und fragend sind, erheblich wirksamer waren, um Leute fähig zu machen, einen Weg nach vorn in Richtung auf Jesus hin zu sehen. Viele evangelistische Aktivitäten funktionieren einfach nicht, weil sie nicht wirklich denen zuliebe unternommen werden, die Gott liebt, sondern nur, um sich eine evangelikale Juckstelle zu kratzen. Hier ist ein alberner Sketch, den ich einmal für eine Gemeinde geschrieben habe, die gerne sowohl vorführen wollte, wie man es nicht machen soll, als auch, wie man es machen soll. Verwenden Sie ihn ruhig in Ihrer Gemeinde, wenn Sie wollen, aber achten Sie darauf, daß ihn nicht jemand in die Tat umsetzt, der nicht gemerkt hat, daß das Ganze nur ein Ulk ist!

Das evangelistische Abendessen

HH = Herr des Hauses
DH = Dame des Hauses
MG = männlicher Gast
WG = weiblicher Gast

Szene: Ein Eßtisch mit zwei Paaren, die gerade zu essen beginnen wollen.

HH: Soll ich ein kurzes Tischgebet sprechen?
MG: Ein Tischgebet?
HH: Ja, wir sprechen normalerweise immer ein kleines, äh ... ein kleines Tischgebet.
MG: Ach so, ja, wenn Sie das normalerweise so machen, schön, ja, nur zu.
HH: Okay! Gut – nun, Herr, wir wollen dir danken für George und Daphne, und wir bitten dich, daß sie die Freude und den Frieden deines Geistes kennenlernen, der Leben gibt, ja, Herr, daß sie dich in ihr Leben einladen und daß die errettende Kraft des Kreuzes von Golgatha doch jetzt ihre Herzen ergreifen möge! Im heiligen, kostbaren Namen Jesu. Halleluja! Preist den Herrn! Amen!

(MG und WG greifen nach ihrem Besteck, legen es jedoch hastig wieder hin, als DH zu sprechen beginnt, immer noch mit geschlossenen Augen.)

DH: Ich habe gerade ein Bild von Gott empfangen. Er zeigt mir feurige Bälle, die von Kopf zu Kopf hüpfen, während wir hier sitzen, und Wolken von Magnolienblättern, die sanft herabschweben und den ganzen Tisch bedecken. Ich glaube, es wird hier heute abend etwas Außergewöhnliches geschehen. (*Öffnet die Augen und spricht MG an.*) Meinen Sie nicht auch?

MG: (*Nickt wachsam*) Oh ja, dem kann ich nur zustimmen.

DH: (*Heiter*) Nun, dann stürzen wir uns auf die Gaben des Herrn!

WG: Äh, würde es Ihnen etwas ausmachen, mir das Salz zu reichen, bitte?

DH: (*Reicht das Salz hinüber*) Oh ja, wir alle sollten Salz sein, nicht wahr?

MG: Wie bitte?

DH: Ich habe nur gesagt, wir alle sollten Salz sein.

WG: (*Verdutzt*) Wir alle sollten Salz sein?

DH: Und Licht, ja. Wir sollten alle Salz und Licht sein, bis er kommt.

WG: Bis wer kommt?

MG: Sie erwarten noch einen weiteren Gast?

DH: (*In zutiefst bedeutungsschwangerem Ton, einen wissenden Blick mit HH wechselnd*) Ja, in einem ganz besonderen Sinn ist das zutiefst wahr, ist es nicht so, Tom?

HH: George, dürfte ich Ihnen eine persönliche Frage stellen?

MG: (*Mit leisem Argwohn*) J-a-a-a.

HH: (*Schaltet auf übelsten Seelsorger-Tonfall um*) George, was macht Ihr Leben *wirklich* aus?

MG: Wirklich?

HH: (*Unter heftigem, vielsagendem Nicken*) Ja.

MG: Nun, lassen Sie mich mal sehen ... Okay. Ich bin seit zehn erstaunlich glücklichen Jahren mit Daphne verheiratet – sie war meine erste Freundin und ich ihr erster Freund, und wir haben zwei wunderbare Kinder, die sehr gut in der Schule zurechtkommen und ein paar wirklich prächtige Freunde haben. Wir haben ein schönes Haus mit sechs Zimmern, das uns eine Tante hinterlassen hat, und zwei fast neue Autos, so daß Daphne sich problemlos bewegen kann, während ich an der Arbeit bin. Was noch? Oh, ich bin gerade befördert worden, was toll ist, weil es bedeutet, daß ich eine Menge Arbeit von zu Hause aus erledigen kann

10

und viel mehr von Daphne und den Kindern zu sehen bekomme – sie sind mir sowieso wichtiger als die Arbeit. Was noch? Nun ja, wir wandern gern und hören gern Musik, und einmal im Monat gehen wir ins Theater. Jeden Freitag helfen wir bei einer mobilen Gulaschkanone im East End. Das werden wir auch in den Ferien mit den Kindern eine Woche lang machen, bevor wir in unser kleines Ferienhaus in Cornwall fahren, das wir glücklicherweise kaufen konnten – wir überlassen es Freunden und anderen Leuten, die sich sonst keinen richtigen Urlaub leisten könnten. Daphne hat angefangen, einen Besuchsdienst für einsame ältere Leute in der Nachbarschaft zu organisieren – da machen wir alle mit, und, äh ... ach ja! In zwei Jahren werde ich mir ein halbes Jahr frei nehmen, und wir vermieten unser Haus, fliegen nach Nordafrika und verbringen sechs Monate damit, in einem dieser ganz armen Länder ein Krankenhaus zu bauen. Mit meinem Arbeitgeber ist alles schon abgesprochen. Daphne und ich besuchen einmal in der Woche einen Kurs, um den dortigen Dialekt zu lernen. Sie werden mir meine Stelle frei halten, bis ich wiederkomme, und die Kinder werden in der Schule nichts verpassen, weil Daphne ausgebildete Grundschullehrerin ist. (*Pause*) Ich glaube, das war's so ziemlich. Ach, eine Sache noch – daß ich das aber auch vergessen habe! Wir haben letzte Woche im Lotto gewonnen. Nur ungefähr zehntausend, aber damit können wir eine Menge Gutes tun und obendrein das Haus renovieren, also – wir sind eigentlich sehr zufrieden. Warum fragen Sie?
(*Pause*)
HH: Äh, ach nichts.
DH: (*Jetzt gibt sie's ihnen*) George und Daphne, der Punkt ist – wohin, meinen Sie, werden Sie gehen, nachdem Sie gestorben sind?
MG: (*Wie aus der Pistole geschossen*) Nach East Grinstead. Das stimmt doch, nicht wahr, Daphne?
WG: (*Lächelnd und nickend*) Nach East Grinstead, ja, das stimmt.
DH: (*Nach einer fassungslosen Pause*) Warum nach East Grinstead?
MG: Nun, wissen Sie, wir gehören zu einer Sekte, die glaubt, daß

alle Wege letzten Endes nach East Grinstead führen, nicht wahr, Daphne? (*Sie nickt zustimmend, während HH und DH mit offenen Mündern dasitzen.*) Hören Sie, tut mir leid, wir haben Sie ein bißchen aufgezogen.

DH: (*Mit schwacher Stimme*) Also, was ...?

WG: Wir hoffen, daß wir in den Himmel kommen und bei Jesus sein können – wenn möglich.

HH: Sie – Sie meinen, Sie sind Christen?

MG: Nun, wir dachten, wir wären es, aber, äh, ich glaube nicht, daß wir diese Sprache so gut beherrschen wie Sie beide ...

DH: Warum haben Sie uns nichts davon gesagt?

WG: Sie haben uns nie gefragt.

HH: (*Steht auf und sieht ziemlich ärgerlich aus*) Aber der ganze Sinn dieses Abendessens bestand darin, Sie zu bekehren!

MG: (*Amüsiert*) O je, ich hoffe, Sie haben sich nicht zuviel Mühe gemacht.

DH: (*Blickt zu den Vorhängen am Ende des Raumes hin*) Oh nein, natürlich nicht!

HH: (*Geht zu den Vorhängen und zieht sie zurück. Fünf oder sechs Leute in deutlich erkennbarer Gebetshaltung kommen zum Vorschein.*) Okay, Leute, Feierabend. Nächste Woche um dieselbe Zeit – diesmal haben wir die Leute aus Nummer sechshundertsechsundsechzig eingeladen. Bei denen bin ich mir ziemlich sicher, daß sie Heiden sind. *Die* werden uns nicht im Stich lassen ... (*Vorhang*)

Würden Sie sich gerne von diesen lieben Geschwistern zum Essen einladen lassen? Nein, ich auch nicht.

Zum Schluß möchte ich noch sagen, daß das Hauptthema von Vätern und Söhnen Bereiche in meiner Persönlichkeit berührt und offenlegt, denen ich mich schon seit Jahren rückhaltlos zu stellen versuche, wie so viele Männer, mit denen ich mich unterhalte, seien es Christen oder Nichtchristen. Das Lesen dieser Geschichten könnte alle möglichen Dinge zum Vorschein bringen. Das ist nicht zwangsläufig etwas Gutes oder Schlechtes, aber es ist fast sicherlich eine Gelegenheit irgendwelcher Art.

Ich hoffe sehr, daß die Lektüre Ihnen Spaß macht, ganz besonders vielleicht die kleine Geschichte mit dem Titel „Jetzt rede ich!", die mein Sohn Joe geschrieben hat, als er siebzehn Jahre alt war.

Nichts als die Wahrheit

Sterben war ein Kinderspiel. Das war es wirklich. Ich kam gerade aus der Drogerie, wo ich mir eine neue Zahnbürste gekauft hatte und etwas Creme für meinen – na ja, für etwas, das eigentlich keine Rolle mehr spielte, nachdem ich einmal tot war (in dieser Hinsicht natürlich eine komplette Geldverschwendung) –, und ich trat auf die Straße, ohne auch nur einen Blick nach rechts oder links zu werfen. Ein dunkelgrüner Doppeldeckerbus, Linie vierunddreißig, erwischte mich. Ich empfand keinen Schmerz und kein Unbehagen, bemerkte nicht einmal irgendwelche häßlichen zermalmenden oder zerknirschenden Geräusche, nur eine Art „POP!" in meinem Bewußtsein, und plötzlich lag ich da – tot.

Was mir gerade durch den Kopf ging, als der Bus mich erwischte? Nun, diese Frage kann ich Ihnen genau beantworten, so peinlich und absurd trivial die Antwort auch ist. Hunde – daran habe ich gedacht. Insbesondere zerbrach ich mir den Kopf über diese neuen Leinen, die die Leute heutzutage benutzen. Sie wissen, welche ich meine, nicht wahr? Die, bei denen Sie erst, am einen Ende der Leine, dem Hund begegnen, und dann ungefähr eine Viertelmeile später dem Besitzer, der das andere Ende festhält. Die, wo das Plastikding in der Hand des Besitzers aussieht wie eins von diesen Maßbändern mit Federmechanik. Wahrscheinlich, dachte ich gerade, funktioniert das so, daß man daran einen Knopf drückt, und dann kommt der Hund mit achtzig Meilen pro Stunde zurückgesaust und knallt „Peng!" mit voller Wucht gegen den Griff. Und ich fragte mich, warum jemand seinen Hund wohl an einer Leine führen will, die zwei Straßen lang ist. Warum läßt so jemand nicht lieber einen Drachen steigen, anstatt einen Hund spazieren zu führen? Bestimmt dauert es nicht mehr lange, dachte ich, bis jemand sich eine spezielle zweihändige Leine patentieren läßt, mit der man seinen Hund in weiter Ferne immer im Kreis herumdrehen kann, indem man an der einen Seite fester zieht als an der anderen. Ob Sie es glauben oder nicht, genau in dem Augenblick, wo der Bus mich traf, war mein Geist von dieser lächerlichen Zukunftsvision erfüllt, und das Bild blieb mir noch etwa dreißig Sekunden, nachdem ich vom Leben zum Tod hinübergegangen war, nahezu unverändert vor Augen.

Die Sache machte mir ziemliche Sorgen. Mir kam eine vage Erinnerung in den Sinn, daß Hamlet seinen Onkel nicht hatte ermorden wollen, während er gerade betete, weil allgemein angenommen wurde, daß Leute, die während des Betens sterben, geradewegs in den Himmel eingehen. Und wo würde mich ein Kopf voller Hunde hinbringen? Vielleicht würde ich mich mit Elvis Presleys altem Schäferhund in irgendeinem Hundeparadies wiederfinden. Das war mein erster, schwachsinniger Gedanke, nachdem ich gemerkt hatte, daß ich tot war.

Der zweite Gedanke bezog sich darauf, daß ich überhaupt noch ein Bewußtsein hatte. Ich war ja *so* erleichtert! Sie werden denken, daß das völlig verrückt klingt, aber ich hatte schon immer mehr Angst vor der Vergessenheit als vor der Hölle – freilich, ohne jemals eigene Erfahrungen mit den infernalen Regionen gemacht zu haben, wohlgemerkt. Aber in den letzten zehn Jahren oder so war eine ganze Menge darüber diskutiert worden, ob Gott wirklich eine Ewigkeit voller Leiden zulassen konnte, wenn er doch so liebevoll war, wie es immer hieß. Ein oder zwei hervorragende Gelehrte waren zu dem Schluß gekommen, daß die Hölle in Wirklichkeit eine Art endgültiges Abschalten sei. Ihrer Meinung nach hörte man einfach auf zu existieren. Das war die Strafe. Diese Vorstellung ängstigte mich zu Tode. Ich konnte den Gedanken nicht ertragen, daß mit meinem letzten Atemzug alles zu Ende sein sollte. All das Denken und Fühlen, das Lieben und Sorgenmachen, das Versuchen und Gelingen und Scheitern, ausgeblasen wie ein Kerzenstumpf. Schon der Gedanke war mir zuviel. Was für einen Sinn hatte irgend etwas noch, wenn alles im Nichts endete? Aber es war nicht so. Ich war immer noch da, fühlte mich wie vorher, war aber vermutlich unsichtbar, nachdem ich mich einen oder zwei Schritte auf das Pflaster direkt vor der Drogerie zurückgezogen hatte.

Ich stand da und sah eine Weile zu, wie Passanten sich um das Heck des Busses versammelten, blaß wurden und hauchende,

atemstockende Geräusche von sich gaben und die Straße hinauf-
und hinunterspähten, wie es Leute tun, wenn sie darauf warten,
daß jemand anderes kommt und die Dinge in die Hand nimmt.
Ich hätte ihnen gern gesagt, daß sie sich keine Sorgen zu machen
brauchten, weil es mir gutgehe, doch ich wußte, ohne darüber
nachzudenken, daß sie nie in der Lage sein würden, einen Toten
reden zu hören, so daß ich es gar nicht erst versuchte.

Schließlich rauschte lärmend ein Krankenwagen an, dicht gefolgt von der Polizei und einer Frau, die aussah, als ob sie Ärztin
wäre. Ich kann Ihnen gar nicht sagen, wie merkwürdig es ist, die
Nachwirkungen der eigenen, plötzlichen Auslöschung mit anzusehen. Wissen Sie, in meinem Kopf schien ich mehr oder weniger
immer noch derselbe zu sein, wie als ich noch am Leben gewesen
war, aber ein leises Gefühl der Verwirrung konnte ich nicht ab-
schütteln. Hier stand ich durchsichtig in der High Street meiner
Heimatstadt und sah zu, wie das, was von meinem sichtbaren
Selbst übriggeblieben war, sehr effizient von der zweiköpfigen
Krankenwagenbesatzung und all den anderen behandelt wurde,
und obwohl ich, wie gesagt, ausgesprochen froh war, daß ich
überhaupt noch existierte, verspürte ich auch ein gewisses Gefühl
der enttäuschten Erwartung. Ich hatte einen beträchtlichen Teil
meines Lebens damit zugebracht, mir über den Tod und das Jen-
seits vor Sorgen graue Haare wachsen zu lassen. Die Bilder von
Sensenmännern und Feuerseen und den Sieben Reitern der Apo-
kadingsda, vermischt mit Alpträumen und Szenen aus allen möglichen Filmen, die ich im Lauf der Jahre gesehen hatte, schienen
nicht das geringste mit der schieren Alltäglichkeit dessen zu tun
zu haben, was ich jetzt erlebte.

Nach ein paar Minuten hielt ich es nicht mehr aus. Ich mußte
mich einfach umdrehen und langsam den Schauplatz meines tödli-
chen Unfalls verlassen. Daß ich zu einem so bedeutenden Ereignis
in meiner eigenen Geschichte absolut nichts beitragen konnte,
brachte mich ziemlich aus der Fassung und verschaffte mir ein
Gefühl kalter Entfremdung. Abgesehen von allem anderen, wurde
ich plötzlich furchtbar traurig bei dem Gedanken daran, wie
meine Familie und meine Freunde reagieren würden, wenn sie
hörten, was mir passiert war. Ich wünschte mir, mich ihnen

irgendwie mitteilen, ihnen irgendwie die Tatsache bewußtmachen zu können, daß ich auf irgendeine Weise noch am Leben war, auch wenn ich tot war. Von einem Doppeldeckerbus überfahren zu werden, ist eine solch niederschmetternd schlechte Nachricht.

Vielleicht sollte ich nach Hause gehen und versuchen, Kontakt zu meiner Frau aufzunehmen. Aber wie sollte ich dorthin kommen? Sollte ich zu Fuß gehen? Fahren hatte ich nie gelernt. Konnten tote Leute öffentliche Verkehrsmittel benutzen wie alle anderen? Konnte ich mich vielleicht durch eine Willensanstrengung dorthin denken? Vielleicht konnte ich ja sogar schweben. Ich versuchte ein kleines Experiment. Ich schloß fest meine Augen und konzentrierte meinen Willen darauf, den Boden zu verlassen und zu fliegen, wie ich es so manches Mal in meinen Träumen getan hatte, als ich noch lebte. Manchmal, wenn ich aus solchen Träumen erwacht war, hatte mich eine unbeschreiblich aufregende Gewißheit erfüllt, ich hätte tatsächlich den speziellen Muskel ausfindig gemacht, der mir das Fliegen ermöglichen würde. Da ich natürlich jedesmal unweigerlich enttäuscht wurde, hatte ich meiner Frau gegenüber oft die Hoffnung ausgedrückt, mir würde irgendeine Art Flügel zugeteilt werden, wenn ich dort ankam, wohin immer ich gehen würde, wenn meine siebzig, wenn's hoch kommt, achtzig Jahre vorüber sein würden. Doch als ich jetzt meine Augen öffnete, stand ich immer noch fest auf dem Pflaster, vollkommen ignoriert von all den lebendigen Menschen um mich her und leicht verärgert darüber, daß ich, obwohl mir gerade eben mehr als ein Drittel der mir zustehenden Jahre mit einem Schlag abgehackt worden waren, immer noch nicht in der Lage war, mich in die Lüfte zu schwingen.

In der Tat empfand ich die ganze Sache als immer ärgerlicher und seltsamer. Obwohl mich offensichtlich niemand sehen konnte, war ich nicht in der Lage, durch feste Wände zu gehen, was vielleicht großen Spaß gemacht hätte. Ich versuchte es und machte dabei die unangenehme und ziemlich unerwartete Entdeckung, daß es mir immer noch möglich war, Schmerz zu empfinden. Auch die Passanten gingen nicht einfach durch mich hindurch oder ich durch sie, wie es in allen wirklich guten Geistergeschichten geschieht. Es schien so eine Art natürlichen Prozesses zu geben, der den Weg frei machte, und bewirkte, daß ich nie in körperlichen Kontakt zu einem dieser unachtsamen Leute kommen konnte, die eifrig ihrem warmen, sichtbaren Leben nachgingen. Ich beschloß, mir nicht die Mühe mit dem Versuch zu machen, nach Hause zu kommen. Der Gedanke, dort zu sein, Leute zu sehen, die ich liebte, und nicht zu ihnen durchdringen zu können, war mir einfach zu grauenhaft und schrecklich, um ihn in Worte zu fassen.

Niedergeschlagen schlenderte ich bis zum Ende der High Street, bog in die Straße ein, an der sich die meisten Restaurants befanden, und bewegte mich in Richtung Strand. Nachdem ich bei der Fisch-und-Chips-Bude (würde ich noch etwas zu essen brauchen, jetzt, wo ich tot war?) die Hauptstraße überquert hatte, ging ich die zwei Treppenabsätze zur unteren Promenade hinunter und stapfte eine Weile durch den Wind, die Hände tief in den Taschen vergraben. Schließlich kam ich zu einer Stelle, wo der Weg ein wenig schmaler wurde und sich hinter einem alten viktorianischen Musikpavillon entlangschlängelte. Der Wind blies stark und böig, trieb die Flut herein, so weit es nur ging, und ließ die Wellen mit unermüdlicher, rhythmischer Beharrlichkeit gegen die massive Mauer anbranden, die die Promenade abstützte. Ich blieb stehen, lehnte mich über das Schutzgeländer, schloß die Augen und erinnerte mich plötzlich, während die Gischt mein totes Gesicht und mein Haar durchnäßte, an all die Male, als meine Frau und ich an Tagen wie diesem die acht oder neun Meilen von unserem Wohnort hinunter zur Küste gefahren waren, einfach nur, weil das Wetter so schön ungestüm war. Das Schönste war für uns, die großen Wolken weißer Gischt zu beobachten, die die Wellen emporschleuderten, wenn sie donnernd gegen die Steinquader unter unseren Füßen schlugen. Diese gewaltigen Granitblöcke hatten solchen Attacken stumm und erfolgreich mehr als hundert Jahre lang getrotzt.

Ich fing an, mich sehr unglücklich zu fühlen. Bisher hatte das Totsein mir nicht allzuviel Spaß gemacht. Auch, wenn ich's recht bedachte, in geistlicher oder theologischer Hinsicht war nicht viel dran gewesen, soweit ich sehen konnte. Wo waren die Engel? Wo war die Ewige Stadt, deren Straßen angeblich mit Gold gepflastert waren? Wo war meine himmlische Wohnung, eigens für mich bereitet von – Sie wissen schon? Und wo wir schon dabei waren, wo war *er* überhaupt? Oder wenigstens, wo war der lange dunkle Tunnel mit dem Licht in der Ferne und dem Gespräch am anderen Ende, mit einer beeindruckend gebieterischen Persönlichkeit, in dem mir die Wahl geboten wurde, ob ich zurückkehren wollte oder nicht?

Ich erinnerte mich daran, von vielen Leuten gehört zu haben, die nicht richtig gestorben waren, oder vielleicht gestorben und dann wiederbelebt worden waren, und die etwas in dieser Art berichtet hatten. Wo war *mein* Tunnel, und wo waren die unzähligen andern Milliarden von toten Leuten, und was würde mit mir geschehen? Ich war allein und unglücklich und durchnäßt und tot.

So tief versank ich in diesem Sumpf des Selbstmitleids, daß es einige Momente dauerte, bis ich, immer noch mit geschlossenen Augen, registrierte, daß sich etwas verändert hatte. All die Geräusche und Empfindungen des Windes, der See und der Gischt hatten völlig aufgehört, und aus der Stille heraus sprach mich die Stimme einer Frau an.

„Mr. Porter, mein Name ist Miss Jordan. Wären Sie so freundlich, mir zu folgen?"

Beinahe hätte ich vor Schreck das Gleichgewicht verloren und wäre ins Meer gefallen, aber das hätte nichts gemacht, denn als ich mich aufrichtete und die Augen öffnete, waren das Meer und das Geländer und das Wetter verschwunden, zusammen mit allen anderen Spuren meiner vorherigen Umgebung. Statt dessen fand ich mich in einem sehr schmucklosen, grau gestrichenen Korridor wieder (nicht ganz dasselbe wie ein Tunnel, aber immerhin, dachte ich), und vor mir stand eine forsch aussehende, freundlich blickende, mit einer Strickjacke bekleidete Dame Mitte der dreißig, die offensichtlich auf eine Antwort wartete. Sie sah nicht toter aus, als ich mich fühlte. Ich beschloß, mir über ein oder zwei Dinge Gewißheit zu verschaffen, bevor ich ihr irgendwohin folgte, wie freundlich sie auch blicken mochte. Ich machte einen jämmerlichen Versuch, meine Haare in Ordnung zu bringen, und fragte mich dabei, warum sie nicht mehr naß waren.

19

„Äh, dürfte ich Ihnen eine Frage stellen? Wäre das in Ordnung?"

„Zwei Fragen, wenn Sie wünschen", erwiderte sie in festem, höflichem Ton. Ich starrte sie an.

„Zwei?"

„Zwei."

„Na gut – also, hier ist die erste." Ich holte tief Luft. „Bin ich tot?"

„Das ist leicht zu beantworten", sagte sie lächelnd. „Ja, Mr. Porter, ich kann Ihnen ganz unmißverständlich sagen, daß Sie tot sind. Ein großer Bus beendete vor weniger als einer Stunde direkt vor der Boots-Drogerie Ihre irdische Existenz. Erinnern Sie sich an den Papageien-Sketch?"

„Ja, natürlich, das war einer von Monty ..."

„Nun, Sie sind eine Ex-Person, und in der Tat auch all die anderen Dinge, die der berühmte Papagei war, Mr. Porter. Und Ihre zweite Frage?"

Ich wußte nicht recht, wie ich es formulieren sollte. „Nun, wissen Sie. Bin ich ...? Werde ich ...?"

„Sie möchten gerne wissen, was im nächsten Stadium Ihrer Existenz geschehen wird?"

„Äh, ja, das möchte ich gerne."

„Machen Sie sich Sorgen, Mr. Porter?"

In diesem Moment passierte etwas Komisches. Ich war nie besonders gut darin gewesen, Schwäche zuzugeben, besonders, aus irgendeinem Grund, gegenüber Frauen. Wann immer mir so etwas wie zärtliche, liebevolle Zuwendung entgegenschlug, duckte ich mich innerlich und geriet in Panik, als ob ich Angst hätte, die Person, von der die Zuwendung ausging, könnte mir Macht stehlen. Ich machte den Mund auf, um zu sagen, daß ich mir eigentlich keine Sorgen machte, ich sei nur ein wenig gespannt, und sie verstünde doch sicherlich, daß das vollkommen verständlich sei angesichts der Umstände, doch die Worte konnten – oder wollten – einfach nicht heraus. Statt dessen hörte ich mit tiefer Bestürzung meine eigene Stimme etwas sagen, das sich der Wahrheit erschreckend ähnlich anhörte.

„Ja! Ja, wirklich, ich empfinde sehr, sehr große Verwirrung und

Angst. Vor ein paar Minuten war ich noch am Leben, und dann plötzlich nicht mehr, und dann ging ich zu dem Musikpavillon, und dann war ich plötzlich nicht mehr an dem Pavillon, sondern hier, und ich war naß, und dann war ich plötzlich trocken, und – und jetzt weiß ich nicht, was geschehen wird, und ich weiß nicht, wer Sie sind, und ja, ich *mache* mir Sorgen, und ich *möchte* gerne wissen, was als nächstes geschehen wird." Dann fiel mir noch etwas Wichtiges ein. „Ach ja, und ich weiß zwar nicht, ob Sie diejenige sind, der ich das sagen muß, aber ich habe meine Meinung geändert; die Hölle ist mir nicht mehr lieber als die Vergessenheit ..."

Diese abgehackte, emotionale Rede brachte mich ziemlich aus der Fassung, doch auf die effizient wirkende Miss Jordan machte sie nur wenig oder gar keinen Eindruck, außer, daß sie leicht die Augenbrauen hob.

„Sie befinden sich im äußeren Empfangsbereich der Zuweisungsabteilung, Mr. Porter. Wenn Sie mir bitte folgen wollen, werde ich Sie zum Warteraum bringen, und dann wird sich in Kürze ein Mitglied unserer Einstufungsgruppe um Sie kümmern." Sie wollte sich abwenden, hielt dann inne und legte ihren Kopf schief. „Was die Hölle betrifft, glaube ich mich zu erinnern, daß die Anglikanische Kirche – Sie waren doch ein regelmäßiger Gottesdienstbesucher in einer anglikanischen Gemeinde, nicht wahr, Mr. Porter?"

„Mmm, das ist richtig", murmelte ich und fügte dann hastig und ziemlich jämmerlich hinzu: „Es war eine *erneuerte* anglikanische Gemeinde."

„Ich glaube mich zu erinnern", fuhr sie fort, „daß die Anglikanische Kirche die Hölle Mitte der neunziger Jahre mehr oder weniger abgeschafft hat, so daß wir wohl davon ausgehen müssen, daß der Himmel und die Vergessenheit die einzigen verbleibenden Alternativen sind?"

Ich sah sie einen Moment lang schweigend an. Nach allem, was ich wußte, konnte dies Gott in Verkleidung sein (oder, da ja jetzt, wo ich tot war, alles möglich zu sein schien, Gott *ohne* Verkleidung!), der meinen Sinn für Humor testen wollte oder so. Ich beschloß, mich lieber zu vergewissern.

„War das ein Witz?"

„Ja", sagte sie, „es war ein Witz – wir haben hier auch welche –, aber Ihre Entscheidung, doch lieber die Vergessenheit vorzuziehen, ist sehr klug, wenn ich das sagen darf."

Panik!

„Sie meinen doch nicht, daß ich ...?"

Doch sie hatte sich bereits abrupt umgedreht und ging mit einem solchen Tempo davon, daß ich sie gerade noch einholen konnte, als sie eine Stelle erreichte, wo der Gang eine scharfe Biegung nach links machte. Danach schien unser Weg zum Warteraum (was immer das am Ende bedeuten mochte) eine Ewigkeit in Anspruch zu nehmen. Die Reise ging durch einen endlosen grauen Korridor, schwach erleuchtet von einer unsichtbaren Lichtquelle, ungemildert von Bildern, Fenstern oder jeglichen Dekorationen, durch labyrinthartige Biegungen nach links und rechts, mit langen, schnurgeraden Abschnitten dazwischen. Alles, was es auf der Welt gab – oder in dieser Welt, in der ich mich jetzt befand, nachdem ich definitiv tot war –, war Miss Jordans auf und ab wippender Rücken, das rhythmische Klappern ihrer Absätze auf dem Linoleumfußboden und die traumartige, graue Eintönigkeit meiner Umgebung.

Vielleicht *ist* das die Hölle, dachte ich. Vielleicht existiert sie für mich in der Form eines Frauenrückens, eines unangenehm eiligen Marsches, der niemals enden wird, und hektarweise gleichförmiger, grauer Düsternis. Wenn ja, war es gar nicht *so* schlimm. Na ja – jedenfalls nicht so schlimm, wie es hätte sein können. Vielleicht sollte man im Laufe der Zeit ein paar kaum merkliche, kleine Veränderungen einführen. Angenommen, ich stellte fest, daß ich dringend auf die Toilette mußte? Vielleicht war es das. Es schienen keinerlei Türen in den Wänden zu sein, geschweige denn solche, auf denen kleine Klebefiguren angebracht waren, die auf gewisse Örtlichkeiten für DAMEN und HERREN hinwiesen. Was würde das für eine Hölle sein, wenn man sich unaufhörlich in dem Zustand befand, dringend seine Blase entleeren zu müssen, aber niemals einen Ort fand, wo das möglich war.

Ich fühlte mich besser, wenn ich derart albernen Gedanken nachhing, während ich hinter meiner Führerin herstolperte.

Natürlich waren sie albern. Schließlich würden, wenn es im Himmel keine Ehen gab, die Toiletten wohl kaum nach Geschlechtern getrennt sein, wenn sie überhaupt benötigt wurden. Mir war klar, was wirklich in mir vorging. Ich versuchte mich davon abzulenken, mir Gedanken über diese schreckliche Formulierung zu machen, die Miss Jordan gerade eben auf so emotionslose Weise gebraucht hatte. Sie hatte gesagt, ich befände mich in der „Zuweisungsabteilung". Offensichtlich war ich es, dem ein bestimmter Zielort oder ein Schicksal zugewiesen werden sollte, vermutlich von einem Mitglied der ebenso erschreckend betitelten „Einstufungsgruppe", jemandem, der schon jetzt geifernd am anderen Ende des Korridors kauerte und darauf wartete, mich einzustufen, bevor er meiner Seele wütend diese oder jene ausgesuchte Höllenqual auferlegte.

Miss Jordan schien ihren Schritt noch zu beschleunigen, und ich mußte einen oder zwei Gänge höher schalten, um mit ihr Schritt zu halten. Während ich das tat, kamen mir ganz abrupt Erinnerungen an die sechziger Jahre in den Sinn, als meinen Freunden und mir als jungen Christen eine Serie kleiner, postkartengroßer Comic-Bücher vorgestellt wurden. Diese aus Amerika stammenden Werke stellten in finsteren, markerschütternd lebhaften Bildern das Schicksal dar, das ohne Zweifel über all diejenigen hereinbrechen würde, die so töricht waren, zu sterben, ohne „ihre Herzen vor Gott in Ordnung gebracht" zu haben.

Mir fiel ein besonders unangenehmes Beispiel ein, in dem ein solcher törichter Bursche (ich glaube, Frauen wurden in diesen Publikationen nie verdammt) am Ort des Gerichtes ankam und sich vor eine große Leinwand setzen mußte, um sich eine Filmaufzeichnung anzusehen, die nicht nur seine Sünden zeigte, sondern auch den Moment, als ihm tatsächlich die Möglichkeit geboten wurde, Buße zu tun und sich Jesus zuzuwenden. Voller Qualen, jetzt, wo es zu spät war, beobachtete er sich selbst dabei, wie er verächtlich das Angebot zurückwies und leichtfertig zum Ausdruck brachte, es sei ihm lieber, ganz in weltlichen, sündigen Dingen aufzugehen, und so die Chance zur Rettung seiner Seele verpaßte. In den letzten, alptraumartigen Szenen war dieser unglückselige Mensch, immer noch ziemlich kläglich in seinen teuren, weltlichen Anzug gekleidet, zu sehen, wie er von grinsenden Teufeln mit Dreizacken auf einen Feuersee zugetrieben wurde und, als er fiel, aufschrie und vergebens um „noch eine Chance" bettelte, die Sache in Ordnung zu bringen.

Das allerletzte Bild in diesem erbaulichen kleinen Traktat war eine ganze Doppelseite mit einer Panoramaansicht der Hölle, in der unzählige auf ähnliche Weise gequälte Seelen in einer Art riesigem Grill herumhüpften, schreiend vor Qualen an Körper und Geist, in dem Wissen, daß sie für immer dazu verdammt waren, ohne Pause den Schmerz zu erdulden, bei lebendigem Leib zu verbrennen.

Diese „evangelistischen Werkzeuge", wie sie meiner Erinnerung nach genannt wurden, sollten von uns eifrigen Mitgliedern der Jugendgruppe an solchen Orten liegengelassen werden, wo ungerettete junge Leute zufällig darauf stoßen und so dazu gebracht werden könnten, vor lauter Schreck die Liebe Gottes zu begreifen. Ich denke, sie waren wohl so eine Art geistlicher Anti-Ferien-Broschüre. In späteren Jahren hatte ich mit christlichen Freunden herzhaft über diese kleinen Büchlein gelacht. Wir hatten uns gefragt, wie wir so einen gefährlichen Mist nur jemals hatten ernst nehmen können. Doch jetzt, als ich der ständig schneller werdenden Gestalt vor mir zum Ort meiner „Einstufung" folgte und in Gedanken eine Reihe dieser grauenhaft gruseligen Bilder durchging, gelang es mir nicht, auch nur den leisesten Anflug eines Lächelns zustande zu bringen. Mir war schlecht vor Angst. Miss Jordan hatte recht. Die Vergessenheit wirkte auf einmal sehr verlockend.

Aber was war mit dem freien Willen? Während das ständig höher werdende Tempo unseres Marsches mich zwang, in einen langsamen, unbeholfenen Trab zu fallen, fing ich an, mich zu fragen, ob das Recht, über meine eigenen Bewegungen zu entscheiden, mir genommen worden war, als der Bus vorhin meinem Leben ein Ende gemacht hatte. Schließlich schienen eine Menge anderer Dinge immer noch genauso zu funktionieren, wie sie es immer getan hatten. Ich konnte denken und fühlen und sehen und hören, genauso, als wäre ich noch lebendig. Und Miss Jordan hatte mich gerade *gebeten*, ihr zu folgen. Ich hatte nicht das Gefühl gehabt, ich wäre gezwungen, irgendwohin zu gehen oder irgend etwas zu tun. Was würde wohl passieren, wenn ich einfach stehenblieb? Warum sollte ich nicht stehenbleiben? Würde ich getadelt werden, wenn ich es tat? Würde Miss Jordan mich tadeln? Würde sie vielleicht gar nicht bemerken, daß ich nicht mehr hinter ihr war, und sich fragen, wo ich geblieben war, wenn sie diesen mysteriösen „Warteraum" erreichte?

Das Tempo hatte sich allmählich immer weiter gesteigert, so daß ich nun buchstäblich rennen mußte, um Schritt zu halten. Miss Jordan dagegen schien sich auf eine glatte, gleitende Art fortzubewegen, wie auf Laufrollen oder Schienen, nicht auf zwei menschlichen Füßen. Panik nahm mir das bißchen Atem, das ich noch hatte, als in meinem Geist die lächerliche Vorstellung aufstieg, ich könnte zu einer hilflosen, Mario-ähnlichen Figur in einem riesigen Videospiel geworden sein, das irgend jemand anderes spielte. Schweiß begann mir von der Stirn in die Augen zu tropfen und alles verschwimmen zu lassen außer jener schnell dahineilenden Gestalt vor mir. Ich beschloß stehenzubleiben. Warum sollte ich nicht stehenbleiben? Ich würde stehenbleiben.

Ich blieb stehen.

Erleichterung! Ich sank zu Boden, setzte mich auf meine Fersen, ließ den Kopf auf die Brust herabhängen und schloß die Augen. Alles, was im Moment eine Rolle spielte, war mein dringendes Bedürfnis, meine Lungen mit Sauerstoff zu füllen. Schließlich, als mein Atem wieder einigermaßen normal ging, wurde mir unbehaglich bewußt, daß sich irgend etwas in der Luft um mich her verändert hatte. Der Schweiß klebte kühl an meinem Gesicht und meinem Körper, und meine Arme und Beine hatten vor Kälte zu zittern begonnen. Als ich die Augen aufschlug, sah ich, daß ich mich in eiskalter, geräuschloser, vollkommener Dunkelheit befand. Ich richtete mich auf ein Knie auf und streckte die Arme aus, um die Wände des Korridors zu finden, aber es waren keine Wände da. Ich stand auf und begann mich vorsichtig zu bewegen, mehr von meiner Umgebung zu erkunden, aber immer noch trafen meine suchenden Fingerspitzen auf keinerlei Widerstand. Es gab nichts außer der Kälte und der völligen Dunkelheit.

Diese absolute Abwesenheit von Licht hatte keine Ähnlichkeit mit irgend etwas, das ich während meines Lebens auf der Erde erlebt hatte, und doch förderte es seltsamerweise sofort eine klare Erinnerung an ein Kindheitserlebnis zutage, an das ich seit Jahren nicht mehr gedacht hatte.

Wenn ich als kleiner Junge in den frühen Morgenstunden aufgewacht war, hatten mich Furcht und Einsamkeit manchmal dazu getrieben, mich über den Treppenabsatz zum Schlafzimmer meiner Eltern zu schleichen, das für mich stets der Ort der äußersten Geborgenheit war, wie wohl für die meisten kleinen Kinder. Ein- oder zweimal jedoch war es so stockfinster auf dem Treppenabsatz vor meinem Zimmer gewesen, daß ich ungefähr nach der halben Strecke vor Angst wie gelähmt war. Lange Zeit blieb ich wie angewurzelt auf dem Treppenabsatz stehen, unfähig, vorwärts oder zurück zu gehen, aus Angst vor den Kreaturen der Nacht, die mich gewiß angreifen würden, sobald sie nur die leiseste Bewegung bemerkten. Drei oder vier kurze Schritte vor mir war, wie ich ganz genau wußte, die Tür zum Zimmer meiner Eltern. Wenn ich nur bis zu dieser Tür kommen und sie öffnen konnte, würde alles in Ordnung sein. Draußen vor ihrem Fenster brannte die ganze Nacht über eine Straßenlampe, so daß es, selbst wenn die Vorhänge zugezogen waren, immer genug weiches gelbes Licht gab, um die hungrige Dunkelheit woandershin zur Jagd zu schicken. Drei kurze Schritte bis in die Sicherheit, und doch waren sie manchmal viel zu schwierig und der Schritte zuviel.

Jetzt, in dieser noch tieferen Schwärze, ging mir eine andere Erinnerung auf, eine, deren ich mir noch nie bewußt gewesen war. Irgendwo inmitten dieser schrecklichen, lähmenden Furcht vor der Dunkelheit war ein winziger Same prickelnder Aufregung zumindest zu einem winzigen Teil dafür verantwortlich gewesen, daß ich nicht dorthin eilte, wo das Licht war. Ein Teil von mir hatte es, wie ich jetzt erkannte, geradezu genossen, in diesem schwarzen Umschlag des Nichts zu stecken, und als ich über diese seltsame Wahrheit nachdachte, begann ich undeutlich zu begreifen, warum.

Es hatte mit der Tatsache zu tun, daß meine frühesten Erinnerungen an das Leben mit einer schmerzenden Furcht vor unerkannten, schattenhaften Feinden belastet waren, von denen eine ständige, finstere Bedrohung ausging, obwohl sie unsichtbar und nicht zu identifizieren waren. Und der größte Schrecken von allen, den ich immer wieder in meinen Vorstellungen durchspielte, war, daß diese stets wachsamen Dämonen mich in einem unachtsamen Moment anspringen und allein durch den explosiven Schock ihres Angriffs umbringen würden. Darum war es so gefährlich, gewöhnliche, ungefährliche Dinge zu tun. Man vergaß die Dämonen. Man gab ihnen Gelegenheit, einen zu erwischen. Wenn ich als kleines Kind im Dunkeln auf dem Treppenabsatz stand, dann brachte mich das so nahe, wie ich es nur wagen konnte, an den Eingang der Höhle, wo jene Monster lebten. Sie mochten mich immer noch töten, aber es würde ihnen nicht gelingen, mich zu überraschen, und das war das Wichtigste. Da draußen auf dem Treppenabsatz – da war ich am Ruder.

Wieder zitterte ich vor Kälte und Trostlosigkeit. Warum dachte ich hier an Dinge, an die ich nie zuvor gedacht hatte, an einem Ort, wo ich nie zuvor gewesen war und den ich so schnell wie irgend möglich wieder verlassen wollte? Warum erschienen diese fernen Erinnerungen auf einmal als so wichtig? Dies war nicht der Treppenabsatz, und diese Dunkelheit hatte auch keine Ähnlichkeit mit der Dunkelheit auf dem Treppenabsatz. Dies war ein Ort, wo noch mehr fehlte als nur das Licht.

„Ich sehe die Hoffnung vor Augen nicht."

Das Flüstern meiner eigenen Stimme erschreckte mich, doch es war die Wahrheit. Ich befand mich an einem Ort, dessen Kälte von der völligen Abwesenheit aller Möglichkeiten ausging. Ich wußte, auch wenn ich eine Milliarde Jahre lang durch diese ewige Dunkelheit ging oder rannte oder taumelte, würde sie nie wärmer werden, und meine Fingerspitzen würden niemals irgend etwas oder irgend jemanden berühren oder von irgend etwas oder irgend jemandem berührt werden.

„Ich bin tot."

Klingt komisch, nicht wahr? Aber es ist die Wahrheit, daß mir für eine Weile die Tatsache, daß ich kürzlich von einem Bus zermalmt worden war, völlig entfallen war. Ich war tot, und ich war in der hoffnungslosen Dunkelheit. Wäre ich doch Miss Jordan zum Warteraum gefolgt! Ich hätte nicht stehenbleiben sollen. Ich hätte es auf einen Versuch ankommen lassen sollen mit diesem Einstufungs-Dingsda. Ich hätte nie so achtlos auf die Straße treten sollen, nachdem ich aus der Drogerie gekommen war. Ich hätte richtig auf mein Leben achtgeben sollen. Ich hätte vernünftig auf meine Prioritäten achten sollen. Ich hätte nie darauf bestehen sollen, das Ruder selbst in die Hand zu nehmen ...

An dieser Stelle wurden meine verzweifelten Grübeleien durch die plötzliche, herzerhebende Erkenntnis unterbrochen, daß meine rechte Hand zufällig mit etwas Kaltem, Metallischem und seltsam Vertrautem in Berührung geraten war. Als ich die linke Hand zur anderen Seite ausstreckte, stieß ich auf eine glatte Oberfläche, die sich wie eine gestrichene Wand anfühlte. Gleichzeitig schien die Dunkelheit auf einmal nicht mehr so undurchdringlich zu sein. Ein ganz blasses Licht drang durch rautenförmige Glasscheiben in einem Fenster drüben zu meiner Rechten herein. Rautenförmige Glasscheiben? Das mußte – das konnte nur ...

Ich war wieder zu Hause, in dem Haus, in dem ich aufgewachsen war. Es war Nacht, und ich stand auf dem Treppenabsatz, wie angewurzelt auf halbem Weg zwischen meinem Zimmer und dem Raum an der Vorderseite, in dem meine Eltern schliefen. Mit meiner rechten Hand klammerte ich mich an die Oberseite des altmodischen Heizkörpers, genau wie ich es immer getan hatte, als ich klein war, und mit der Linken versuchte ich, mich an der gegenüberliegenden Wand zu verankern. Es war genauso, wie es immer gewesen war, nur daß ich nicht mehr klein war – ich war groß, und es standen wichtige Dinge auf dem Spiel, wenn ich nur herausfinden konnte, was für Dinge das waren.

„Geh auf das Licht zu! Geh schon, geh hin!"

Das war es, was ich mir selbst zu tun befahl, und das war es, was ich gehorsam tat. Ich machte drei Schritte vorwärts, drehte den Knauf an der Schlafzimmertür meiner Eltern und ging hinein. Einen seltsamen, von Freudentränen erfüllten Moment lang sah ich meine schon lange toten Eltern zufrieden lesend im Bett sitzen, so wie ich sie mir immer vorgestellt hatte. Als ich das Zimmer betrat, wandten sie mir ihre Gesichter zu und lächelten mich mit großer Wärme und ohne jede erkennbare Überraschung an, doch als ich auf sie zutrat, verschwand die Szene abrupt, und ich trat in ein komfortabel möbliertes Büro. Die Tür wurde mir höflich von Miss Jordan offengehalten, die so gelassen, kühl und effizient aussah wie eh und je.

„Bitte nehmen Sie Platz, Mr. Porter, einer Ihrer Einstufungsgutachter wird gleich zu Ihnen kommen. Möchten Sie einen Kaffee?"

Kaffee? Nach dem Tod? Das konnte doch gar nicht sein.

„Ein Kaffee wäre mir sehr recht, danke. Äh, schwarz, mit einem Stück Zucker, bitte. Übrigens, Miss Jordan, es tut mir wirklich leid, daß ich nicht mit Ihnen Schritt gehalten habe. Sagen Sie nicht, ich müßte – nun, hätte ich nicht in den Warteraum gehen sollen, bevor ich hierherkam?"

Sie lächelte leicht. „Sie kommen gerade aus dem Warteraum, Mr. Porter. Ich hole Ihnen jetzt Ihren Kaffee, ja? Schwarz, mit einem Stück Zucker, nicht wahr? Und ein paar Kekse?"

„Ja. Ja, vielen Dank."

Sogar Kekse!

Ich fing an, mich zu fühlen wie Alice im Wunderland. Seltsam, seltsamer, am seltsamsten. Als Miss Jordan die Tür hinter sich geschlossen hatte, sah ich mich in dem Büro um. Abgesehen davon, daß es hier, wie in dem grauen Korridor, keine Fenster gab, unterschied es sich in nichts von anderen Büros, die ich während meines Lebens gesehen hatte. Es stand ein großer, mit Leder bezogener Schreibtisch darin, auf dem ein ziemlich altmodisch aussehendes Telefon stand, und, etwas verblüffend unter den Umständen, eine freistehende Uhr von der alten Art mit Glockenschlagwerk, drei bequeme, aufrechte Stühle, die dem glichen, auf dem ich saß, und eine Anzahl sehr hübscher Bilder an den Wänden, einschließlich einiger großer Landschaftsgemälde in kräftigen Farben und eines sehr schönen Porträts eines jugendlich wirkenden Mannes in Öl. In der Ecke stand ein grauer Aktenschrank mit fünf Schubladen, und darauf ein Topf, der eine Pflanze mit knubbeligem Stamm und großen, grün glänzenden Blättern enthielt. Trotz der außergewöhnlichen Kette von Ereignissen, die sich seit meinem Tod zugetragen hatten, überraschte mich der Aktenschrank noch mehr, als es die Uhr getan hatte. Es erschien mir merkwürdig, daß ein so solides Mittel der Informationslagerung in den himmlischen Gefilden notwendig sein sollte. Und Computer? Gab es keine Computer im Himmel? Wie konnten die Namen und Unterlagen all der unzähligen Milliarden von Menschen, die in der Geschichte gelebt hatten, in fünf Schubladen aufbewahrt werden? Freilich lief ohnehin nichts so ab, wie ich es erwartet hätte. Was war schon ein schlichter Aktenschrank im Vergleich zu der kurzen Begegnung mit meinen verstorbenen Eltern, die ich gerade erlebt hatte und von der sich mir immer noch im Kopf alles drehte? Ich fragte mich, ob mir wohl erlaubt werden würde, sie noch einmal zu sehen. Sicherlich ...

Was lag da auf dem Schreibtisch?

Ich beugte mich vor. Was lag da auf dem Schreibtisch neben dem Telefon? Was war dieses flache Ding aus Pappe? Es war ein orangefarbener Aktenordner. Es lag eine Akte auf dem Tisch. Ich reckte meinen Hals und sah, daß auf dem Deckel ein Name aufgedruckt war.

MARTIN JOHN PORTER

Meine Akte lag dort, nicht mehr als eine Armeslänge entfernt. MEINE AKTE, vermutlich eine rückhaltlose Darstellung sowohl meines öffentlichen als auch meines privaten Lebens, lag auf diesem Schreibtisch und wartete darauf, geöffnet und betrachtet und als Entscheidungsgrundlage benutzt zu werden, ob ich verurteilt und in den Grill geschickt werden würde oder zu dem Ort gehen durfte, von dem ich sicher war, daß meine Eltern sich dort aufhielten. Plötzlich fiel mir ein, daß diese „evangelistischen Werkzeuge" aus den Sechzigern nie dazu kamen, den Himmel darzustellen, außer in Zeichnungen von freundlichen, bescheiden gekleideten, fröhlichen Amerikanern, die auf unwahrscheinlich dramatischen, verschlungenen Bergpfaden Schlange standen und mit bewundernswerter christlicher Geduld darauf warteten, daß sie an der Reihe waren, durch die Perlentore zu schreiten. Jetzt, wo ich darüber nachdachte, fiel mir auf, daß die Leute in den verschiedenen Gemeinden, zu denen ich gehört hatte, immer eine viel klarere Vorstellung von der Hölle gehabt hatten als vom Himmel.

Ich spielte gerade mit dem Gedanken, mich hinüberzubeugen, um hilfsbereiterweise die Ecke der Akte mit der Ecke des Schreibtisches in Deckung zu bringen, als Miss Jordan mit meinem Kaffee und meinen Keksen auf einem Tablett erschien. Ihr folgte sogleich ein hochgewachsener, angenehm gewöhnlich aussehender Mann in einem eleganten, dunklen Anzug. Er mußte wohl etwa fünfunddreißig sein, hatte ordentlich gekämmte, gewellte blonde Haare und eine entspannte, freundliche, keineswegs bedrohliche Art. Er streckte mir den Arm entgegen und schüttelte mir die Hand. Als er sprach, wirkten die Freundlichkeit seines Tonfalls und die Aufrichtigkeit des Lächelns, das seine Worte begleitete, äußerst beruhigend auf mich.

„Mr. Porter, wie schön, Sie kennenzulernen. Mein Name ist Philip Hammond – bitte nennen Sie mich Philip. Ich bin ein Mitglied der Einstufungsgruppe, und wir werden etwa eine halbe Stunde miteinander verbringen."

„Oh, also nicht die Ewigkeit?" witzelte ich kläglich und nervös.

Er lachte höflich, ging aber nicht auf das ein, was ich gesagt hatte. Nachdem er sich einen Stuhl herangezogen und sich an die andere Seite des Schreibtisches gesetzt hatte, lehnte er sich zurück, lächelte mich weiter an und trommelte dabei mit den Fingerspitzen leicht auf die Tischkante. Ich wartete. Dann rührte ich meinen Kaffee um. Nach einer Weile trieb mich das Schweigen dazu, wieder etwas zu sagen.

„Ich dachte gerade, äh, Philip – Philip ist doch richtig, nicht wahr?"

„Philip, ja, das ist richtig, bitte nennen Sie mich Philip." Er nickte mir aufmunternd zu.

„Nun, gerade eben, als ich mit – als ich auf dem Weg hierher war, dachte ich an ein paar wirklich alberne Bücher, die wir uns angeschaut haben, als ich gerade Christ geworden war. So kleine – äh, so kleine Büchlein waren das. Ungefähr so groß wie eine Postkarte. Darin waren furchtbare Bilder davon, wie es in der Hölle sein würde, alles voller Flammen und Teufeln und schreienden Leuten in einer Art riesiger Grube. Wirklich beängstigendes Zeug. Eine Zeitlang hatten wir Angst, daß es tatsächlich so sein würde. Später natürlich haben wir begriffen, wie albern das war. Ich meine, es ist doch – es ist doch nicht ... oder?"

Während ich diese Worte sprach, hatte ich meine Stimme mit

einem kleinen Lachen unterlegt und wünschte mir nichts sehnlicher, als daß der Mann, der mir gegenübersaß, ebenso amüsiert reagieren würde. Wir würden gemeinsam genüßlich über die Absurdität der Vorstellung schmunzeln, daß menschliche Wesen jemals in einem so erschreckenden Zustand enden könnten. Aber er zeigte keine solche beruhigende Reaktion. Er lächelte mich nur weiter an. Ich wollte sterben. Aber ich konnte nicht. Ich war ja schon gestorben. Er beugte sich vor und stützte seine verschränkten Arme auf den Schreibtisch.

„Mr. Porter – darf ich Sie Martin nennen?"

„Ja, ja natürlich. Ich bitte Sie darum."

Man bietet doch bestimmt keinem Mann an, einen beim Vornamen zu nennen, wenn man gleich darauf verfügt, daß er für den Rest der Ewigkeit in eine Feuergrube geworfen wird, oder? Bestimmt nicht ...

„Martin, gehe ich recht in der Annahme, daß Sie ein bißchen verwirrt sind über" – er breitete die Arme aus und blickt von einem Ende des Büros zum anderen – „das alles hier?"

„Es ist schon ein bißchen überraschend", sagte ich und nahm den ersten Schluck von dem besten Kaffee, den ich je geschmeckt hatte. „Ich schätze, wenn ich ehrlich bin, habe ich etwas erwartet, das ein bißchen – nun ja, epischer ist, nehme ich an. Ein bißchen mehr wie die Offenbarung."

„Das Buch der Offenbarung, meinen Sie?"

„Ja", erwärmte ich mich für mein Thema, „Sie wissen, was ich meine – gewaltige, kataklysmische Schauspiele mit Reitern und Tausenden von Märtyrern und Posaunen und Feuer, das vom Himmel fällt, und riesigen Kerzenleuchtern und, äh, na ja, Büchlein, die verschlungen werden", endete ich etwas lahm.

„Büchlein, die verschlungen werden?"

„Na ja, vielleicht ..."

„Das haben Sie erwartet?"

„Kekse habe ich jedenfalls nicht erwartet." Ich nahm einen Bissen. Der Keks war himmlisch. Mit dem Mund voller Krümel sprach ich weiter. „Was mir so seltsam vorkommt, ist, daß es so eine Mischung ist. Als ich eben an diesem kalten, dunklen Ort war, war es mir wirklich unheimlich und bang, und dann war ich plötzlich wieder in meinem Elternhaus und sah meine Eltern, und das war noch unheimlicher, und jetzt sitze ich mit Ihnen in diesem Büro, esse Kekse und trinke Kaffee, und alles ist so gewöhnlich wie ... wie ..." Ich suchte in meinem Erfahrungsschatz nach dem Gipfel der Gewöhnlichkeit. „Es ist so gewöhnlich wie Luton."

„Luton?"

„Luton, ja."

„Sind Sie froh darüber, daß es so gewöhnlich ist – dieser Teil, meine ich?"

„Nun, das weiß ich nicht genau." Ich wischte mir ein paar Kekskrümel vom Pullover. „Es ist ziemlich tröstlich, sozusagen, aber es hängt alles davon ab, was als nächstes passiert. Ich meine, wenn mir solche Sachen bevorstehen wie in den Büchern, von denen ich Ihnen erzählt habe, dann spielt es eigentlich keine Rolle, wie gewöhnlich jetzt alles erscheint, oder?"

Wieder eine Gelegenheit für Einstufungsgutachter Philip Hammond, meine vordringlichste Befürchtung zu zerstreuen. Aber er tat es nicht. Er lehnte sich zurück und lächelte wieder.

Ich konnte Schweigen noch nie gut ertragen.

„Das dort ist meine Akte, nicht wahr?" sagte ich und deutete auf den orangefarbenen Ordner auf dem Schreibtisch. „Werden wir den zusammen durchgehen, oder wissen Sie bereits, was darin steht – oder was? Ich nehme an", fuhr ich fort, als mir ein Aspekt der Situation einfiel, der mir unglaublicherweise kaum durch den Kopf gegangen war, seit ich gestorben war, „Sie müssen feststellen, ob ich gerettet bin oder nicht. Nennen Sie das hier oben auch Gerettetsein?"

Er zuckte gutmütig die Achseln. „Wir nennen es manchmal so, ja. Glauben Sie, daß Sie gerettet sind, Martin?"

Was sollte ich sagen? Würde es mir als Stolz oder als Demut ausgelegt werden, wenn ich davon ausging, daß ich gewiß ein Kandidat fürs Paradies sei? Eine freimütige Bestätigung, ja, ich sei in der Tat gerettet, würde zumindest die Art von starkem Glauben widerspiegeln, der in den kirchlichen Kreisen, zu denen ich gehört hatte, so hoch bewertet wurde. Oder vielleicht war es ratsamer, eine verhaltenere, still demütige Hoffnung auszudrücken,

33

daß ich vielleicht trotz meiner vielen Sünden und Unzulänglich-
keiten erlöst und eingeladen sei, am ewigen Leben teilzuhaben.
Ich spürte, wie mir der ganze vertraute christliche Jargon wieder
in Erinnerung kam. Das würde vielleicht nützlich sein, wenn ich
gleich loslegte, aber vielleicht sollte ich damit beginnen, ein paar
solide, einschränkende Fakten hinzuwerfen.

„Nun, ich wurde mit sechsunddreißig Jahren durch Untertau-
chen getauft."

Als ich meine eigene Stimme hörte, war mir nur zu bewußt,
daß ich mich anhören mußte wie ein Achtzehnjähriger, der einen
möglichen Arbeitgeber darüber informiert, daß er im Abitur eine
Zwei in Biologie hatte.

„Ah, das ist interessant", erwiderte Philip Hammond. Er zog
sich den orangefarbenen Ordner heran, schlug ihn auf und blätterte die Seiten durch, bis er die Eintragung gefunden hatte, die
er suchte. „Ja", sagte er, während er mit dem Finger von oben
nach unten über das Blatt fuhr und ungefähr auf halber Höhe
innehielt, „das ist sehr interessant. Sagen Sie, Martin, *warum*
haben Sie sich taufen lassen?"

Zuvor, als Miss Jordan mich gefragt hatte, ob ich mir Sorgen
machte, hatte ich versucht, ihr eine Antwort zu geben, und ihr
dann doch eine andere gegeben. Es war ein sehr übler Anfall von
unfreiwilliger Wahrheitstreue gewesen. Dasselbe passierte mir
jetzt wieder. In Gedanken bereitete ich eine Antwort vor, die völlig untadelig war – ich hätte dem Befehl unseres Herrn gehorchen
wollen, daß alle Menschen sich mit Wasser und Geist taufen lassen sollten, und dies wäre natürlich die Taufe mit dem Wasser gewesen. Doch diese Antwort wollte einfach nicht herauskommen,
so sehr ich mich auch bemühte. Für einen oder zwei Momente
saß ich mit gelähmter Zunge da, völlig unfähig, mit meinem
Mund die Worte zu formen, die ich im Kopf abgefaßt hatte.

„Nun ja, ich beschloß, all die Dinge zu tun, von denen ich möglicherweise feststellen würde, daß ich sie getan haben müßte,
wenn ich – na, eben in eine Situation wie diese geriete. Ich dachte
mir, es wäre eine gute Versicherung, wenn ich alle Punkte abgehakt hätte. Dann wäre ich gut vorbereitet."

Ich war entsetzt über die Worte, die aus meinem Mund kamen,

aber ich schien keine Wahl zu haben. Oder besser gesagt, ich hatte die Wahl, entweder nichts oder die Wahrheit zu sagen. Unglücklicherweise war ich mir keineswegs sicher, daß die Wahrheit mir irgend etwas nützen würde.

„Alle Punkte?" Philip Hammond schloß meine Akte, stützte beide Ellbogen auf den Schreibtisch und sein Kinn auf die verschränkten Finger und sah mich fragend an. „Was meinen Sie mit allen Punkten?"

„Sie wissen schon – Taufe, Buße, Jesus in mein Leben einladen. Was noch? Ach ja – die erlösende Kraft seines Todes und seiner Auferstehung anerkennen, meinen Glauben vor den Menschen bekennen, all diese Dinge – alle Punkte eben. Die habe ich alle abgehakt. Ich hatte Angst, ich könnte zurückbleiben oder in die Hölle kommen; also machte ich mir eine Liste aller Dinge, die ich tun mußte, um gerettet zu werden, und die hakte ich dann eines nach dem anderen nach und nach ab. Diese Dinge habe ich alle getan. Müßte eigentlich alles in der Akte stehen. Etwa nicht?"

„Sekunde – wir kommen gleich noch einmal auf Ihre Akte zurück. Zuerst noch einmal kurz zurück zu Ihrer Taufe, dem ersten, äh, Punkt. Sagen Sie, haben Sie ein sogenanntes Zeugnis gegeben, bevor Sie ins Wasser gestiegen sind?"

„Ja. Ja, das habe ich, nur ein paar Worte darüber, warum ich es tat – warum ich getauft werden wollte, mehr nicht. Das haben in unserer Gemeinde alle gemacht, wenn sie getunkt wurden – getauft, meine ich."

„Was haben Sie in diesem Zeugnis gesagt?"
Ich räusperte mich. Dummerweise schien ich über ein vollkommenes Erinnerungsvermögen zu verfügen.

„Äh, ich glaube, ich fing damit an, daß ich sagte, ich hätte kürzlich den Herrn ganz deutlich zu mir reden hören, daß die Taufe sein Wille für mich sei, und ich wolle einfach seinem Befehl gehorsam sein."

„Und war das die Wahrheit?"
Ojemine.

„Gibt es hier oben ein Äquivalent zum fünften Verfassungszusatz?"

Er lehnte sich zurück und lachte. „Sie meinen diese Sache, daß man nichts zu sagen braucht, was einen belastet? Nun, haben wir nicht, aber wenn wir so etwas hätten, wären Sie sehr schlecht beraten, sich darauf zu berufen. Wollen Sie sagen, daß Sie in Ihrem Zeugnis nicht vollkommen ehrlich waren?"

Ich rutschte auf meinem Stuhl herum und wand mich, aber es half nichts. Heraus kam die Wahrheit.

„Na ja, in Wirklichkeit habe ich Gott natürlich nie direkt zu mir sagen hören, daß ich mich taufen lassen sollte, aber ich habe mir sozusagen eingeredet, ich hätte ein ... ein Gefühl, daß er mir den Gedanken eingegeben hätte. Ich wollte so gern sagen können, daß ich eindeutig berufen worden sei, also habe ich ... nun ja, die Wahrheit zurechtgebogen, bis sie ein bißchen überzeugender aussah. Überhaupt war das nun einmal die Art, wie man in unserer Gemeinde über solche Dinge redete. Ich erinnere mich nicht, daß jemals einer bei seiner Taufe aufgestanden wäre und gesagt hätte, er hätte so ein undeutliches Gefühl, Gott könnte ihm vielleicht sagen wollen, er solle sich taufen lassen, und es würde sich sowieso lohnen, weil es eine gute geistliche Versicherung wäre. So redete man einfach nicht in unserer Gemeinde."

„All diese Ideen waren schon vorgegeben?"

Ich nickte. „Ja, ich denke schon, in gewisser Hinsicht."

„Und was war damit, daß Sie ,einfach seinem Befehl gehorsam sein' wollten?"

„Na ja, wie ich schon sagte, zu einem großen Teil war das einfach aus Angst. Alle anderen schienen sich so *sicher* zu sein – wissen Sie, was ich meine?"

„Ja, ich denke schon."

„Es war ziemlich beängstigend, wenn ich in mich selbst hineinschaute und sah, wie *un*sicher ich war, wenn Sie verstehen, was ich meine. Wahrscheinlich dachte ich – na ja, wenn denen das alles so sonnenklar ist, dann ist es wohl das Beste, mich an das zu halten, was die sagten, das ich tun sollte. Also tat ich das." Ich schwieg einen Moment. „Aber ich habe mit Gott darüber geredet, wissen Sie. Es war am Abend davor. Plötzlich war mir der Gedanke schrecklich peinlich, wie ein Trottel in meinem klatschnassen Nachthemd vor einem Haufen Leuten zu stehen. Ich erinnere mich ganz deutlich daran, weil ich gerade das Ende von ,Question

Time' im Fernsehen anschaute, eine meiner Lieblingssendungen; es muß also ein Donnerstagabend gewesen sein. Mir war so elend zumute, daß ich den Fernseher abstellte."

Philip Hammond riß in gespieltem Erstaunen die Augenbrauen hoch. „Sie haben ihn tatsächlich abgestellt!"

„Nun, Sie haben recht, das war ziemlich ungewöhnlich. Jedenfalls stellte ich ihn ab und versuchte, zu ... zu Gott zu gehen. Ich sagte ihm, wie nervös ich sei, und bat ihn, mir durch die Sache hindurchzuhelfen. Und ich sagte ihm, wie sehr ich mir wünschte, eine echte Erfahrung mit ihm zu machen, gleich dort im Wohnzimmer."

„Und hatten Sie eine?"

Ich fragte mich, ob ich mir vielleicht an jenem kalten, dunklen Ort gerade eben eine Halsentzündung oder so etwas zugezogen hatte. Es bereitete mir die größten Schwierigkeiten, die nächste Portion ungarnierter Wahrheit zu servieren.

„Hmm, vielleicht war ich kurz davor, eine echte Erfahrung mit ihm zu machen, aber just in diesem Augenblick fiel mein Blick auf die Uhr, und mir fiel ein, daß jeden Moment die Snooker-Übertragung anfangen mußte, und da schaltete ich den Fernseher wieder ein und – na ja, behielt ihn mit halbem Blick im Auge, während ich auf meine, äh ... Erfahrung mit Gott wartete."

Er legte den Kopf schief und sah einen Moment lang mit gerunzelter Stirn den Schreibtisch an. „Also, Sie warteten darauf, daß Gott zu Ihnen sprechen würde, etwa so, wie man vielleicht mit einem halbem Auge aufpaßt, ob der Bus kommt, während man in einem Schaufenster ein paar Meter von der Bushaltestelle entfernt in den Fernseher schaut. Trifft es das so ungefähr?"

„Nun, ja, ich fürchte, so war es."

„Als Sie bei Ihrer Taufe sagten ..." Er studierte für einen Moment die Akte. „Als Sie sagten, der Herr habe am Abend zuvor ,deutlich zu Ihnen geredet', dann meinten Sie also in Wirklichkeit, daß er das vielleicht getan hätte, aber Sie waren so gebannt von der Tatsache, daß Willie Thorne auf einen möglichen Durchmarsch zusteuerte, daß Sie sich nicht ganz sicher sein konnten."

„Also ..."

Plötzlich warf Philip Hammond seinen Kopf zurück und schüttelte sich vor Lachen. Schön und gut, dachte ich, während ich ihn beobachtete, aber wo bleibe ich bei alledem? Wenn er damit fertig ist, sich kaputtzulachen, wird er sich dann so eine Art göttlicher Henkerskapuze überziehen und mich in die Hände dieser grinsenden Teufel mit ihren Dreizacken abschieben? Wenn ja, dann schien mir seine Heiterkeit alles andere als angebracht zu sein. Endlich hörte er mit dem Lachen auf, wischte sich mit dem Knöchel der rechten Hand die Augen und wandte sich entschuldigend an mich.

„Bitte verzeihen Sie, Martin, ich hätte wirklich nicht so lachen sollen. Es ist wohl einfach so, daß ich einfach immer wieder erstaunt und amüsiert darüber bin, was für eine Lücke zwischen dem klafft, wie sich das sogenannte Christentum nach außen hin darstellt, und dem, wie es wirklich von den Leuten erlebt wird, die sich Christen nennen. Suchet den Herrn von ganzem Herzen in der kurzen Pause zwischen ‚Question Time‘ und der ‚World Snooker Championship‘. Wunderbar!"

Er schüttelte den Kopf, wie um wieder klar denken zu können, und beugte sich dann wieder über die Akte und legte langsam ein Blatt nach dem anderen von einer Seite des Schreibtisches auf die andere. Endlich hob er eine Seite auf und studierte sie einige Augenblicke lang. Als er wieder sprach, klang seine Stimme sehr leise.

„Es hat eine Zeit gegeben, in der Sie Ihrer Sache viel sicherer waren, nicht wahr, Martin? Was ist passiert?"

Ojemine. Ins Dunkle.

„Mein Vater ist gestorben."

„Erst vor kurzem?"

„Ja, eine Weile vor meiner Taufe."

„Ihre Mutter starb, als Sie noch viel jünger waren, nicht wahr?"

„Ich war im Internat. Sie wurde plötzlich krank und starb. Dann sagte Dad, ich brauchte nicht mehr aufs Internat zu gehen, weil sie die einzige gewesen sei, die das gewollt habe, und ich war so froh darüber, daß ich mich wie in Watte gepackt fühlte. Daß Mum gestorben war, war schrecklich, aber ich war zu Hause, und Dad war da. Bald war alles wieder in Ordnung."

„Aber als Ihr Vater starb, war es anders?"

Mir wurde plötzlich schlecht. „Muß ich das wirklich alles hier durchkauen?"

Philip Hammond sagte kein Wort. Er lehnte sich nur ganz gelassen mit verschränkten Armen auf seinem Stuhl zurück und wartete, daß ich weitermachte mit dem, was immer ich zu tun beschloß.

Ich vergrub einen Moment lang mein Gesicht in den Händen, voller Furcht vor der Wahrheit, die ich bereits so gut kannte. Ach was, wer A sagt ...

Ich hob meinen Kopf und sagte: „In der letzten Zeit vor seinem Tod war ich mir ziemlich sicher, was Gott und den Himmel und das alles betraf. Besonders über den Himmel. Ich dachte wirklich, ich hätte alles ganz klar begriffen. Jesus würde auf uns warten, und all die schönsten Dinge auf der Erde – na ja, die Essenz all jener Dinge würde da sein, weil – weil die Person, die sie gemacht hatte, da sein würde."

„Was für Dinge?"

„Alle möglichen Dinge. Eine riesige Mary-Poppins-Liste, nur mit anderen Sachen darauf – mit anderen Sachen für jeden Menschen, meine ich."

„Wie zum Beispiel ein 147-Punkte-Durchmarsch im Snooker?"

„Nun, ja, ich fände es toll, wenn sich das für mich arrangieren ließe – das wäre wunderbar." Ich seufzte hingerissen. „Aber nein, ernsthaft, ich war meistens wirklich zuversichtlich, wissen Sie, daß ich bei Jesus sein würde und gerettet war und so weiter. Es stimmt, hin und wieder hatte ich mal einen plötzlichen Anfall völligen Unglaubens und fragte mich, warum ich nicht unterwegs war, um so viele genußvoll böse Dinge zu tun, wie ich konnte, bevor ich meine sterbliche Hülle abstreifte, aber meistens fühlte ich mich wohl bei alledem, und ich erzählte sogar anderen Leuten von meinem Glauben. Ein paar von ihnen waren sehr interessiert – sogar mehr als interessiert. Wir begannen uns in einer kleinen Gruppe zu treffen ..."

„Was passierte, als Ihr Vater starb?"

Ich holte tief Luft und spürte wieder all den Schmerz jenes Tages und so vieler Tage, die ihm gefolgt waren, als ob im Moment seines Todes eine Art emotionales Foto gemacht worden wäre, das mir seither unaufhörlich vor meinem inneren Auge gestanden hätte.

„Ich war im Krankenhaus – ich war dort seit mehr als vierzehn Tagen dauernd ein und aus gegangen. Es lief immer wieder nach demselben Muster ab. Erst ging es Dad schlechter und schlechter, bis es aussah, als ob er unmöglich durchkommen könnte, und dann erholte er sich plötzlich wieder und plauderte und unterhielt sich, als ob alles in bester Ordnung wäre. Zwei- oder dreimal sagte ich ihm gute Nacht, bevor ich nach Hause ging, um etwas zu schlafen, und dachte dabei, daß ich in Wirklichkeit Lebewohl sagen müßte. Und dann, am nächsten Morgen, saß er da im Bett und schimpfte mit den Schwestern, weil sie ihm kein Frühstück gebracht hatten. Am Ende wurde es ziemlich ermüdend – das soll nicht heißen, daß ich mich nicht jedesmal gefreut hätte, wenn er wieder durchstartete – natürlich habe ich mich gefreut. Es war nur so, wissen Sie, daß ich sozusagen alle paar Tage den ganzen Schmerz erlebte, ihn zu verlieren, gefolgt von der Erleichterung, daß ich ihn hinterher doch noch hatte, und ich war allmählich schlicht und einfach erschöpft von dieser verrückten Berg- und Talbahn. Und dann, ganz plötzlich, war er weg. Eines Morgens hörte er einfach im Schlaf auf zu atmen und war weg."

„Hat es Sie schwer getroffen?"

„Es hat mich auf alle mögliche Weise getroffen. Was mir gleich zu Anfang zu schaffen machte, war die große Kluft zwischen dem Wissen, daß jemand sterben würde, und dem Wissen, daß er gestorben ist. Die Leute sagen, daß man sich vorbereiten kann. Ich dachte, ich hätte es getan. Aber in Wirklichkeit hatte ich das nicht. Es war ein Riesenschock. Ungefähr so, als ob man in einem Haus sitzt, und plötzlich fliegt das ganze Haus, bis auf den Fußboden, auf dem man sitzt, in die Luft und verschwindet im Bruchteil einer Sekunde in weiter Ferne."

Philip Hammond nickte sanft, sagte aber nichts.

Mir fiel etwas ein.

„In der Stadt in der Nähe unseres Wohnortes war immer ein großer Supermarkt, ungefähr fünfzig Meter zurückgesetzt von der Hauptstraße in der Stadtmitte, mit einem chinesischen Restaurant oben auf dem Dach. Jedesmal, wenn man die High Street entlang ging, war es dort ... ein Teil der Landschaft, selbst wenn man es gar nicht richtig registrierte. Dann, eines Nachts, gab es ein Feuer, und das ganze Ding brannte nieder. Beinahe hätten die anderen Gebäude auch Feuer gefangen, aber offenbar machte die Feuerwehr ihre Sache großartig. Also, ich las am nächsten Morgen in der Zeitung darüber, und natürlich redeten alle davon, aber wie es sich traf, hatte ich in den nächsten zwei oder drei Tagen keinen Anlaß, in die Stadt zu fahren, und als es dann soweit war, war ich so vertieft in meine Besorgungen, daß ich überhaupt nicht an das Feuer dachte. Ich ging die halbe High Street hinauf, bis ich plötzlich merkte, daß irgend etwas nicht stimmte."

„Da war eine Lücke?"

„Ja, die ganze Form dieses Teils der Welt hatte sich verändert, und weil ich das Feuer vergessen hatte, konnte ich es nicht verstehen. Es war ein Gefühl, als hätte ich mich in eine Art Paralleluniversum verirrt oder so. Dann fiel es mir natürlich wieder ein, und ich kam mir schrecklich dumm vor. Mit Dads Tod war es ein bißchen ähnlich. Ein riesiges Stück meiner persönlichen Landschaft war plötzlich weg, und ich fühlte mich verirrt und desorientiert. Die Welt hatte die falsche Form. All die Jahrzehnte der Persönlichkeit und des Lebens und der Bedeutsamkeit und – ich weiß nicht – der schieren Existenz, in einem Augenblick einfach ausgelöscht. So ein *riesiges* Ereignis, und so eine ... eine tiefe Stille danach.

Das einzige war – ich weiß noch, daß wir für zwei oder drei Tage nach seinem Tod in unserer Gegend einen ganz überwältigenden Himmel über uns hatten. Riesige, verschwenderische Pinselstriche in Gold und Grau und Silber, zwischen denen die Sonne ihr weißes Licht herabwarf, als wäre das Budget für Spezialeffekte verdoppelt worden. Und ich weiß noch, wie ich dachte, daß im Himmel wohl eine Art Feier im Gange sein mußte, und hoffte, daß die Ankunft meines Vaters der Anlaß sei. Das tröstete mich für eine Weile, aber nur für eine Weile."

„Waren Sie sicher, daß er im Himmel war?"

Es gibt Fragen, auf die man keine Antwort geben kann, die einfach nur wahr oder unwahr ist. Ich glaube, ich meine die Art von Fragen, wo man selbst nicht recht weiß, wie man darüber denkt, und selbst wenn man es weiß, gibt es vielleicht gleich unter der Oberfläche dessen, was man denkt und sagt, noch eine andere Antwort, die noch wahrer ist als die Antwort, die einem klar bewußt ist. Diese Frage von Philip Hammond war so eine Frage, und angesichts meiner neu erworbenen Wahrheitsautomatik war ich neugierig, was für eine Antwort ich ihm geben würde. Ich merkte, wie ich in die Vergangenheit blickte und das tote Gesicht meines Vaters auf dem Kissen liegen sah, wie ich es nur Minuten nach seinem Tod gesehen hatte.

„Die Sache ist die ..." Es war schwierig. „Die Sache ist die, daß er *so tot* war. Er war so tot." Ich spürte, wie ein Schluchzen in meiner Kehle aufstieg. „Er war so tot, wie man nur tot sein kann. Er war herausgefallen oder weggegangen von diesem Ding, das da auf dem Krankenhausbett lag, und es war, als ob jemand einen riesigen Schlußpunkt hinter das Ende seines Lebens gesetzt hätte. Natürlich setzte sich meine ganze christliche Mechanik in Bewegung – er war im Himmel, wir würden uns wiedersehen und alles. Aber ..."

„Aber was?"

Die Wahrheit.

„Da war eine kleine Furcht in mir, eine ... eine kleine, dunkle Knospe der Panik."

„Eine Furcht wovor?"

„Eine Furcht vor nichts. Eine Furcht davor, daß nichts da war. Eine Furcht, daß mein Dad einfach aufgehört hatte zu existieren. Eine Furcht, daß mein ganzes Reden und Denken über Jesus und Gott und den Himmel am Ende auf ... nichts hinauslief."

„Und blieb dieses Gefühl bestehen?"

„Nicht ganz so, nein. Nicht in dieser Form. Ich konnte mich bald wieder ziemlich für alles erwärmen, das mußte ich, sonst wäre ich verrückt geworden, aber von dem Tag, als er starb, bis jetzt war die Kluft einfach ein bißchen zu breit."

„Ah!" sagte Philip Hammond. „Erzählen Sie mir von der Kluft."

„Sie werden mich für sehr albern halten."

„Im Gegenteil, Martin, Sie wirken sehr vernünftig auf mich, und ich kann Ihnen versichern, daß ich den Unterschied kenne.

Ich begegne bei meiner Arbeit manchen außerordentlich wahnhaften Menschen. Und das sind die traurigsten Fälle, die so hart daran gearbeitet haben, die Lügen zu glauben, die sie verbreiten, daß die Lügen zur einzigen Wahrheit geworden sind, die sie kennen. Furchtbar traurig."

Ich fühlte mich geradezu lächerlich geschmeichelt durch dieses schwache Lob, aber ich sah nicht, wie es mir sonderlich helfen sollte. Vernünftigkeit dürfte wohl kaum eine Hauptvoraussetzung sein, um in den Himmel zu kommen, oder?

„Erzählen Sie mir von der Kluft", sagte Philip Hammond noch einmal.

„Als ich ein Junge war ...", fing ich an. Ich verstummte, als es mir plötzlich in den Sinn kam, mich zu fragen, warum diese orangefarbene Akte über mich auf dem Schreibtisch so dünn war. Ein wenig beunruhigend. Mußte ich gleich mal nachfragen. „Als ich ein Junge war, spielten mein Bruder und ich viel auf einem Feld am Ende der kleinen Straße, wo wir wohnten. Am unteren Ende des Feldes stand ein kleines Wäldchen, und in der Mitte war ein Bach mit steilen Böschungen auf beiden Seiten. Wir stellten uns vor, wir wären Cowboys und würden mit unseren imaginären Pferden an dem Hang des ‚Grand Canyon' hinabgaloppieren, wie wir es immer nannten, und dann majestätisch über den tosenden Strom unter uns hinüberspringen. Nun, mein Bruder, der ungefähr ein Jahr älter war als ich und viel längere Beine hatte, hatte keine Probleme mit dem ‚majestätischen Sprung', auf den es in dieser Übung ankam. Mit einem lauten Juchzer setzte er jedesmal hinüber und landete bei fast jedem Sprung sicher auf der anderen Seite. Ein- oder zweimal kam es zur Katastrophe, aber davon ließ er sich nie entmutigen. Heute, wo er angeblich erwachsen ist, macht er es am Aktienmarkt immer noch ganz genauso.

Ich dagegen wollte eigentlich nie über diesen Bach springen. Der tosende Strom war in Wirklichkeit ein ziemlich träge dahinplätscherndes Rinnsal, verstehen Sie, aber die Böschungen waren ziemlich hoch, und in dem Bett des kleinen Wasserlaufes lagen viele gefährlich aussehende Steine. Ich hatte schreckliche Angst davor, zu kurz zu springen und mir böse weh zu tun, wenn ich das andere Ufer nicht erreichte. Ich stand immer auf dem einen

Ufer, maß die Entfernung mit den Augen ab und fragte mich, ob ich wirklich glaubte, ich könnte die andere Seite erreichen, selbst wenn ich meinen aller-, allerbesten möglichen Sprung tat. Und die Antwort war immer, daß ich es nicht konnte. Ich wußte, daß ich es nicht konnte. Es war einfach einen halben Meter zu breit für mich, um hinüberzuspringen.

Mein Bruder hatte übrigens eine sehr gute Art, damit umzugehen. Wir trafen eine Art unausgesprochener Vereinbarung, daß mein Pferd vorübergehend lahmte und vorsichtig etwas weiter unten, wo ein paar Steine im Bach lagen, über den guten alten tosenden Strom geführt werden mußte. So gut war er, mein Bruder. Ist er noch – war – ist."

„Ist", sagte Philip Hammond hilfsbereit.

„Ist, ja. Jedenfalls, was ich Ihnen erzählen wollte, war, daß ich nach dem Tod meines Vaters hin und wieder in einen außerordentlich lebhaften Tagtraum versank, einen sehr albernen Tagtraum vermutlich, aber er drückt viel besser aus, was ich sagen will, als ich es könnte. Ich habe ihn immer noch manchmal, besonders, wenn ich nicht sehr zuversichtlich bin. In dem Traum bin ich plötzlich wieder zehn Jahre alt, mit grauen Shorts und knubbeligen Knien und allem drum und dran, und ich stehe wieder oben auf der Böschung über dem Bach, wo wir gespielt haben, als ich klein war, und alles ist mehr oder weniger genauso wie früher, nur daß mein Bruder nicht da ist und ich nervös bin – sehr nervös. Ich habe mich nämlich alleine dort hinuntergeschlichen, um mir selbst zu beweisen, daß ich in Wirklichkeit diesen beängstigenden Sprung durchaus schaffen kann, vor dem ich mich bisher immer gedrückt habe. Jawohl, *jetzt* werde ich es tun, und wenn ich das nächste Mal mit meinem Bruder hier unten bin, werde ich hinübersegeln und ihn in Erstaunen versetzen.

Da stehe ich also und bringe mich selbst in Fahrt, und ich balle die Fäuste und raffe all meinen Mut zusammen, und dann renne ich los, den Hang hinunter. Doch noch während ich hinunterrenne, merke ich, wie ich die Entfernung abschätze, die ich überspringen muß, um das tosende Rinnsal zu überqueren, und ich spüre, wie meine Beine langsamer werden, und begreife, daß nichts sich verändert hat. Ich werde es nicht schaffen. Und ich schaffe es auch nie. Ich bremse voll ab, sobald ich das Ufer erreiche – bleibe einfach stocksteif stehen und fühle mich wieder einmal wie ein elender Versager. Die Kluft ist zu breit.

Und mein Problem mit dem Glauben war ganz ähnlich. Es fing in dem Moment an, als ich meinen Vater sah, wie er so ... so tot aussah. Ich kann Ihnen gar nicht sagen, wie nicht-existent er war, Philip. Die Kluft zwischen dem Wissen, was wahr und wirklich ist an der Welt und am Lebendigsein – all den Dingen, die man sehen und fühlen und riechen und sonstwie wahrnehmen kann –, die Kluft zwischen diesen Dingen und dem Glauben, daß es wirklich einen Himmel gibt, wo individuelle Menschen weiterleben und einander wiedererkennen, und wo ihnen von Gott die Tränen aus den Augen gewischt werden, wie die Bibel es sagt – diese Kluft ist einfach zu ...“

Ich war sehr froh, in diesem Augenblick das Telefon klingeln zu hören. Mir war, als ob ich mich wohl ein wenig zu sehr hatte hinreißen lassen.

„Entschuldigen Sie.“

Philip Hammond nahm den Hörer ab und hielt ihn sich ans Ohr. Ich hörte zu, während er leise mit der Person am anderen Ende sprach.

„Ja? ... Oh ja. ... exzellent! ... Ja, das dürfte sehr gut passen, wir müßten eigentlich ziemlich bald hier fertig sein. ... Ja, ich bin sicher, das wird er. ... Nein, noch nicht, aber ich bin ganz sicher, die Entscheidung wird. ... Danke ... Ja, das werde ich tun – auf Wiedersehen.“

Er legte den Hörer behutsam zurück auf die Gabel und blickte zu mir auf. Ein leises Lächeln umspielte seine Lippen.

„Warum ist meine Akte so dünn?“ fragte ich.

„Dünn?“ erwiderte er. „Oh, nun ja, sie enthält nur die wichtigsten Daten.“ Er hob den orangefarbenen Ordner auf und blätterte ihn durch. „Angaben über ein paar Gelegenheiten, wo Sie sich selbst an die zweite Stelle setzten – wenige, aber bedeutsam. Und dann, vielleicht das Wichtigste, ist da das Erlebnis, das Sie um sechs Uhr dreißig am fünfzehnten Oktober vor zweiundzwanzig Jahren hatten. Erinnern Sie sich?“

„Meinen Sie meine Bekehrung?“

„Ich weiß nicht, ob ich es so nenne würde."

Ojemine.

„Wie würden Sie es denn nennen?"

„Es spielt keine Rolle, wie ich es nennen würde, Martin. Das einzig Wichtige ist, daß Sie an jenem Tag nach Jesus riefen und er Sie hörte. Übrigens hört er auch manche Leute, die, soweit es ihnen selbst bewußt ist, nie nach ihm gerufen haben."

„Philip", sagte ich mit ganz leiser Stimme, „ich habe nach ihm gerufen, und ich habe es auch ernst gemeint, aber – nun, ich glaube nicht, daß ich ihn so sehr liebe, wie man es tun sollte ... oder wie alle zu denken scheinen, daß man es tun sollte."

„Aber Martin", sagte Philip Hammond, und es sah verdächtig danach aus, als ob so etwas wie eine Träne in seinem Auge erschien, „warten Sie ab, bis Sie herausfinden, wie sehr er Sie liebt."

Ein mächtiger, schaudernder Seufzer der Hoffnung und Erschöpfung ging durch mein ganzes Wesen. „Dann meinen Sie also, daß ich ..."

„Sie haben es wirklich gerne, wenn Sie sich die Wahrheit fertig abgepackt in die Tasche stecken können, was? Wollen Sie gar nicht wissen, wer das gerade eben am Telefon war?"

„Darf ich das denn wissen?"

„Sicher, es war Ihr Vater."

Volle dreißig Sekunden lang saß ich da und starrte ihn an. Als ich endlich sprach, traute ich mich nur zu flüstern. Es war wie in einer dieser Abenteuergeschichten, wo der in der Falle eingeschlossene Held mit unendlicher Vorsicht an einem Stück Faden zieht, um die Schnur zu fassen zu bekommen, die daran geknotet ist, an der wiederum das Stück Seil hängt, um das es ihm eigentlich geht. Ich wollte diese zerbrechliche Möglichkeit nicht verscheuchen.

„Mein Vater hat gerade eben mit Ihnen telefoniert? *Mein Vater?* Wollen Sie mir ernsthaft sagen, daß mein Vater irgendwo ... hier in der Nähe ist? Daß er lebt und hier in der Nähe ist?"

„Gleich hinter dieser Tür", lächelte Philip Hammond und deutete auf eine Tür in der Wand rechts von seinem Schreibtisch, die mit Sicherheit noch nicht da gewesen war, als ich das Büro betreten hatte. „Sie können jetzt zu ihm gehen, wenn Sie möchten."

Ich erhob mich langsam von dem Stuhl, auf dem ich gesessen hatte, meine Augen, weit und starr geöffnet wie die eines Kindes, unverwandt auf jenes unwirklich aussehende Rechteck gerichtet, das, wenn dieser Mann die Wahrheit sagte, das einzige war, was mich von dem Menschen trennte, den ich so sehr liebte und von dem ich so elend gefürchtet hatte, ich hätte ihn für immer verloren.

„Nur durch diese Tür?"

Er gestikulierte zustimmend mit dem Arm. Ich wollte nicht herausfinden, ob er recht hatte, falls er nicht recht hatte. Ich brauchte eine Ewigkeit, um den Raum zu durchqueren und tatsächlich die Türklinke in die Hand zu nehmen. Dann fiel mir etwas ein, und ich drehte mich um.

„War das alles? Ist die ... ist die Einstufung beendet?"

„Fast. Gehen Sie nur. Ich sehe Sie später noch."

„Gut – danke. Ich danke Ihnen sehr, äh, Philip."

Immer noch zögerte ich. „Sagen Sie, ist das die normale Prozedur?"

„Die normale Prozedur?"

Ich winkte vage mit der Hand durchs Zimmer. „Das alles hier. Dieses Büro und der Korridor und alles andere. Passiert das jedem, der das ... das System durchläuft?"

„Jeder Mensch ist gleich wichtig", antwortete er, „aber das, was mit Ihnen geschieht, ist ... für Sie."

„Das wird sich doch nicht alles als Traum entpuppen, oder?"

„Möchten Sie lieber aufwachen, Martin, oder möchten Sie durch diese Tür gehen und Ihren Vater sehen?"

„Ich ... ich möchte meinen Vater sehen."

Ich merkte gar nicht richtig, wie ich die Tür öffnete und hindurch auf die andere Seite ging, aber es schien im Nu geschehen zu sein. Bewußt war mir nur, wie ich die Tür hinter mir zuschlagen hörte und mich plötzlich in einer völlig anderen und total unerwarteten Umgebung wiederfand. Die leuchtende Hoffnung in meinem Herzen erlosch wie eine Glühbirne bei Stromausfall, als ich mich blinzelnd umsah, denn mir war ein grausamer Streich gespielt worden. Anstatt mich in einem angrenzenden Zimmer wiederzufinden, wie ich erwartet hatte, war ich plötzlich just an den

Schauplatz versetzt, den ich eben noch Philip Hammond geschildert hatte. Die Tür, das Büro, der graue Korridor, die Leute, denen ich begegnet war – das alles war spurlos verschwunden. Statt dessen sah ich, als ich den Kopf wandte, das sanft abfallende Feld vor mir, das mir einst so vertraut gewesen war. In dem von Kühen kurzgenagten Gras spiegelte sich jene helle, mütterliche Art von Sonnenlicht, die in meiner Kinderzeit stets die Samstagvormittage zu schmücken schien. Direkt vor meinen Füßen fiel der steile Hang ab, der hinab zu dem Bach führte, wo ich mein erstes richtiges Versagen erlebt hatte. Alles war genauso, wie es immer gewesen war.

Wo *war* mein Vater? Warum stand ich hier, anstatt ihn zu sehen, wie mir versprochen worden war? Eine plötzliche Furcht packte mich. Angenommen, ich war in Wirklichkeit bei diesem Einstufungsprozeß, oder wie immer sich das nannte, durchgefallen, und die einzige Möglichkeit, mich aus dem Büro zu schaffen, war gewesen, mir etwas zu versprechen, das ich mir sehnlich wünschte, damit ich ging, ohne Schwierigkeiten zu machen? Wieder starrte ich den Hang hinab. Von meinem Standort aus sah der Bach breiter aus als je zuvor. Wenn nun die Hölle, die für Martin John Porter beschlossen worden war, in einer endlosen Wiederholung seines nie unternommenen Versuches bestand, von einer Seite des tosenden Stroms auf die andere zu springen? Ewige Frustration und Enttäuschung, gepaart mit dem Wissen, daß ich unaufhörlich von diesem glitzernden Morgen verhöhnt werden würde, der so süß nach Hoffnung duftete. Langsam schüttelte ich den Kopf hin und her und sehnte mich danach, mich doch noch für einen Traum zu entscheiden, voll Hoffnung, daß es noch möglich wäre, das Schicksal abzulehnen, das vor mir zu liegen schien.

Es gab nur eine Möglichkeit.

Ich ließ mich vom Gewicht meines Körpers hinabziehen und begann zu rennen, bevor ich eine Chance hatte, meine Meinung zu ändern. Ich rannte wie der Wind und schaffte es nur durch eine Reihe kleiner Wunder, mein Gleichgewicht zu bewahren. Die Schwerkraft zog mich mit so riesigen Sätzen und in einem solchen Tempo das steile Gefälle hinab, daß ich wußte, daß ich niemals auf dieser Seite des Baches würde haltmachen können. Ich wollte es auch nicht. Selbst, wenn es bedeutete, daß ich mit meiner augenblicklichen Geschwindigkeit auf jene Felsen prallte, wollte ich nicht anhalten.

Als mein rechter Fuß auf die Erde am nahen Ufer des Baches aufprallte, schloß ich meine Augen und schleuderte mit jedem Gramm Kraft, das in mir übrig war, meinen ganzen Körper nach oben und nach vorn. Als ich sie einen Sekundenbruchteil später wieder aufschlug, sah ich mit einem Aufwallen purer Freude, daß mein wilder, verzweifelter Sprung mich tatsächlich zum anderen Ufer des tosenden Stroms hinübertrug.

Noch etwas anderes sah ich in diesem ewig erfüllenden Augenblick: meinen Vater, der mit ausgestreckten Armen dastand und darauf wartete, mich zu stützen, sobald ich die andere Seite erreichte.

Freunde zu Besuch

„Heute abend etwas vor?"

„Kommt drauf an, was Sie mit ‚etwas' meinen. Das Schicksal hat mich zu drei Stunden Ted Sewell verdammt. Gute Führung obligatorisch, aber Straferlaß ist nicht."

Am Freitag, dem fünfzehnten September, gegen fünfzehn Uhr fünfundvierzig, hörte Edward Sewell, als er sich anschickte, die Toilettenkabine zu verlassen, in der er geistesabwesend ein wenig länger gelesen hatte, als nötig gewesen wäre, diese Worte mit an. Sie bildeten den Beginn eines kurzen Gesprächs, das am Ende dazu führte, daß er großen Zorn, tiefe Verletzung, eine seltsame Erregung, totale Verwirrung und noch etwas anderes empfand. Der Zorn und die Verletzung rührten von dem her, was gesagt wurde, und die Erregung empfand er, weil der Inhalt des Gesprächs ihm eine Möglichkeit zur Ausübung einer Art von Macht zu bieten schien, wie er sie noch nie zuvor erlebt hatte. Die Verwirrung entstand durch das, was sich hinterher zutrug. Und das andere war – etwas anderes.

Die beiden Leute, die sich da draußen zwischen den Urinalen und den Waschbecken unterhielten, waren David Salmons, ein rauhbeiniger Kollege kurz vor dem Pensionsalter, der den Fachbereich Mathematik leitete, und Michael Vinney, ein Mann von Mitte dreißig (Edward war gerade dreiundvierzig geworden), der zur Abteilung Leibeserziehung gehörte.

Salmons, ein grauhaariger, rauher Bursche, dessen verbale Äußerungen notorisch mit knurrend zynischer Enttäuschung gesättigt waren, befand sich schon seit unzähligen Jahren an dieser Schule und galt nach allgemeiner Einschätzung als sehr guter Mathematiklehrer und sehr schlechter Abteilungsleiter. Diejenigen, die unter ihm im Fachbereich Mathematik arbeiteten, sahen angeblich seinem Ausscheiden am Ende des nächsten Schuljahres mit ungeduldiger Erwartung entgegen. Edwards Verhältnis zu Salmons war stets einigermaßen herzlich gewesen, ohne daß sie sich je näher als bis zu einer gewissen Distanz gekommen wären. Die Valley-Road-Gesamtschule war eine extrem große Schule, an der eine so hohe Zahl von Lehrkräften beschäftigt war, daß es unmöglich war, zu mehr als einigen wenigen seiner Kollegen ein nicht nur oberflächliches Verhältnis aufzubauen. Edward hatte nichts gegen Salmons – zumindest hatte er bis heute nichts gegen ihn gehabt.

Michael Vinney dagegen war jemand, den Edward gut kannte. Nachdem sie vor fünf Jahren beide an genau demselben Tag an der Valley Road angefangen hatten, hatten sie sich während jener ersten Wochen von Zeit zu Zeit durch das gemeinsame Gefühl einer vorläufigen Isolation im Lehrerzimmer zueinander gezogen gefühlt. Die alteingesessenen Kollegen, die sie dort sahen, wirkten in diesem frühen Stadium ihrer Tätigkeit auf sie wie Delegierte auf einem Kongreß der weniger bekannten Dickens-Figuren.

Edward und Michael waren in fast jeder vorstellbaren Hinsicht verschieden voneinander. Michael war nicht groß, aber er war schlank und muskulös gebaut, ein Fußballer und Tennisspieler von echtem Rang, dem die meisten seiner Schüler wegen der kompromißlosen Härte seiner Methoden enormen Respekt und beträchtlichen Abscheu entgegenbrachten, der sich aber um den Abscheu nicht scherte, solange sie taten, was ihnen gesagt wurde, und hart arbeiteten, um bis an die Grenzen ihrer Möglichkeiten zu kommen. Kinder, von denen er glaubte, daß sie kein Potential hatten, hörten für ihn einfach auf, in irgend einem bedeutsamen Sinne zu existieren, was die Leibeserziehung betraf. Es kam äußerst selten vor, daß Kinder sich formell über Mr. Vinneys Exzesse beschwerten, für die er berühmt war. Er konnte schneidend sarkastisch und gelegentlich körperlich züchtigend werden, wenn man die Praxis, Kinder zu schlagen, so beschreiben kann, aber irgendwie schien er ein so unangreifbares Recht in sich zu tragen, zu tun, was er wollte, daß er jedesmal damit davonkam.

Bei der einzigen bekannten Gelegenheit, als ein Junge (Derek Williams aus der 3DL) es gewagt hatte, sich bei seinen Eltern darüber zu beklagen, daß Mr. Vinney ihm eine Ohrfeige versetzt hatte, weil er faul gewesen sei, hatte Michael durch eine Vorführung überlebt, die für Außenstehende wie ein verblüffender Zaubertrick gewirkt haben mußte. Dereks Vater war in die Schule gekommen, um sich zu beschweren, aber der Sportlehrer war so geradeheraus, kumpelhaft und überschwenglich schmeichelnd bezüglich der Qualitäten dieses Jungen gewesen, der, wie er durchblicken ließ, viel zuviel Potential besaß, um *nicht* um seiner weiteren Entwicklung willen geohrfeigt zu werden, daß Mr. Williams am Ende ihrer Begegnung dem Angreifer seines Sohnes herzlich die Hand geschüttelt hatte und mit dem Gefühl nach Hause gegangen war, einen wahren Verbündeten in der Schule zu haben. Der Junge selbst, der vielleicht ein Faulpelz war, aber ganz bestimmt kein Dummkopf, mußte begriffen haben, daß Mr. Vinney nun praktisch eine Lizenz besaß, ihn zu ohrfeigen, wann immer es ihm beliebte. Er kam zu dem weisen Schluß, Vorsicht sei der bessere Teil der Tapferkeit, und verlagerte seine Faulheit auf den Unterricht eines anderen Lehrers, der nicht so offenkundig unter göttlichem Schutz stand. Dereks Vater, tief beeindruckt von der nun folgenden dramatischen Verbesserung der sportlichen Leistungen seines Sohnes, erklärte gegenüber jedem, der es hören mochte, daß er persönlich nichts auf Mr. Vinneys Methoden kommen lasse, denn man könne sagen, was man wolle, sie funktionierten!

Michaels Körper, sein Schreibtisch, seine Routine und sein Umgang mit der Welt waren so geordnet und gleichförmig, wie solche Dinge nur sein konnten. Da er ebenso praktisch geschickt wie sportlich war, konnte er sehr gut Dinge herstellen und reparieren. Er verstand viel von Autos und fuhr sie mit großer Geschwindigkeit und großem Geschick.

Edward war groß, ohne große Sorgfalt gekleidet, mehr als nur ein bißchen übergewichtig (knuddelig, wie Jenny sagte), total ungeschickt, ungefähr so sportlich wie ein schmelzender Schneemann und mit einem dichten dunkelbraunen, meistens zerzausten Haarschopf gesegnet. Er war ein Englischlehrer (mittlerweile hauptsächlich des Geldes wegen), der eigentlich nur in Ruhe Bücher lesen, guten Wein trinken, mit seiner Frau und seinen Freunden gut essen und nach Frankreich gehen und als Dichter leben wollte. Mr. Sewells Nebelhaftigkeit und Schrulligkeit in der Schule waren während der meisten Zeit, die er in den Klassenräumen verbrachte, so auffällig, daß er eigentlich von den Kindern, die er lehrte, hätte auseinandergenommen werden müssen. Gelegentlich passierte das auch. Doch Edward zeigte ein so aufrichtiges, ungewöhnlich intensives Interesse an den Worten und Werken seiner Schüler, verbunden mit einer höchst verwirrenden, keinen Gesichtsmuskel rührenden Ironie, wenn die Situation es nahelegte, daß die meisten Klassen eine Art unbewußter kollektiver Entscheidung getroffen zu haben schienen, daß sie mehr gewinnen konnten, indem sie zuhörten und beobachteten, als wenn sie sich danebenbenommen hätten.

Bei einer Gelegenheit zum Beispiel, nicht lange, nachdem er an der Valley Road angefangen hatte, hatte Edward in einer berüchtigten achten Klasse unterrichtet, die erst kürzlich von ihrer Position als berüchtigte siebte Klasse befördert worden war. Solche Klassen neigen dazu, sehr hart daran zu arbeiten, ihren schlechten Ruf zu wahren, und diese Klasse war keineswegs eine Ausnahme. Kaum hatte der Unterricht begonnen, fing ein Junge namens Jackson Ford, der inoffiziell dafür verantwortlich war, das Störfeuer aus der hintersten Reihe zu organisieren, damit an, mit aller Heftigkeit eines Kindes, das dringend zur Toilette muß, mit dem steifen Arm durch die Luft zu wackeln.

„Ja, Jackson?" erkundigte sich Edward und legte die *Reise nach Indien* nieder, aus der er gerade die letzten beiden Seiten vorgelesen hatte, und wandte dem Jungen seine ganze, faszinierte Aufmerksamkeit zu. „Was möchtest du mir sagen?"

„Walker und ich, Sir", sagte er und deutete auf den grinsenden Jungen zu seiner Linken, „wir finden das Zeug, das Sie da lesen, echt langweilig, und da dachten wir, wenn es Ihnen nichts ausmacht, Sir, machen wir einen kleinen Spaziergang da drüben auf dem Gras und rauchen eine, bis die Stunde vorbei ist."

Natürlich wurde diese Vorstellung kalkulierter Unverschämtheit mit entzücktem Gelächter quittiert, und alle Augen wandten sich Mr. Sewell zu, und in jedem einzelnen Gesicht stand die unausgesprochene, vor diebischer Vorfreude überquellende Frage: „Wie wirst du darauf reagieren, Pauker?"

Edward schien für einen Augenblick ehrlich verwirrt zu sein, einfach deswegen, weil er es tatsächlich war, dann glättete sich seine Stirn, und ein Ausdruck fröhlicher Begeisterung erschien auf seinem Gesicht.

„Ich frage mich", sagte er, „ob ihr es wirklich über euch bringen könntet, das zu tun. Hochinteressant! Hier sitze ich in meiner Tweedjacke, ein gewöhnlicher, konventioneller Schulmeister, der dazu angestellt ist, unter anderem dir, Jackson, englische Literatur nahezubringen, und da sitzt du, ein durchschnittlicher bis heller Achtkläßler, der hier die englische Literatur lernen soll, die ich lehren soll. Hört sich an wie ein herrliches Zusammentreffen, nicht wahr, Jackson?" Jackson ließ keinerlei Wunsch erkennen, eine Meinung zu äußern.

„Aber die Herren Fielding und Aziz könnten uns sagen, wie leicht eine solche Annahme sich als irreführend erweisen kann, nicht wahr? Wie würden wir wohl beide mit der Situation umgehen, wenn ich deiner Bitte zustimmen würde, wenn ich auch weiß, daß du sie nur im Scherz geäußert hast?" Er sah sich einladend in der Klasse um. „Vielleicht möchte uns jemand die Kette der Konsequenzen veranschaulichen, die sich aus dieser Zustimmung ergeben würden. Wie würde zum Beispiel der Herr Direktor reagieren, wenn er von seinem Schreibtisch aufsähe und Jackson Ford erblickte, wie er sich in aller Stille auf dem Sportplatz rauchend die Zeit bis zum Ende der zweiten Stunde vertriebe? Wie würde wohl seine Antwort lauten, wenn er erführe, daß er sich mit meiner Erlaubnis dort befände? William Styles, würdest du bitte nach vorn kommen und den Herrn Direktor spielen, der mich fragt, was in aller Welt mir überhaupt einfällt, und Gillian, könntest du uns eine überzeugende Darstellung von Jackson bieten, wie er um eine Entscheidung ringt, ob er die Schuld auf sich selbst nehmen oder mich ans Messer liefern soll?"

Jackson Ford, völlig verwirrt über dieses Erlebnis, seine absichtliche Unverschämtheit in die Grundlage einer Art akademischen Debatte und eines Klassen-Rollenspiels verwandelt zu sehen, konnte sich beim besten Willen nicht darüber klar werden, ob Mr. Sewell ihn auf den Arm nahm oder einfach nur verrückt war. Da es ihm nicht gelang, sich für eine der beiden Möglichkeiten zu entscheiden, beschloß er, sich in Englisch für eine Weile bedeckt zu halten. Einen beträchtlichen Teil dieser Zeit verbrachte er damit, an der Andeutung herumzukauen, er sei „durchschnittlich bis hell". Er hatte sich für nicht mehr als durchschnittlich gehalten ...

Freundschaften, die ihren Ursprung in der Einsamkeit und Unsicherheit einer neuen Situation haben, können später ziemlich mühselig werden und vielleicht im Sand verlaufen, wenn die Beteiligten festen Boden unter den Füßen finden und entdecken, daß sie mit anderen Leuten, die in jenen ersten naßkalten Tagen so furchterregend wirkten, andere, noch interessantere Dinge gemeinsam haben. So, überlegte Edward, hätte es auch mit ihm und Michael gehen können, wären da nicht zwei wichtige Faktoren gewesen.

Erstens verstanden sich die beiden Ehefrauen äußerst gut. Michael hatte Edward und seine Frau schon in der ersten Woche, nachdem sie sich kennengelernt hatten, zum Essen eingeladen, und Sophie und Jenny hatten sich sofort füreinander erwärmt.

Sophie, acht Jahre jünger als ihr Mann, war eines dieser gesprächigen, gutgelaunten, hübschen, knackigen Mädchen, die sich ständig in einem Zustand der Überraschung und des Schreckens über die Tatsache zu befinden scheinen, daß Alter und Elternschaft sie erbarmungslos in die Reihen der Erwachsenen gedrängt haben. Die Erziehung ihres zweijährigen Sohnes Paul beunruhigte sie offenbar am meisten. Sophie vergötterte Paul, schien ihn jedoch als eine Art menschliches Kreuzworträtsel zu betrachten, dem leider keine Definitionen beigefügt waren. Jenny zu begegnen, deren Söhne David und Stephen vierzehn und zehn Jahre alt waren, war ihr ein großer Trost gewesen. Von Anfang an hatte sie sich der älteren Frau ohne Zurückhaltung anvertraut und in Jenny eine ruhige, mütterliche Festigkeit gefunden, die ihr Gelegenheit gab, wieder gefahrlos das kleine Mädchen zu sein, das sie, wie sie insgeheim fest glaubte, in Wirklichkeit immer gewesen war und immer sein würde.

Jenny ihrerseits genoß Sophies fröhliche, staunende Gesprächigkeit und übernahm gern, wann immer nötig, die mütterliche Rolle im Leben ihrer Freundin. Paul war so bezaubernd und anstrengend, wie es nur Zweijährige sein können. Es machte ihr Freude, wenigstens ein paar Tips zur Lösung des Kreuzworträtsels beisteuern zu können. Abgesehen von allem anderen hatte Jenny noch nie eine „vor Gelächter kreischende" Beziehung zu einer anderen Frau gehabt, wie Edward es nannte. Das war ohnehin nicht ihr Stil. Bei Sophie jedoch genoß sie die wüsten Ausbrüche, die sich manchmal an den albernsten Witzen und Situationen entzündeten, aus irgendeinem merkwürdigen Grund häufig über dem Spülbecken. Edward meinte, sie müßte eine entscheidende, charakterbildende „Kreischphase" in ihren Teenagerjahren versäumt haben, und es sei sicher gut und richtig, wenn sie das jetzt nachholte.

Der andere wesentliche Faktor für das Fortdauern der Freundschaft zwischen Edward und Michael war, aus Edwards Sicht, die gegenseitige Entdeckung, daß sie beide vor einiger Zeit schwer mit Problemen zu kämpfen hatten, die mit dem „Kirchgängertum" zusammenhingen, wie sie es in ihren frühen Gesprächen genannt hatten. Michael war offensichtlich nicht sehr geübt darin, sich innerlich zu öffnen; dennoch erzählte er Edward und Jenny diesen Teil seiner Geschichte ziemlich ausführlich.

Michaels Eltern waren ihr Leben lang Pfingstler von der frommen, aber unkritischen Sorte gewesen, die nicht nur damit rechneten, Christus bis zu ihrem Todestag treu zu bleiben, sondern auch automatisch davon ausgingen, daß ihr Sohn ihrem Beispiel folgen würde, besonders zumal er zu ihrer großen Befriedigung schon als kleiner Junge von sieben Jahren seine eigene persönliche Entscheidung für Jesus getroffen hatte.

Wenige Tage, nachdem er sein Elternhaus verlassen hatte, um seine Ausbildung als Sportlehrer zu beginnen, sagte sich Mike, daß er nun mit Sicherheit wußte, was er schon seit langem geargwöhnt hatte, nämlich, daß nichts von alledem, woran seine Eltern so hingegeben glaubten, in seinem Herzen wirklich Wurzeln geschlagen hatte. Eine kurze Weile lang strengte er sich bis zum äußersten an, um die richtigen Dinge in seinem Innern geschehen zu lassen, aber es war Zeitverschwendung. Er war definitiv kein Christ, erkannte er. Doch die Aussicht, seinen geliebten Eltern zu gestehen, daß er in Wirklichkeit Atheist war, machte ihm so sehr zu schaffen, daß er weiterhin so tat, als teilte er ihren Glauben, solange sie beide lebten, und in den Gottesdienst ging, wenn er zu Hause war, wie er es immer getan hatte, sang, gelegentlich laut betete und im Gottesdienst sogar die Hände hob, wie es die meisten anderen taten.

Als seine beiden Eltern zwei Jahre nach seinem Examen bei einem Autounfall ums Leben kamen, verspürte Michael eine seltsame Mischung aus Trauer und Erleichterung. Die Trauer kam daher, daß er sie geliebt hatte, und wußte, daß er sie vermissen würde. Erleichtert war er, weil er angesichts dessen, wie der Unfall verlaufen war, davon ausgehen konnte, daß sie sofort tot gewesen sein mußten, und weil sie gemeinsam gegangen waren. Keiner von ihnen würde je im Alter einsam sein. Und er würde es von nun an nicht mehr nötig haben, so zu tun, als glaubte er an Gott. Es gab keinen Gott. All das lag hinter ihm.

Edwards Geschichte war in einem wichtigen Sinn ähnlich, wenn auch in anderer Hinsicht ganz anders. Er war von seinem verwitweten Vater aufgezogen worden, einem ungemein freundlichen, stillen Mann, der seine leidenschaftliche Liebe zu Büchern und Gedanken an Edward und seine ältere Schwester Sandra weitergab. Sandra war Universitätsdozentin und lebt heute mit ihrem Mann und ihren beiden Töchtern im Westen Australiens.

Die Ähnlichkeit zwischen Edward und Michael lag in der Tatsache, daß Edwards Vater ebenfalls ein tiefgläubiger Mann gewesen war, wenn er auch nicht aus der pfingstlerischen Tradition kam. Als jemand, der sein Leben lang ein ziemlich traditioneller Anglikaner gewesen war, hätte er sich in der eher emotionalen Atmosphäre einer Gemeinde wie der, aus der Michael stammte, sehr unbehaglich gefühlt. Dennoch war ihm sein Glaube ebenso wichtig wie seine Kinder, und er betete gewissenhaft jeden Morgen darum, daß eines Tages sowohl Edward als auch Sandra Jesus kennenlernen und ihn ebenso lieben würden wie er. Anders als Michaels Eltern jedoch hatte er den klaren Blick eines Realisten und schätzte Integrität bei sich und anderen. Es war ihm vollkommen klar, daß Edward ihm zwar in seiner Liebe zur Literatur und in seiner Freude am Gebrauch von Geist und Verstand gefolgt war, jedoch keinerlei Leidenschaft für den christlichen Glauben oder die Person Jesu geerbt hatte, und schon der Gedanke, daß sein Sohn sich gedrängt fühlen könnte, etwas anderes vorzugeben, war ihm verhaßt. Sandra, ihr Mann und ihre Familie waren sehr aktive Mitglieder einer großen, lebendigen Gemeinde in der Stadt Perth geworden, wofür er Gott täglich dankte, doch Edward blieb ein warmherziger, liebenswerter Agnostiker, ein klares Ziel für die Macht beharrlichen, treuen Gebets, soweit es seinen Vater betraf.

Edward hatte große Achtung vor den religiösen Ansichten seines Vaters und hätte sie, wenn es ihm nur irgend möglich gewesen wäre, gerne selbst übernommen, aber er erklärte, daß er einfach keinen ausreichend guten Grund finden konnte, die Erforschung all der möglichen Horizonte des Denkens und Fühlens, die sich ihm auftun mochten, einem Gott zu opfern, der vermutlich seinen Geist in streng vorgeschriebene und geistlich keimfreie kleine Bereiche innerer Erfahrung einpferchen würde. Vergeblich äußerte sein Vater, wenn er das sagte, behutsam den Einwand, daß Edward damit vielleicht auf sein Bild von der Kirche reagierte und nicht auf das wahre Wesen Gottes. Doch dann grinste Edward nur, schüttelte den Kopf und sagte: „Glaub' ich nicht, Paps", ging hin und machte eine Kanne Tee, bevor er das Scrabble hervorholte.

Wenn das passierte, lächelte der alte Mann und nickte, doch das Beten gab er nie auf.

Edwards Vater wurde weit über achtzig und starb unter beträchtlichen Schmerzen an Krebs, nicht lange nachdem Edwards und Jennys Jüngster, Stephen, geboren worden war. Jenny und ihr Schwiegervater waren sich sehr nahe gekommen in den fünfzehn Jahren, die sie sich gekannt hatten, und sie war es gewesen, die mehr als bereit gewesen war, ihn während der letzten Wochen seines Lebens zu pflegen.

Edward hatte wunderbare Erinnerungen an seinen Vater, aber ein besonderes Ereignis verursachte ihm unsäglichen Schmerz, wann immer es, stets ungebeten, in seinem Bewußtsein aufstieg.

Eines Samstagmorgens mitten im Sommer, nicht lange, bevor der alte Mann krank geworden war, hatten Edward, Jenny und die Jungs beschlossen, mit dem Hund hinauf in die Berge zu fahren und eine schöne, lange Wanderung zu machen. Edwards Vater hatte es vorgezogen, zu Hause zu bleiben und gemächlich in Jennys geliebtem Garten herumzustöbern.

Nachdem erfolgreich alle im Wagen verstaut und sie unterwegs waren, fiel Edward, der am Steuer saß, plötzlich ein, daß sie zwar einen großen und sehr aufgeregten Hund bei sich hatten, er aber vergessen hatte, die dazugehörige Leine von dem Haken neben der Haustür mitzunehmen. Da Begegnungen mit anderen Hunden bisweilen die Verfügbarkeit der Leine dringend erforderlich machten, hielt er am Ende der Straße und ging rasch zurück zum Haus. Er schloß die Haustür auf, schnappte sich die Leine und wollte gerade etwas rufen, um seinen Vater zu beruhigen, als er eine Stimme aus der Küche hörte. Es war sein Vater, der in leidenschaftlich beschwörendem Tonfall redete.

„... und, himmlischer Vater, ich weiß, daß du mich immer hörst, und ich bin dir so dankbar dafür und für die vielen Gebete, die du in meinem Leben beantwortet hast. Ich bin – nun, es war immer ein großes Vorrecht und eine Freude für mich, dich zu kennen, wirklich, aber ..." Die alte, kurzatmige Stimme brach ein wenig, als er fortfuhr: „Ich bringe wieder meinen geliebten Edward vor dich, Herr, da ich weiß, daß du ihn noch mehr liebst, als ich es tue. Gewähre mir meinen größten Wunsch, und ziehe ihn und seine Familie zu dir, wenn die richtige Zeit gekommen ist. Ich flehe dich an, Herr, in deiner großen Güte mein Gebet zu erhören ..."

Edward schloß vorsichtig und geräuschlos die Tür hinter sich und stahl sich mit seiner Hundeleine davon. Wütend wischte er sich die Feuchtigkeit aus den Augen, während er zurück zum Wagen ging. Er wußte, daß sein Vater täglich für seine Bekehrung betete, aber er hatte ihm noch nie dabei zugehört. Es kam ihm so traurig und unfair vor, daß er seinem Vater nicht das geben konnte, was er sich am meisten in der Welt wünschte. Doch er konnte es nicht. Er konnte seinen Vater einfach nicht anlügen, und sein Vater hätte sowieso gewußt, daß er nicht die Wahrheit sagte. Verdammt!

Edward benutzte sonst keine Wörter wie „verdammt".

Im Lauf der Jahre war ihm die Erinnerung an jenen schmerzlichen Augenblick in der Diele, als er entdeckt hatte, mit welch überraschend tiefer Leidenschaft sein Vater an einem Gott hing, der nicht existierte, zu einem leichten, aber chronischen, fast körperlichen Schmerz geworden, der sich stets pochend bemerkbar machte, sobald andere Sorgen und Ablenkungen für eine Weile in den Hintergrund traten.

Es war anläßlich des zweiten gemeinsamen Essens der Sewells und der Vinneys, diesmal in dem massiven viktorianischen Haus mit fünf Zimmern in der Oxford Avenue, das Edward von seinem Vater geerbt hatte, daß Michael, der sich immer noch neu und verwundbar fühlte, ganz offen über seine Eltern und sein früheres „Kirchgängertum" geredet hatte. Edward sagte hinterher zu Jenny, er hätte das Gefühl, daß Michael diese ganz persönliche Information wie eine Art Kaution auf ein Beziehungskonto eingezahlt habe, das er zu dieser Zeit dringend offenhalten wollte. Jenny, an solch verschlungene Metaphorik gewöhnt, hatte ihn verstanden und ihm zugestimmt.

Jenny war an demselben Abend sehr überrascht gewesen, als sie hörte, wie Edward mit einer eingehenden Schilderung seiner eigenen Erlebnisse mit seinem Vater antwortete, einschließlich der Sache mit dem Gebet, das er mit angehört hatte. Man sollte mit seinen Perlen vorsichtig sein, oder? Natürlich nicht, fügte sie bei sich hastig hinzu, daß Michael und Sophie Säue gewesen wären. So hatte sie das überhaupt nicht gemeint.

Danach tauschten sie weiterhin regelmäßig Einladungen zum Abendessen aus. Jenny und Sophie genossen diese Abende immer, denn sie waren wirklich gute Freundinnen geworden. Sie trafen sich darüber hinaus fast jede Woche vormittags zu Kaffee und Kuchen, normalerweise bei Sophie, weil das mit Paul einfacher war, unterhielten sich über ihre Kinder und die Jobs, die sie ausgeübt hatten, über ihre Häuser und das, was die Zukunft bringen mochte. Sophie sprach sehr viel über Michael, der, wie Jenny bald begriff, in seinem Umgang mit dem hübschen, unbefangenen Mädchen, das er geheiratet hatte, meist in der Rolle des Pädagogen blieb. Jenny machte gelegentlich Bemerkungen über Edward, aber ebenso wie ihr Mann hatte sie noch nie das Bedürfnis oder die Neigung verspürt, über intime Details ihres Ehelebens zu sprechen, und sie war nicht in Versuchung, jetzt damit anzufangen.

Für Edward war die fortdauernde Beziehung zwischen ihm selbst und Michael erheblich problematischer. Er war sich sehr bewußt, daß Michael seit der Zeit, als sie beide ins Kollegium gekommen waren, eine Menge Selbstvertrauen gewonnen und einen Freundeskreis unter den anderen Lehrern aufgebaut hatte, die in seinem Alter waren und mit denen er viel mehr gemeinsam hatte. Sie waren meist ein ziemlich ungestümer, lauter Haufen, tranken gerne Bier in großen Mengen (Edward hatte nichts gegen Alkohol, aber ihm und Jenny war die Traube unendlich viel lieber als der Hopfen) und unterhielten sich im Lehrerzimmer lautstark darüber, wie furchtbar die meisten der Jungs doch seien und wie sehr es einige der Mädchen ihnen angetan hätten. Als Edward Jenny davon erzählte, hatte sie ihn gefragt, ob es ihm auch schon einmal eines der Mädchen angetan hätte, und gelacht, als er antwortete, ja, fast die ganze zehnte Klasse, und ganz besonders Elsie Warningham.

In gewissem Sinne fühlte sich Edward in einer Beschützerrolle gegenüber seinem Freund, oder besser, er hatte das Gefühl, er habe bei jenem frühen Austausch ihrer Erfahrungen stillschweigend eine Verantwortung übernommen, einen Teil von Michael zu bewahren, der in der Gegenwart derer, mit denen er jetzt den größten Teil seiner Freizeit verbrachte, leicht verblassen und verschwinden konnte.

Edward war sich durchaus nicht immer ganz sicher, wie Michael zu ihm stand, aber er hoffte und glaubte, daß ein wichtiger Aspekt in der Persönlichkeit seines jungen Kollegen genährt und gefördert würde, indem er sich von Zeit zu Zeit einer tieferen, abstrakteren und poetischeren Sicht des Lebens aussetzte. Hin und wieder kam er bewußt auf das Thema ihrer gegensätzlichen religiösen Erziehung zurück, um sozusagen ihrer Gesprächswährung einen neuen Gültigkeitsstempel zu verleihen. Wann immer er das tat, hörte Michael ihm zu und nickte aufmerksam, dachte anscheinend sehr ernsthaft über das Gesagte nach, wenn auch er selbst im Lauf der Zeit immer weniger zu diesem Thema zu sagen schien.

Edward war sicherlich ein guter Mann, und im Grunde auch ein bescheidener, aber er hatte sich vielleicht nie so recht mit der Tatsache vertraut gemacht, daß er etwas ungewöhnlich war und daß andere Leute womöglich nicht ganz so entzückt und hingerissen von der Aussicht sein mochten, seine Gedanken und Vorstellungen zu hören, wie er sich einbildete.

Als er jene ersten, niederschmetternden Äußerungen hörte, die mit unmißverständlicher Klarheit von der anderen Seite der Toilettentür erklangen, war Edwards erste, unwillkürliche Reaktion, daß er sich die Ohren zuhalten wollte. Die Stimme seiner recht altmodischen Erziehung sagte ihm, daß ein Gentleman nicht die Privatgespräche anderer belausche und daß er, wenn er es doch tut, keinesfalls erwarten dürfe, etwas Gutes über sich selbst zu hören. Aber, lieber Himmel, dazu war es zu spät! Michaels vernichtende Antwort auf die Frage des anderen Mannes hatte ihn wie ein Schlag in die Kehle getroffen, bevor er auch nur die Wahl gehabt hatte, ob er zuhören wollte oder nicht. Als er die volle Wucht dessen, was er gerade gehört hatte, verarbeitete, wußte Edward, der schließlich in fast jeder Hinsicht ein völlig normaler Mensch war, daß er ebensowenig dazu fähig war, sich bewußt von allem abzuschirmen, was noch kommen mochte, wie dazu, auf den Mond zu fliegen. Er blieb also völlig still sitzen und lauschte.

„Ich dachte, er wäre ein Freund von Ihnen", hörte er Salmons sagen.

„Eher eine Klette an meinem Rücken", erwiderte Michael. „Mein eigener dämlicher Fehler. Als ich herkam, war ich ein bißchen neu und grün und so, so daß ich mich an das erste menschliche Wesen hängte, das ein bißchen Zeit für mich hatte."

„Und da Sie kein menschliches Wesen finden konnten, haben Sie sich eben mit dem Hausidioten zufriedengegeben, was?"

„Mein ganzes Leben lang", sagte Michael mit gespieltem Überdruß, „gehe ich offenbar immer wieder dem Spinner vom Dienst auf den Leim, wann immer ich irgendwo an einen neuen Ort komme. Muß wohl etwas an mir haben, das solche Leute anzieht."

„Der beste Englischlehrer, den diese Schule je hatte", sagte Salmons nachdenklich und ziemlich unerwartet. Dann kam er mit monoton ausdruckloser, abweisender Stimme zum Thema zurück. „Ich würde es einfach abkühlen lassen, wenn ich Sie wäre. Sie müssen doch keine Zeit mit dem Mann verbringen, wenn Sie nicht wollen, oder? Ich würde es nicht tun. Drei Stunden Fegefeuer an einem Freitagabend. Was soll das, wo Sie doch nicht einmal katholisch sind?"

Die beiden Männer mußten sich an dieser Stelle von den Urinalen entfernt haben. Erst wurde ein Wasserhahn aufgedreht, dann ein zweiter. Edward, der sich inzwischen in einem seltsamen, schwindeligen Zustand befand, ertappte sich bei der belanglosen Überlegung, ob auch nur einer der beiden Lehrer sich die Mühe gemacht hätte, seine Hände zu waschen, wenn der andere nicht dabeigewesen wäre. Er beugte sich vor und strengte sich an, um trotz des Wassers, das in die Becken rauschte, zu verstehen, was gesagt wurde.

„Das Dumme ist", sagte Michael, der die Stimme erhob, als wäre es ihm zuliebe, „daß wir in so einer Endlosschleife stecken, wo es heißt, ihr kommt zum Essen zu uns, und dann kommen wir zum Essen zu euch, und dann kommt ihr wieder zum Essen zu uns, und immer so weiter, bis man entweder auswandert oder stirbt. Ich weiß nicht, wie ich da herauskommen soll. Ich möchte ..." Er senkte seine Lautstärke, als das Rauschen des Wassers verstummte. „Tut mir leid. Ich wollte nicht so brüllen. Ich möchte den alten Idioten ja eigentlich nicht verärgern. Er kann wohl nichts dafür, daß ihm ein Kotelett zur Grillplatte fehlt. Außerdem geht Sophie wirklich gerne hin und lädt die beiden zu uns ein – sie ist Feuer und Flamme für Mrs. Spinner. Jenny ist auch eigentlich ganz in Ordnung. Habe viel für sie übrig. Armes Schwein."

Einer von ihnen hatte das Warmluftgebläse eingeschaltet.

„Wissen Sie, was ich nicht ertragen kann?" Michael erwärmte sich zusehends für sein Thema. „Jedesmal, wenn wir eine dieser gemütlichen kleinen Zusammenkünfte haben – na ja, fast jedesmal –, fühlt sich der alte Sewell offenbar verpflichtet, auf Sachen zurückzukommen, über die wir vor Jahren einmal geredet haben, persönliches Zeug, von dem ich wünschte, ich hätte es nie gesagt."

„Was für persönliches Zeug?"

Zum ersten Mal schwang ein ausweichender Unterton in Michaels Stimme mit.

„Ach, einfach so Sachen, die passiert sind, wissen Sie. Ich nehme an, er glaubt, wir hätten so eine Art besondere Bindung oder so. Bildet sich ein, er hätte so eine Art Anspruch auf mich. Das wird mich lehren, meinen Mund zu halten, was?"

„Wird es das?" flüsterte Edward unwillkürlich, aber kaum hörbar, in seiner Kabine vor sich hin.

„Na ja", fuhr Michael fort, während das Geräusch des Händetrockners abbrach und dann von neuem begann, „ich schätze, ich sollte dankbar sein für die kleinen Segnungen. Wenn er das macht, dann driftet er wenigstens nicht ab in ‚Was wäre, wenn dieses?' und ‚Was wäre, wenn jenes?' und ‚Laß uns doch einmal ausleuchten, was wir eigentlich meinen, wenn wir jemanden eine kreative Person nennen'. Das war einer seiner lustigeren Vorschläge bei der letzten Nachtwache, die wir gehalten haben. Und dann natürlich ‚Hättet ihr Lust, ein paar Zeilen aus den Gedichten zu hören, an denen ich gerade arbeite?' Nicht zu vergessen. Falls er je eine Sammlung seiner Gedichte veröffentlicht, muß sie *Schaut euch meine Eingeweide an* heißen. Junge! Was gäbe ich nicht manchmal für eine oder zwei Strophen ‚Eskimo Nell' und zehn Minuten darüber, ob United den Pokal gewinnt."

„Ich glaube nicht, daß Ihnen ein Abendessen mit mir besser gefallen würde als eines mit ihm", bemerkte Salmons trocken, „nicht, daß ich Sie je einladen würde, wie ich eilends hinzufügen möchte. Meine getreuen Mitarbeiter würden Sie am nächsten Morgen hinter dem Fahrradschuppen in die Enge treiben und zwingen, meine dunkelsten Geheimnisse preiszugeben. Nicht, daß sie Sie lange zwingen müßten, natürlich."

„Warum sagen Sie das?"

Nachdem sich die Tür der Lehrertoilette quietschend geöffnet hatte und mit einem lauten Schlag wieder ins Schloß gefallen war, konnte Edward immer noch das meckernde Gelächter des Mathematiklehrers hören, das draußen höhnisch durch den Korridor hallte.

Eine ganze Weile, nachdem die beiden Männer gegangen waren, blieb Edward buchstäblich regungslos in seiner Kabine sitzen, den Blick starr auf einen kleinen, zackigen Fleck etwa in der Mitte der grün gestrichenen Spanplattentür vor ihm gerichtet. Er versuchte, seinen Atem unter Kontrolle zu bringen. Während der letzten Minuten, im Grunde seit dem Beginn des Gesprächs, war kaum Luft in seine Lungen gelangt. So wie jetzt hatte er sich noch nie in seinem Leben gefühlt. Ihm war, als wäre er zusammengeschlagen worden, als ob jemand mit Boxhandschuhen ihm direkt in den Schädel gestiegen wäre und angefangen hätte, gnadenlos auf sein Gehirn einzudreschen, da, wo es am weichsten war. Überall Beulen.

Wellen des Zorns, der Demütigung und der Verletzung begannen ihm durch Brust und Bauch zu spülen, und ihm war schlecht vor dem Bedürfnis nach Trost und danach, zurückzuschlagen. Zu glauben, daß man jemandem half, und dann erfahren zu müssen, daß man nur toleriert wurde – gönnerhaft geduldet! Er wollte seine Frau sehen, die bestimmt noch nicht aus dem Krankenhaus zurück war, und er wollte seine Söhne sehen, die auf einem Zeltlager waren, und er wollte seinen Vater sehen, der tot war. Er spürte sogar einen plötzlichen, schmerzhaften Wunsch, seine Mutter zu sehen, an die er sich überhaupt nicht erinnerte. Er fühlte sich, als wäre er ungefähr sechs Jahre alt.

„Glatzkopf!" zischte er mit zusammengebissenen Zähnen die Tür an. „Ich hasse dich, Glatzkopf! Glatzkopf, Glatzkopf, Glatzkopf, Glatzkopf! Ich hasse dich, Mr. Michael Glatzkopf Nicht Viel Haar Wird Kahl Und Leidet Darunter Glatzkopf Vinney!"

Das Geräusch von jemandem, der durch die Außentür hereinkam, unterbrach diesen sehr notwendigen Ausbruch von Edwards angestauter Aggression und verwandelte sie in einen höchst beängstigenden Anfall von Atemnot. Zwei oder drei Minuten lang keuchte er, so leise er konnte, in ein Taschentuch, das er in seinen zusammengelegten Handflächen hielt, und betete, wer immer hereingekommen war, möge sich beeilen, sein Geschäft verrichten und dann wieder verschwinden.

Als er wenig später endlich herauskommen konnte, ziemlich zitterig und immer noch ein bißchen atemlos, stützte er sich steifarmig mit den Händen auf den Rand eines der Waschbecken und studierte einen Moment lang sein angestrengtes, stirnrunzelndes Gesicht im Spiegel. Es hatte in Edwards Persönlichkeit schon immer ein distanziertes Element gegeben, das fähig war, alle Dinge, die ihm widerfuhren, wie negativ oder traumatisch sie auch sein mochten, als *interessant* zu betrachten, genau wie Jackson Fords bewußte Störung *interessant* zu beobachten und zu bedenken gewesen war.

„Und was wirst du mit alledem anfangen, Edward Sewell?" fragte er sein Spiegelbild. „Wirst du Michael gleich unten im Lehrerzimmer entgegentreten und ihm sagen, daß du weißt, wie er wirklich über dich und das Abendessen mit dir und deine Gespräche und deine Lyrik und deine arme Haut von einer Frau denkt?"

Er versuchte sich Michael vorzustellen, über die Maßen entsetzt in dem Moment, wo ihm offenbart wurde, daß all diese verletzenden Bemerkungen ausgerechnet von der Person mit angehört worden waren, die er sie auf keinen Fall würde hören lassen wollen. Was für panische, unbeholfene Versuche würde er wohl unternehmen, um die grauenhaften Dinge zu rechtfertigen, die er gesagt hatte?

„Oh ne-e-i-in! Du hast doch nicht geglaubt, daß ich das ernst gemeint habe, oder? Bestimmt nicht! Ich habe den alten Salmons nur an der Nase herumgeführt – ich wollte ihm etwas geben, worüber er sich mal richtig ärgern kann."

„Ich wußte die ganze Zeit, daß du da warst! Ha! Erwischt, was? Ich habe nur gewartet, wie lange es wohl dauern würde, bis du etwas sagst ..."

„Weißt du, Ted, mir geht es seit ein paar Tagen nicht besonders gut, bin ein bißchen niedergeschlagen wegen einiger privater Dinge, und ich habe mir wohl auch irgendeinen Virus gefangen – ich war in einer komischen Geistesverfassung. Vergiß einfach, was ich gesagt habe, es bedeutet gar nichts. Vielleicht könnten wir uns gelegentlich mal über diese privaten Sachen unterhalten – wenn es dir recht ist, meine ich ..."

Ja, so unverzeihlich sein Verhalten auch erscheinen mochte, Michael würde alles andere als panisch und unbeholfen reagieren. Er würde mit Sicherheit irgendeine ziemlich beeindruckende Ausrede auf Lager haben. Dafür war er berühmt an der Valley Road. Wenn er fertig war, würde Edward wahrscheinlich so weit sein, daß er sich demütig dafür entschuldigte, ihre Freundschaft in Gefahr gebracht zu haben, indem er so ein albernes Aufhebens wegen nichts gemacht hatte. Und Michael würde zweifellos so großmütig sein, seine Entschuldigung ohne Groll anzunehmen.

„Und überhaupt", entgegnete er seinem Spiegelbild, „haben Dinge, die man über andere sagt, die nicht dabei sind, nicht unbedingt sehr viel damit zu tun, wie man wirklich über sie denkt. Man sagt vieles einfach nur, um besonders clever zu klingen oder um sich dem anzupassen, wie man meint, daß die Person, mit der man gerade redet, die Dinge sieht. Oder man meint nur ein bißchen von dem furchtbaren Zeug, das herauskommt, aber auf dem Weg nach draußen wird es irgendwie aufgeblasen. Vielleicht hat Michael nur übertrieben. Das tut doch jeder mal, oder?"

Nein, tut er nicht, entgegnete Edward im stillen sich selbst, während der Zorn aufs neue wie Galle in seiner Kehle aufstieg, es redet nicht jeder so, wie Michael es gerade getan hat, schneidend und zermalmend und all die Dinge, die einem anderen viel bedeuten, wie Staubkörner verächtlich von ihren makellosen Manschetten wischend. Nicht, wenn sie einmal Freunde waren. Nicht gegenüber jemandem, der es höchstwahrscheinlich brühwarm allen anderen weitererzählt. Nein, das tut nicht jeder.

Michael hatte es getan, getan, *getan*, und ein Teil von Edward, der selten aufgestört wurde, brannte darauf, es ihm heimzuzahlen. Seine finsteren Gedanken wandten sich dem gemeinsamen Abendessen zu, das für sieben Uhr an diesem Abend geplant war. Vielleicht sollte er einfach absagen – Michael und Sophie sagen, er sei krank oder müsse irgendwo anders hin. Doch noch während er über diese Möglichkeit nachdachte, wurde ihm ein neuer Aspekt der Situation bewußt, und je mehr er darüber nachdachte, desto mehr machte sich eine andere und eigentlich recht angenehme Empfindung in ihm breit. Die Tatsache nämlich, daß er jetzt wußte, wie Michael über ihn dachte, Michael seinerseits aber keine Ahnung hatte, daß er es wußte. Wie interessant, die Dinge von der günstigen Position aus zu beobachten, die ihm jener Informationsvorsprung verschaffte. Vielleicht, dachte Edward, würde es gar kein so übler Abend werden.

Unten im überfüllten, lärmenden Lehrerzimmer war Michael gerade dabei, seinen Mantel vom Haken neben der Tür zu nehmen, als Edward hereinkam. Er hob grüßend die Hand.

„Alles klar, Ted? Was für eine Woche, was? Zeit, die Tiere auf die Öffentlichkeit loszulassen und den Zoo für ein paar Tage zu schließen. Bleibt es bei sieben Uhr?"

Aus Entsetzen über die schiere Normalität, mit der Michael-der-Feind ihm begegnete, brachte Edward eine oder zwei Sekunden lang keinen Ton heraus. Wie konnte diese Person, die ihn jetzt anlächelte und mit ihm scherzte, dieselbe Person sein, die vor zehn Minuten all diese grauenhaften Dinge gesagt hatte? Ihn überfiel ein Gefühl der Kälte und Verwirrung, und er wollte nur noch alles weit von sich wegschieben.

„Ich ... ich habe mir überlegt, Michael – wenn du nach Hause kommst und dir plötzlich wünschst, du könntest dich einfach hinhauen, anstatt den ganzen Abend mit jemandem zu verbringen, den du sowieso schon die ganze Woche siehst, brauchst du mich nur anzurufen, und wir können ... na, du weißt schon, die Sache einfach verschieben. Ich möchte nicht, daß du dich – wie sagt man? – gebunden fühlst. Es wäre mir sehr unangenehm, wenn du dich gebunden fühlen würdest."

Michael erstarrte für einen Moment, einen Arm im linken Ärmel seines Mantels, den anderen schwebend auf halbem Weg zum rechten hinter seinem Rücken. Er starrte Edward aus zusammengekniffenen Augen mit übertriebener Besorgnis an.

„Hast du irgend etwas genommen, Edward? Tannin, stimmt's? Du mußt vorsichtig sein mit diesem Schultee, weißt du. Man kriegt leicht eine Überdosis ab, ohne es zu merken. Was redest du da? Ich würde mir um keinen Preis eines unserer netten kleinen Treffen entgehen lassen. Und Sophie auch nicht – das weißt du doch." Er hielt einen Moment inne. „Hör mal, wenn es dir lieber wäre, wir würden heute abend nicht kommen ..."

„Oh nein!" unterbrach Edward hastig, wobei er aus irgendeinem Grund plötzlich Jennys Gesicht vor seinem geistigen Auge sah. Er trat vor und half Michael in seinen Mantel. „Nein, mir kam einfach nur der Gedanke ... nun ja, wir legen ziemlich langfristig im voraus ein Datum für unsere Abende fest, nicht wahr, und wir sollten sozusagen eine Rücktrittsklausel einschließen, nur für den Fall, daß einer von uns, äh, weißt du, lieber nicht möchte, oder ..."

Michael drehte sich zu Edward um, legte ihm seine lederbehandschuhte Hand auf den Arm und sprach mit gespieltem Ernst.

„Edward, wir kommen zum Abendessen, wir wollen nicht dein Haus kaufen. Natürlich wollen wir kommen. Was gibt es übrigens? Ich habe extra schon den ganzen Tag gehungert."

Wieder stieg der Zorn auf. Nimm deine Hand von meinem Arm!

„Äh, ich weiß es nicht genau – ich glaube, vielleicht eine Grillplatte, das heißt, vorausgesetzt, wir haben keine Schwierigkeiten, Koteletts zu besorgen. Ich meine, ohne ein Kotelett wäre es keine Grillplatte, oder? Ich glaube kaum."

„Ohne ein ... nein, nein, wohl nicht." Michael kratzte sich verdutzt am Kopf. „Hör mal, wenn ich du wäre, Ted, würde ich jetzt nach Hause gehen, mir einen anständigen Scotch eingießen und es mir eine oder zwei Stunden wohl sein lassen. Okay? Ich glaube, du hast es vielleicht diese Woche etwas übertrieben. Ach, und übrigens, da ist etwas, worüber ich mich heute abend nach dem Essen gerne mit dir unterhalten würde, wenn es dir recht ist. Wir sehen uns um sieben. Grüße Jenny von mir. Bis dann!"

„Da ist etwas, worüber du ...?"

Doch Michael war schon weg, und Edward blieb zurück, inständig wünschend, seine lächerliche Bemerkung über die Grillplatte könnte aus der Weltgeschichte ausgemerzt werden, und in einem Zustand noch größerer Verwirrung als zuvor. Warum sollte Michael sich mit einer Klette auf seinem Rücken über etwas Ernstes unterhalten wollen – dem Dorfdeppen – dem langweiligen Nachtwächter? Die ganze Begegnung, die er gerade durchlitten hatte, schien einfach nicht mit dem Gespräch zusammenzupassen, das er mit angehört hatte – nicht nur, was die Worte betraf, sondern auch, was das ... nun, das Herz betraf. Der Lehrerzimmer-Michael war überhaupt nicht derselbe wie der Toiletten-Michael. Sie waren einfach nicht ein und dieselbe Person. Einen irrationalen Augenblick lang fragte sich Edward tatsächlich, ob er sich vollkommen geirrt hatte und es jemand anderes gewesen war, der sich da draußen mit Salmons unterhalten hatte. Aber er wußte, daß es nicht so war. Er wußte genau, daß er sich nicht geirrt

69

hatte. Es war Michael gewesen, und Michael würde heute abend zum Essen kommen.

Während er seinen verbeulten Volvo durch den dichten Verkehr und die einbrechende Dunkelheit der Kleinstadt, in der er wohnte, nach Hause steuerte, änderte Edward mindestens fünfmal seine Meinung darüber, ob er seiner Frau erzählen sollte, was passiert war, oder nicht. Daß ihr vollkommen klar sein würde, daß *etwas* passiert war, stand ganz außer Zweifel. Edward war selbst in seinen besten Stunden durchschaubar, und Jenny war in der Lage, jede seiner Stimmungen zu lesen wie Themen in einem Lieblingsbuch. Er würde ihr entweder die Wahrheit sagen oder etwas erfinden müssen, das seinen nervösen Zustand erklärte. Ein böser Kopfschmerz könnte die Antwort sein. Er hatte tatsächlich manchmal Kopfschmerzen, wenn er müde war, und Kopfschmerzen waren vage genug, um alle möglichen Arten ungewöhnlichen Verhaltens zu erklären. Am Ende würde er ihr natürlich sagen müssen, was wirklich vorgefallen war. Sonst würde er vor Ärger platzen.

Als er von der High Street nach rechts in die Oxford Avenue einbog, fragte sich Edward, warum es ihm (zumindest vorläufig) widerstrebte, Jenny reinen Wein einzuschenken. Normalerweise erzählte er ihr alles, sobald es passiert war. Zwei Gründe kamen ihm in den Sinn.

Der erste war, daß er keine Lust hatte, einen der gelegentlichen, furchterregenden Wutausbrüche seiner Frau auszulösen. Jenny war durchaus in der Lage, ausgesprochen böse zu werden, besonders, wenn sie das Gefühl hatte, daß ihr Mann angegriffen oder unfair behandelt wurde. Es konnte sein – es war durchaus denkbar –, daß sie geradewegs zum Telefon gehen und das heutige Abendessen absagen würde, mit jener zugeschnürten, zornigen Stimme, die in den seltenen Fällen, wenn sie Edward galt, ihm stets den ganzen Tag verdorben hatte. Er war jetzt ziemlich sicher, daß er nicht wollte, daß der Abend abgesagt wurde. Unter den Umständen war die Aussicht, drei oder vier Stunden auf eigenem Spielfeld mit Michael und ein paar Flaschen Wein zu verbringen, nervenzerfetzend, aber ... nun ja, *interessant*. Wissen fühlte sich tatsächlich so an, als wäre es Macht. Edward hatte bisher noch nie besonders gründlich darüber nachgedacht, wie es wohl sein mochte, Macht zu besitzen oder auszuüben.

Der andere Grund, warum er Jenny nichts sagen wollte, hatte mehr mit ihrer Weisheit zu tun als mit ihrer Wut. In diesem zweiten Szenario würde sie den Abend vielleicht nicht absagen, und das würde unter Umständen noch schlimmer sein. Edward war sich ganz sicher, daß seine Frau, sobald ihr Zorn verebbt war, eine reife, erwachsene Haltung zu der Situation einnehmen würde. Falls sie noch nicht angerufen hatte, um abzusagen, wenn dieses unausweichliche Verebbungsstadium kam, so würde sie zweifellos die sorgfältig durchdachte Meinung äußern, daß das Abendessen stattfinden sollte, sodann jede Menge vernünftiger Bemerkungen darüber machen, wie unfair es wäre, Sophie für Michaels Albernheit büßen zu lassen, und wie wenig ratsam es sei, zuviel auf zufällig mit angehörte Bemerkungen zu geben, und die wahrhaft erwachsene und konstruktive Reaktion sei es, weiterzumachen, als wäre nichts geschehen. Falls der Abend auf dieser Grundlage stattfände, würde es Edward nicht gelingen, sein Gefühl des heimlichen Wissens oder der subtilen Macht zu genießen. Und es würde ihm auch nicht möglich sein, Gelegenheiten zu schaffen, den (für ihn) bisher buchstäblich unbekannten Geschmack der Rache zu kosten, ein Thema, über das Edward in seinem Leben noch weniger nachgedacht hatte als über Macht. Die reife Einstellung verabscheute Rache. Jenny würde ihn unter dem Tisch vors Schienbein treten, wenn sie irgendein Anzeichen davon bemerkte.

Als er ein Stück weiter oben in der Straße parkte, um seine Einfahrt für Michaels Daewoo freizulassen, oder wie immer das Ding hieß, traf Edward eine endgültige Entscheidung. Er würde Jenny heute abend nichts sagen, sondern erst morgen, und das war absolut definitiv – wahrscheinlich.

Jenny rief ihm von der Küche aus zu, als er die Haustür vor dem kühlen Abend verschloß. Gut! Sie war zeitig zurück.

„Hattest du einen guten Tag, Liebling? Ich kann gar nicht glauben, daß wir ein ganzes Wochenende ohne die Jungs vor uns haben. Du hast nicht vergessen, daß die Vinneys heute abend kommen, oder? Du mußt den Wagen auf der Straße parken, nicht wahr?"

„Schon erledigt", rief Edward mit kopfschmerzgeschwächter Stimme zurück, während er seinen Mantel an die Garderobe in der Diele hängte. „Ein Jammer, wo wir endlich mal alleine sind."

Jenny schnitt gerade Gemüse, als er in die Küche trat. So eine angenehme, vertraute Gestalt, dachte Edward zum zehntausendsten Mal. Ein warmer, glühender Armvoll. Kein mageres Vögelchen. Neulich hatte sie sich sehr geschmeichelt gefühlt, als er ihr sagte, daß sie ihn an die Dame erinnerte, die die Bisto-Reklame im Fernsehen machte. Sie drehte sich zu ihm um, und aus ihren stets einfühlsamen braunen Augen sprach eine leichte Besorgnis.

„Geht es dir gut, Edward? Du hörst dich ein bißchen benommen an. Was – meinst du, du wünschtest, sie würden nicht kommen?"

„Ein bißchen Kopfschmerzen – nicht der Rede wert. Nein, eigentlich nicht – nein, es wird schon werden. Außerdem hat Michael gesagt, er möchte über etwas Wichtiges reden."

„Mit uns?"

„Mit mir. Ich weiß nicht, worum es geht."

„Oh, Entschuldigung, daß ich da bin, verstehe schon. Faszinierend. Hat wahrscheinlich mit der allgegenwärtigen Schule zu tun. Na schön, Sophie und ich werden in der Küche den Rest vom Baileys niedermachen, während ihr euch bei eurem Cognac über etwas Wichtiges unterhaltet. Es macht ihr bestimmt nichts aus. Mir auch nicht. Du kannst mir ja hinterher erzählen, was es war." Sie musterte ein paar Sekunden lang sein Gesicht. „Bist du sicher, daß es nur Kopfschmerzen sind?"

Einen Moment lang stand Edward steif da, und sein Körper schwankte ganz leicht. Um einen Hauch wäre er mit allem herausgeplatzt, was passiert war. Zu sehen, wie Jennys Blick sich vor Zorn um seinetwillen verfinsterte; seine angeschlagenen Gefühle in dem warmen Strom des Mitgefühls zu baden, das sich zweifellos aus ihrem Geist über ihn ergießen würde, wenn sie die grausigen Einzelheiten hörte; sie sagen zu hören, wie unfair sie es fände, so über jemanden zu reden, den man seinen Freund nannte; all dies wäre ihm höchst willkommen und angenehm gewesen. Er widerstand der Versuchung.

„Mmm, schon den ganzen Tag. Ich nehme gleich ein Schmerzmittel. Soll ich den Tisch decken? Und dann gehe ich erst einmal duschen."

„Ja, bitte. Ich mache mit dem Essen weiter und löse deine Tabletten in Limonade auf. Den Wein habe ich heraufgeholt, den kannst du auch schon aufmachen."

Nachdem er sorgfältig den Tisch im Eßzimmer gedeckt und die beiden Flaschen Rotwein entkorkt hatte, die er auf dem Sekretär fand, ging Edward nach oben, um zu duschen. Dann kam er mit einem dicken Schreibblock und einem Kugelschreiber wieder vom Schlafzimmer herunter. Er zog einen der Stühle im Eßzimmer vom Tisch zurück, setzt sich mit übergeschlagenen Beinen hin, starrte in die Ferne und runzelte konzentriert die Stirn, während er am Ende seines Kugelschreibers lutschte. Nach ein paar Minuten nahm er einen entschlossenen, tiefen Atemzug durch die Nase, richtete den Block auf seinem Knie aus und begann zu schreiben. So vertieft war er in seine Aufgabe, daß Jenny ihm zweimal zurufen mußte, daß seine aufgelösten Kopfschmerztabletten immer noch in der Küche auf ihn warteten.

„Das heißt natürlich", fügte sie nach dem zweiten Mal hinzu, „falls du überhaupt noch welche hast ..."

Als schließlich um eine Minute nach sieben die Türglocke ertönte, war Edward mit dem Schreiben fertig und befand sich in einem Zustand beträchtlicher Spannung. Er fühlte sich, als wäre er im Begriff, die Hauptrolle in einem höchst dramatischen Theaterstück zu übernehmen, jedoch ohne den Vorzug zu haben, seinen Text zu kennen oder zu wissen, wann und wie die anderen Figuren in dem Stück sprechen oder agieren oder auf ihn reagieren würden. Was war mit Sophie? Wußte sie, wie ihr Mann in Wirklichkeit über seinen „Hausidioten" von einem Kollegen dachte? Was für eine Farce das alles werden würde, wenn sie es wußte.

Ob nun Sophie in Michaels Ansichten über Edward eingeweiht war oder nicht, es gab kaum einen Zweifel, daß sie sich freute, heute abend hierzusein. Sie war die erste, die über die Türschwelle ins Haus stolperte, als Edward die Tür öffnete.

„Eddieee!"

Sie gab ihm einen fröhlichen Kuß auf die Wange, warf ihren Mantel mit behaglicher Vertraulichkeit über den Geländerpfosten am Fuß der Treppe und stakste unbekümmert auf ihren hohen Absätzen durch den Flur, fast so, dachte Edward, wie ein Pony, das auf seinen Hinterbeinen geht. Tatsächlich hatte sie Waden, in die man hätte hineinbeißen können. Noch bevor sie in die Küche trat, fing sie an, den schrillen Schrei der Vorfreude auszustoßen, mit dem sie Jenny jedesmal begrüßte. Einen Moment später hörte Edward das tiefere, gelassenere Lachen seiner Frau zur Antwort.

Auch Michael lächelte voll entspannter Vertrautheit, das Urbild eines unbeschwerten Mannes an einem Ort, wo er sich wirklich entspannen konnte. Er stellte die obligatorische mitgebrachte Flasche Wein auf das Tischchen in der Diele.

„Ob du es glaubst oder nicht, Ted", sagte er, während Edward ihm Mantel und Schal abnahm und sich umdrehte, um sie an die Garderobe zu hängen, „aber ich brauche nur durch diese Tür zu treten, und schon fühle ich mich mehr zu Hause als irgendwo sonst." Als Edward sich von der Garderobe wieder zu ihm wandte, ergriff Michael seine Hand und drückte sie fest. „Das meine ich wirklich so."

Was?

Zum ersten Mal begriff Edward, was die Leute meinten, wenn sie sagten, sie seien sprachlos. Er umklammerte Michaels Hand und starrte ihm ins Gesicht, vollkommen unfähig zu sprechen. Um Himmels willen! Wie konnte die Stimme dieses Mannes eine so verbindliche menschliche Nähe vermitteln? Wie schaffte er es, so warmherzig und zutiefst aufrichtig die Augenwinkel zu kräuseln, wie er es jetzt tat? Wie in aller Welt konnte er ernst gemeint haben, was er vorhin gesagt hatte, wenn das, was er jetzt sagte, so echt war, wie es zu sein schien? Plötzlich merkte er, daß ihm der Mund offenstand, schüttelte leicht den Kopf und suchte fieberhaft nach irgendeiner passenden Antwort. Das Ergebnis war nicht gerade genial, fand er.

„Tatsächlich?"

Michael brach in Gelächter aus.

„Also, ganz so überrascht bräuchtest du eigentlich nicht zu klingen, Kumpel." Er rief laut durch den Flur. „Jenny! Dein Göttergatte hier ist ganz verdattert, weil ich ihm gesagt habe, daß ich sehr gern hierherkomme. Zeigt nur, wie clever er ist, weil ich in

Wirklichkeit nämlich ganz schamlos gelogen habe." Wieder lachte er laut.

Edwards höflicher, aber schwächlicher Protest, so habe er das überhaupt nicht gemeint, ging in einem antwortenden Gelächter von Jenny und Sophie unter, die mit Gläsern in den Händen aus der Küche kamen. Er versuchte mitzulachen, merkte jedoch, daß er nur ein kränkliches Grinsen und ein vages Krächzen im Rachen zustande brachte.

„Wie auch immer", rief Michael heiter, „angenommen, Sophie und ich können es ertragen, noch einen Augenblick hierzubleiben, so gibt es drei Dinge, die sofort zu tun sind. Erstens muß ich der schönen Jennifer einen Kuß geben ..."

Er tat es. Edward ballte seine Fäuste, behielt sie jedoch unten. So! Aha! Er wollte das arme Schwein küssen, ja? Dachte sich wohl, sie wüßte vielleicht gerne, wie es ist, von jemandem geküßt zu werden, der normal ist, was?

Sophie lächelte fröhlich in die Runde und nippte an ihrem Getränk.

„Das zweite ist, zu fragen, wie ihr beiden Damen es geschafft habt, euch innerhalb von Sekunden nach unserer Ankunft mit Gesöff zu versorgen, während wir Männer vor Durst dem Tode so nahe sind, daß ihr es vermutlich beim besten Willen nicht schaffen würdet, unsere verdorrten Lippen weit genug aufzuhebeln, um uns etwas Flüssigkeit einzuflößen, was, Ted?"

Edward, dem derlei „Wir-Jungs-und-ihr-Mädels"-Geplänkel sowieso schon auf die Nerven ging, zwang sich zu einem Lächeln und nickte kläglich. Leichtes Gefrotzel war das letzte, wozu er sich im Moment in der Lage fühlte. Er musterte Michaels Haare und schöpfte Trost aus seiner Spärlichkeit. Es war wirklich schon sehr schütter. Ihm wurde klar, daß er eigentlich jetzt irgend etwas zu Michael sagen müßte, aber es fiel ihm nichts ein. Zum Glück meldete sich Jenny zu Wort.

„Tja, weißt du", erwiderte sie leichthin, „es ist so, Michael. Ich hatte mir bereits ein Gläschen eingeschenkt, das ich, wie ich hinzufügen möchte, als Autorin des bevorstehenden Festmahls bisher kaum zu berühren die Gelegenheit hatte, so daß die Flasche bereits draußen auf dem Küchentisch stand. Berücksichtigt man dazu die Tatsache, daß Sophie weiß, wo die Gläser sind und klug genug ist, nicht darauf zu warten, daß ich dazu komme, sie einzuladen, dann ergibt sich alles wie von selbst. Wir haben was zu trinken und ihr nicht." Sie zwinkerte Sophie zu und schürzte die Lippen, als ob sie mit sich selbst debattierte. „Was meinst du? Sollen wir ihnen etwas geben?"

Sophie zog die Nase kraus, legte den Kopf schief, schloß ein Auge und starrte mit dem anderen die Deckenlampe im Flur an wie eine schlechte Schauspielerin, die den Eindruck heftigen Nachdenkens zu erwecken versucht.

„Ja!" verkündete sie schließlich. „Ja, wenn sie brav sind, kriegen sie was zu trinken."

Wieder Gelächter. Ha ha!

„Wo wir gerade von dem bevorstehenden Festmahl sprechen", fuhr Michael fort, „das dritte, was ich tun muß, ist zu sagen, daß ..."

„Möchtest du nicht Michael einen Drink anbieten, Edward? Tut mir leid, Michael, ich dachte nur, daß du vielleicht eine Stärkung brauchst, bevor du zu deinem dritten Punkt kommst. Ich weiß nicht, wie ihr klugen Köpfe das macht. Im Fernsehen machen sie das auch immer, stimmt's? ‚Es gibt drei Punkte, die ich in diesem Zusammenhang erwähnen möchte.' Ich konnte noch nie in Dreierschritten denken."

Edward nahm gehorsam sein Stichwort auf, doch kaum hatte er den Mund aufgemacht, da merkte er, wie schwer es ihm an diesem Abend fallen würde, die Worte zu kontrollieren, die über seine Lippen kamen.

„Ja, komm, Michael, was soll es sein? Darf ich dir einen Rieseneimer Bier und ein Pupskissen anbieten?"

Sophie begann unkontrolliert zu kichern, zwang sich jedoch aufzuhören, als sie sah, daß Jenny nicht einmal lächelte. Michael schien völlig unerschüttert zu sein, aber in seinen Augen glomm ein Funke der Belustigung, der Edward in Wut brachte. Wieder eine Anekdote, die er demnächst auf der Toilette einem Kollegen weitererzählen konnte: „Ungelogen ... Sewell, dieser Spinner, hat mir – ich zitiere – ‚einen Rieseneimer Bier und ein Pupskissen' angeboten. Ein Pupskissen, ist es zu fassen!"

Es entstand ein kurzes Schweigen.

„Tut mir leid", entschuldigte sich Edward, der die Botschaft der erhobenen Augenbrauen seiner Frau, wie er zuversichtlich meinte, völlig zutreffend interpretierte, „war nur ein Witz. Was möchtest du?"

„Also, ich glaube, das Pupskissen verkneife ich mir, wenn es dir nichts ausmacht, Ted, aber der Rieseneimer Bier klingt nicht schlecht. Aber immer ein Glas auf einmal reicht eigentlich."

„Tja, das Essen ist fast fertig", sagte Jenny, „also hol dir doch auch ein Bier, Edward, und bring es gleich ins Eßzimmer. Den Wein können wir später noch aufmachen. Kommt, ihr beiden, kommt und setzt euch."

Als er mit dem Bier auf dem Weg von der Küche ins Eßzimmer war, traf Edward mit seiner Frau zusammen, die gerade die Vorspeisen aus der Küche holen wollte. Das hatte er befürchtet. Ein getuschelter Wortwechsel war unausweichlich.

„Edward, was ist denn mit dir los? Was sollte das eben? Warum bist du in so einer komischen Stimmung? Irgend etwas ist passiert, oder?"

„Nein."

„Also, was ist passiert? Es ist etwas passiert, da kannst du sagen, was du willst. Ich weiß es immer, wenn etwas passiert ist. Was ist es?"

„Nichts. Nichts ist passiert. Na ja ..."

„Was?"

„Nicht so laut, sie werden uns noch hören."

„Also was?"

„Nein, wirklich", nein, er würde ihr noch nichts sagen, „ich glaube, es sind nur diese Kopfschmerzen, Jenny. Ich bin nur ein bißchen ... du weißt schon."

Sie sah ihm aus nächster Nähe in die Augen. „Nein, ich weiß es nicht, und ich glaube dir auch nicht. Geh, setz dich und kümmere dich zum sie. Nun los!"

Endlich saßen sie alle, jeder mit seiner Vorspeise aus Salat, Hühnchenpastete und Toast vor sich. Michael strich sich etwas Pastete auf sein Stück Buttertoast, steckte es sich in den Mund und kaute genüßlich.

„Mmm, köstlich! Mit Ihren eigenen lieblichen Händen gemacht, Mrs. Sewell?"

Jenny nickte und lächelte.

„Das bringt mich zu der dritten Sache, die ich tun muß", fuhr Michael fort, während er sich eifrig noch einen Toast mit Butter und Pastete bestrich, „nämlich zu sagen, wie sehr ich mich auf meine Grillplatte heute abend freue. Großartige Idee! Warum servieren das nicht mehr Gastgeberinnen zum Abendessen? Ich träume schon davon, seit heute die Schule aus war."

„Grillplatte?"

Jennys Weinglas, das sie zwischen Daumen und Zeigefinger balancierte, blieb auf halbem Weg zu ihren Lippen stecken, während sie Michael anstarrte.

„Ich finde auch, daß eine Grillplatte eine tolle Idee ist", plapperte Sophie fröhlich. „Den Männern schmeckt es immer, weil es eine Menge Fleisch ist, und man hat eine schöne Auswahl, wenn man manche Sorten Fleisch nicht mag, so daß man ..."

Ihre Stimme verebbte, als sie merkte, daß irgend etwas nicht ganz stimmte.

„Tut mir leid, Michael", sagte Jenny, „aber wie kommst du darauf, daß es heute abend eine Grillplatte gibt?"

Edward griff nach einer der Weinflaschen, kippte sie und fuhr sich nervös mit der Zunge über die Lippen, während er zusah, wie die dunkelrote Flüssigkeit sein Glas füllte. Bevor er sich etwas einfallen lassen konnte, beantwortete Michael bereits Jennys Frage.

„Wie ich darauf komme? Nun, Edward hat es mir gesagt, kurz bevor ich heute nachmittag nach Hause ging. Er sagte zwar etwas davon, daß du nicht sicher wärst, ob du die Koteletts bekommen könntest, aber es sollte ganz bestimmt eine Grillplatte sein. Warum? Stimmt das etwa nicht? Ob du für uns auch ein Schlückchen Wein hättest, Ted?"

Während Ted Michaels Glas füllte, das er in der ausgestreckten Hand hielt, bemerkte er, daß seine Frau langsam ihr Glas auf dem Tisch absetzte und ihn mit einem fassungslos ungläubigen Blick fixierte. Mit einem schweren Schlucken versuchte er, seinem Gesicht einen annähernd normalen Ausdruck zu geben.

„Edward?" Jennys Stimme war eine reichhaltige Mixtur aus therapeutischer Gelassenheit, tiefer Verunsicherung und fernem Donnergrollen.

„Mmm?" Er hatte mit Absicht seinen Mund mit Pastete und Toast überfüllt, um etwas Zeit zu gewinnen.

„Edward, sag mir bitte – du wußtest doch sehr gut, daß es heute abend Meeresfrüchte-Lasagne gibt, zumal du es ja selbst vorgeschlagen und die meisten Zutaten eingekauft hast – warum hast du denn dann Michael erzählt, es gäbe eine Grillplatte? Warum in aller Welt, Edward? Warum? Und was, beim Barte des Propheten, soll dieser Unfug von wegen ich wäre nicht sicher, ob ich Koteletts bekommen könnte? Warum sollte ich keine Koteletts bekommen können?"

Alle Blicke richteten sich auf Edward.

Edwards Augen traten aus den Höhlen, und er deutete auf seine energisch arbeitenden Kiefer und wedelte in gespielter Frustration mit den Händen, wodurch er hoffte, einigermaßen überzeugend die Botschaft zu vermitteln: „Ich habe eine wirklich vorzügliche Antwort auf diese Frage auf der Zungenspitze, und ich kann euch gar nicht sagen, wie abgrundtief peinlich es mir ist, daß ich ausgerechnet in diesem Moment unfähig bin, sie auszusprechen, aufgrund des übergroßen Bissens, von dem ich wünschte, ich hätte ihn mir nie in den Mund gesteckt, der aber nun einfach erst einmal heruntergekaut werden muß, bevor ich auch nur zu sprechen versuche."

„Nun, Meeresfrüchte-Lasagne ist uns ganz genauso recht", lächelte Michael gelassen, „ein Fest für den Gaumen, würde ich sagen. Aber ich wüßte wirklich gern die Lösung des Rätsels der Grillplatte, von Agatha Sewell."

Edward kaute und schluckte sich bis ans Ende seiner Ausflucht durch und nahm einen Schluck Wein. Warum, oh, warum nur hatte er je diese *dämliche* Grillplatte erwähnt? Warum hatte er nicht im Lehrerzimmer seine große Klappe gehalten und einfach Jenny erzählt, was passiert war, als er nach Hause kam, und sie die Sache wieder einrenken lassen? Idiot! Mit was für einem Munitionsvorrat würde Michael das für die kommenden Wochen ausstatten? Soviel zum Thema subtile Rache und Ausübung von

79

Macht! Es kehrte sich alles gegen ihn. Was in aller Welt sollte er jetzt sagen?

Er versuchte, erwachsen und selbstsicher zu klingen. „Also schön, daß ich Michael gesagt habe, es gäbe eine Grillplatte, hat eigentlich einen ganz einfachen Grund, Jenny, und die Sache mit den Koteletts ist womöglich noch einfacher. Ich habe einfach zwei Dinge miteinander verwechselt. Das eine war das Abendessen heute, und das andere war – nun ja, ich kann euch das jetzt nicht erzählen, weil es eine Überraschung für ... also, für eine besondere Gelegenheit ist, die mit dir und mir zu tun hat. Die beiden Dinge sind mir einfach im Kopf durcheinandergekommen, das ist alles. Ich weiß, es klingt verrückt, aber es ist nun einmal so. Tut mir leid, Michael. Tut mir leid, Sophie."

Sophie, die Geheimnisse liebte, sagte: „Oh, das macht gar nichts. Ich finde es sogar aufregend!"

Michael neigte großmütig sein dünn behaartes Haupt, aber da war wieder dieser belustigte Funke in seinen Augen. Zweifellos, dachte Edward, lagerte er das alles ein, um es bei passender Gelegenheit hervorzuholen. Und Jenny – nun, die Sache mit der besonderen Gelegenheit war ein wahrer Geistesblitz gewesen. Es hatte schon immer eine unausgesprochene Vereinbarung zwischen ihnen gegeben, daß, wenn einer von beiden sich gegenüber dem anderen bezüglich einer geplanten Überraschung verplapperte, keine weiteren Fragen gestellt würden. Er sah genau, daß Jenny alles andere als überzeugt war, und die Abrechnung würde mit Sicherheit kommen, aber zumindest hatte er *etwas* gesagt.

Eine Weile aßen sie, ohne daß jemand sprach. Zeit, das Thema zu wechseln, dachte Edward. Sein kleiner Mann im Ohr gab ihm einen bösartigen Gedanken ein.

„Sag mal, Michael, kennst du irgend jemanden aus der Mathematik-Abteilung?"

„Warum fragst du?"

„Ach, kein besonderer Grund. Ich habe gehört, die hätten dort ziemliche Probleme. Ich dachte mir, du wüßtest vielleicht mehr darüber."

„Tja ..." Michael schluckte seinen letzten Bissen Toast hinunter und wischte sich mit der Serviette über den Mund, „soweit ich sehen kann, gibt es da nur ein Problem, und das ist der Mann an der Spitze.“

„Oje, immer dasselbe Problem. Kenne ich ihn, Edward?“ fragte Jenny. „Gebt mir bitte eure Teller.“

„Er heißt Salmons“, sagte Michael, während er ihr seinen Teller reichte und sich vor Gähnen schier nach außen stülpte. „Oje, Entschuldigung – hat nichts mit der Gesellschaft zu tun. Nur ein bißchen müde.“

Wird wohl wieder eine lange Nachtwache, was, Michael?

„Nein, er ist in mancher Hinsicht ein komischer Kerl. Älterer Mann. Geht nächstes Jahr in Pension. Ein bißchen trocken und zynisch. Die Leute in seiner eigenen Abteilung sind nie recht mit ihm warm geworden. Das ist das Hauptproblem, nehme ich an. Ich kenne ihn nicht besonders gut, aber wir haben uns im Lauf der Jahre hin und wieder unterhalten. Soweit ich mich erinnere, hatte er noch nie über irgend jemanden unseres Kollegiums ein gutes Wort zu sagen. Ich sage euch, in diesem Kerl ist die Milch der Menschenfreundlichkeit nicht nur ausgetrocknet – sie ist sauer geworden.“

„Armer Kerl“, bemerkte Jenny mitleidig, während sie die Vorspeistenteller nahm und kehrtmachte, um das Zimmer zu verlassen, „es muß furchtbar sein, so zu werden.“

„Ich komme mit und helfe dir ein bißchen“, quietschte Sophie und schob ihren Stuhl zurück. „Ich will nichts mehr von einem alten Jammerlappen mit einem Fischnamen hören. Ich war hoffnungslos in Mathe.“

Edward bekam es mit der Angst zu tun, als er allein mit Michael zurückblieb. Es gab so viele verschiedene Schichten in dieser heiklen Situation, daß er kaum noch wußte, wer sie beide in Wirklichkeit waren. Er fühlte sich schuldig, weil er Jenny nichts erzählt hatte, und er war immer noch wütend, und er kam sich blöd vor, weil er sich am Ende mit Sicherheit schlechter fühlen würde als Michael. Blöd, blöd, blöd!

„Ich habe gelogen“, sagte Michael, beugte sich mit dem Ellbogen auf dem Tisch vor und hob den Zeigefinger. „Der alte Salmons hat doch mal etwas Nettes über jemanden gesagt, und ich hätte mich daran erinnern müssen, weil es nämlich erst heute war. Ich wollte dir erzählen, was er gesagt hat, aber es war mir bis eben gerade völlig entfallen."

„Ist das das ernste Gespräch, das du mit mir führen wolltest?"

„Was?" Michaels Verbindlichkeit verließ ihn für ungefähr eine halbe Sekunde. „Ach so, nein, nein, das ist etwas anderes. Das machen wir später. Nein, es war etwas, das Salmons über dich gesagt hat."

„Über mich?"

„Genau – laß mich mal überlegen, wie seine genauen Worte waren." Er hielt sich einen Augenblick lang Daumen und Mittelfinger vors Gesicht, etwas auseinander, dann legte er sie zusammen, schnippte und schüttelte triumphierend den Zeigefinger. „Ich habe es! Ich hatte gerade gesagt, daß wir beide befreundet sind, seit wir hier angefangen haben, und dann erwähnte ich, daß wir heute zum Abendessen hier sind, und er sagte: ‚Der beste Englischlehrer, den diese Schule je hatte.' Genau das waren seine Worte. ‚Der beste Englischlehrer, den diese Schule je hatte.' Wie gefällt dir das? Nettes Kompliment von einem alten Griesgram wie ihm, was?"

„Mmm, ja, wahrhaftig!" erwiderte Edward und spielte etwas unbeholfen freudige Überraschung. „Ja, das ist wirklich ein nettes Kompliment. Wobei ich keine Ahnung habe, wie er zu so einem Schluß kommt. Er hat mich nie im Unterricht gesehen, soviel ich weiß."

„Nun, da sind zum Beispiel die Prüfungsergebnisse. Die sprechen doch für sich, oder? Und solche Dinge sprechen sich herum – über die Kinder, über andere Kollegen; so eine Schule ist doch ein richtiges kleines Klatschdorf, nicht wahr, Ted?"

Ja, Michael, ein richtiges kleines Klatschdorf.

„Aber wie kam es denn dazu, Michael – daß du dich mit Freund Salmons über mich unterhalten hast, meine ich? Scheint mir ein wenig unwahrscheinlich. Noch einen Schluck ...?"

Er bot Michael abermals den Wein an, der ihm sein Glas entgegenhielt und dankend nickte. Zum ersten Mal begann Edward diesen Abend zu genießen. Michael nahm einen Schluck aus seinem Glas und zuckte die Achseln.

„Ach, wir sind uns nur nach der Schule in die Arme gelaufen

82

und ins Gespräch gekommen. Ich glaube, er hat mich gefragt, was ich heute abend vorhätte, und, wie gesagt, ich erzählte ihm, daß Sophie und ich das Glück hätten, heute abend in der Oxford Avenue bei zweien unserer besten Freunde eingeladen zu sein, und dann sagte er das mit dem besten Englischlehrer. Kann also doch kein ganz so übler Kerl sein, was?"

„Trotzdem, ich bin überrascht", sagte Edward nachdenklich. „Ich habe manchmal den Eindruck, daß eine Menge Kollegen mich als eine Art Spinner vom Dienst betrachten. Weißt du, was ich meine?"

Einen Moment lang dachte er, er wäre vielleicht zu weit gegangen. Für einen Sekundenbruchteil schien Michael innerlich zusammenzuzucken, als ob da eine unerwartete Verbindung hergestellt worden wäre, dann ging der Moment vorüber, und Edward, der in Michaels Gesicht einen Ausdruck strenger, ernsthafter Eindringlichkeit gewahrte, begriff mit einem Gefühl des Staunens und Entsetzens, daß er im Begriff stand, eine Gardinenpredigt gehalten zu bekommen!

„Edward Sewell", sagte Michael, die rechte Hand flach in die Luft erhoben und die Fingerspitzen auf Edwards Gesicht gerichtet, „laß mich nie wieder hören, wie du dich selbst so heruntermachst. Ich weiß nicht, ob irgend jemand tatsächlich etwas so Blödsinniges denkt, aber eines kann ich dir sagen: Wenn, dann sollte er lieber nicht versuchen, mir gegenüber seine Ansichten auszusprechen, wer immer es ist. Sonst wird er es noch schwer bereuen."

Er stieß ein kleines, bescheidenes Lachen aus. „Und überhaupt, wenn du ein – wie war das noch?"

„Ein Spinner, Michael."

„Wenn du ein Spinner bist und ich dein Freund bin, was bin ich dann?"

Nun, insgesamt bist du ein verlogener, verräterischer Sch...

„Also Schluß damit, vielen Dank, Mr. Sewell. Übrigens", Michael warf einen Blick zur Tür, bevor er sich über den Tisch beugte und in verschwörerischem Flüsterton weitersprach, „was ist das für ein geheimnisvolles Ereignis, das nicht stattfinden kann, wenn keine Grillplatte auf der Speisekarte steht? Aufpassen, Junge, du hättest beinahe die Katze aus dem Sack gelassen, was? Was ist los? Hochzeitstag, oder was?"

Plötzlich hatte Edward keinen Spaß mehr an der Sache. Ach, was für ein verwickeltes Netz ...

„Pst, sie kommen zurück."

Der Rest des Abends verging in einer Art Nebel, soweit es Edward betraf. Michael wiederholte Salmons' Bemerkung vor Jenny (die sich sehr darüber freute, wie er vorausgesehen hatte), und er wiederholte auch den Kernpunkt der kleinen Gardinenpredigt, die er Edward gehalten hatte, und trug Jenny seine wohldurchdachte Ansicht vor, daß Edward sich mehr für seine Verdienste zugute halten und sich darauf verlassen sollte, daß seine Freunde sich stets vor ihn stellen würden, falls jemand ihn kritisierte. Jenny stimmte ihm von Herzen zu – ebenso wie Sophie. Edward wäre beinahe seine Meeresfrüchte-Lasagne hochgekommen.

An dieser Stelle kämpfte Edward erfolgreich gegen eine starke Versuchung an, die Gesellschaft mit einer Anekdote über seinen letzten Friseurbesuch zu unterhalten, als das Mädchen, das ihm immer die Haare schnitt, ihm zu seinem üppigen Haarwuchs gratuliert hatte. Sie hatte auch ihr besonderes, bewunderndes Interesse an der Tatsache ausgedrückt, daß in seinem Haar keine Spur von Grau zu entdecken war, trotz seines, wie ihr offenbar schien, relativ fortgeschrittenen Alters. Er phantasierte darüber, diesem Bericht eine gnadenlose Wiederholung der herausragenden Punkte folgen zu lassen: „Üppig, hat das Mädchen gesagt, Michael, was bedeutet, eine Menge davon, verstehst du. Mehr, als ich brauche. Genug für zwei. Haufenweise. Jede Menge, haufenweise Haare. Haufenweise dichtes, dunkles, üppiges Haar ohne eine Spur von Grau; Haar, wie es erbärmliche, schwächliche Glatzköpfe wie du liebend gerne hätten, aber nicht haben, weil sie kahl, kahl, kahl werden!"

Er schmeckte die Worte förmlich heiß auf der Zunge, aber schon der Gedanke, die Kontrolle zu verlieren und derartig furchtbare, kindische Dinge vor seiner Frau und der vertrauensseligen Sophie tatsächlich zu sagen, ließ ihn innerlich erschauern. Je eher diese Farce von einem Abendessen zu Ende war, desto besser. Er wußte, daß ein sofortiges Verhör erfolgen würde, sobald sich die Tür hinter ihren beiden Gästen geschlossen hatte, aber zumindest würde er dann die Freiheit haben, genau das zu sagen, was er dachte, und Jenny würde ihm sicherlich nicht ihr Mitgefühl verweigern, wenn sie hörte, was geschehen war. In der Zwischenzeit hatte sie, vielleicht in der Annahme, daß ihr Mann unter einer Art geistiger Verwirrung litt, offensichtlich beschlossen, die Situation in die Hand zu nehmen, und wie üblich machte sie ihre Sache wirklich sehr gut und regte Michael und Sophie an, ausführlich von ihren Zukunftsplänen zu erzählen. Ein Gesprächsthema, sinnierte Edward, das denen, die reden, immer wieder faszinierende Stunden bereitet.

Es war beim Kaffee, daß Michael, der einige Zeit damit verbracht hatte, den Sportunterricht der Zukunft, wie er ihn sah, zu skizzieren, sich auf seinem Stuhl zurücklehnte und sagte: „Was macht die gute alte Dichtkunst, Ted? Unser Abend wäre doch nicht komplett ohne eine Darbietung des Barden aus der Oxford Avenue, oder, Sophie?"

Sophie, die es noch nie geschafft hatte, auch nur eine einzige Zeile von Edwards Lyrik zu verstehen, lächelte und nickte gutmütig, während sie voll Vorfreude dem hoffentlich nicht allzu fernen Zeitpunkt entgegensah, wenn sie und Jenny in der Küche verschwinden würden, um zu spülen und sich zu unterhalten, während die beiden Männer im Eßzimmer ihren Cognac tranken.

Edward hatte geglaubt, fest entschlossen zu sein, auf keine Äußerung des anderen Mannes im Lauf des Abends mehr negativ zu reagieren, aber diese Bemerkung nahm ihm schier den Atem. Warum *bat* Michael geradezu darum, die „Eingeweide" zu hören, die er so abscheulich und langweilig fand? Er riß sich zusammen. Diesmal war er vorbereitet.

„Könntest du mir bitte das Notizbuch herüberreichen, Liebling, da drüben an der Seite. Ja, *das* ist es. Danke." Er blätterte durch die Seiten, bis er die richtige gefunden hatte. „Ich hätte da etwas, das euch vielleicht wirklich gefallen könnte", sagte er. „Es sind eher Knittelverse als Lyrik, und es ist noch nicht richtig fertig, noch nicht geschliffen, wenn ihr wißt, was ich meine, aber ... nun ja, seht mal, wie ihr es findet."

Empfindlichkeit macht sehr empfindlich, dachte Edward, der

gerade rechtzeitig aufblickte, um eine kaum merkliche Drehung von Michaels Handgelenk zu bemerken, als der jüngere Mann an einen Blick auf seine Uhr dachte, es sich dann jedoch anders überlegte.

Jenny blickte ein wenig verdutzt drein. Normalerweise wurde sie gebeten, Edwards neue Arbeiten zu lesen und zu kommentieren, bevor jemand anderes auch nur daran schnuppern durfte.

Sophie runzelte die Stirn und beugte sich vor. Sie sah aus, als strengte sie sich an, jene bisher unentdeckten Muskeln ausfindig zu machen, die, wenn sie sie spannte, ihr vielleicht zum Verständnis verhelfen würden.

„Schieß los", sagte Michael, „ich freue mich schon."

„Also schön, der Titel ist ‚United in Herrlichkeit'", verkündete Edward. Dann begann er aus seinem Notizbuch zu lesen:

Als Duncan Edwards[1], einst der Größte,
sich seines ird'schen Leibs entblößte,
verließ er das Spielfeldgetümmel
und schwebte schnurstracks in den Himmel;
traf Gott, der offenbarte ihm
den Traum vom eig'nen Fußball-Team,
nach dem er sich schon lange sehnte.
Kaum, daß er diesen Wunsch erwähnte,
ward fast ganz Manchester United
im Pulk vors Himmelstor geleitet.
Man bot ihnen, so der Vertrag,
daß ihnen einst am Jüngsten Tag
bedingungslos das Seelenheil
ohne Abzug würd' zuteil.
Freilich band das Honorar
sie nicht nur für ein einz'ges Jahr,
sondern für die Ewigkeit.
Doch das tat ihnen nicht leid,

---

[1] Duncan Edwards (1936–1958) war eines der größten Idole der englischen Fußballgeschichte. Zusammen mit elf Mannschaftskameraden von Manchester United kam er im Februar 1958 bei einem mißglückten Flugzeugstart in München ums Leben.

86

denn zu wechseln den Verein
fiel ihnen nicht im Traume ein,
da die einz'ge Konkurrenz
war die Hölle, und da brennt's.
Somit fing das Training an.
Dribbeln, Pässe, alle Mann
übten auf den Himmelsauen,
um das Spiel nicht zu versauen.
Der Chef indessen, nicht bequem,
ließ das himmlische Emblem
auf Handtücher und T-Shirts sticken
und Wimpel an die Fans verschicken.
Vor Fouls, auch noch so gut getarnt,
wurden die Spieler streng gewarnt,
doch um das Team zu komplettieren,
entschloß sich Gott, sich nicht zu zieren,
und setzte zu der Gegner Grausen
einen Engel auf Linksaußen.
Schon bald war Gottes Team zur Stelle
zum großen Spiel gegen die Hölle,
um vor den Augen aller Seelen
das große Ziel nicht zu verfehlen,
und die Verlorenen verloren
mit null zu dreizehn Toren.
Duncan, der derer sieben schoß,
fragte hinterher den Boß,
ob er den Sieg vorausgesehen.
Sprach Gott: „Kein Wunder mußt' geschehen,
ihr wart als Mannschaft inspiriert,
derweil die Hölle rekrutiert
den Nachwuchs aus dem Sündenpfuhl,
dem Tabellenletzten Liverpool."

Es war einer *der* befriedigendsten Momente schlechthin, die Edward seit sehr langer Zeit erlebt hatte. Alle drei, die mit ihm am
Tisch saßen, waren von den Worten, die er gerade vorgelesen

hatte, förmlich sichtbar aus ihrem gewohnten Bild von ihm herausgerissen worden. Michael zum Beispiel sah – um ein Beispiel modernen Slangs zu benutzen, das Edward im Klassenzimmer zu verabscheuen geneigt war, insgeheim jedoch liebte – aus, als hätte ihn ein Bus gestreift. Jenny, die sich mit verschränkten Armen auf ihrem Stuhl zurücklehnte, sah ihren Mann mit einer seltenen Mischung aus Schock, Argwohn und Sorge an, fast so, als keimte in ihr der Verdacht, er könnte ein Hochstapler sein – ein Doppelgänger von Edward Sewell. Sophie war überrascht, aber entzückt. Endlich einmal hatte sie eines von Edwards Gedichten zu einem großen Teil verstanden. Sie war die erste, die etwas sagte.

„Oh, Eddie, das war wirklich gut, ich meine es ernst. Wie du das alles gemacht hast – weißt du. Das war wirklich gut, nicht wahr, Mike? Und sogar über deine Lieblingsmannschaft. Wirklich gut!"

„Es war hervorragend", stimmte Mike zu, der zwar ziemlich verdutzt dreinblickte, sich aber anteilnehmender anhörte, als es bisher während des ganzen Abends der Fall gewesen war. „Davon hätte ich wirklich gern eine Abschrift, Ted, wenn es dir nichts ausmacht. Ganz anders als das, was du sonst so schreibst. Ich wußte gar nicht, daß du United-Fan bist."

Wie außerordentlich befriedigend, dachte Edward, in Michaels Augen zu sehen und die plötzliche Verschiebung in den Grundfesten seines zum Verrücktwerden unerschütterlichen Vorurteils zu beobachten, er wüßte genau, was er von E. Sewell zu erwarten hätte, dem alten Idioten, den er eigentlich nicht verärgern wollte, wie er vorhin so nett gesagt hatte.

„Oh, ich bin kein United-Fan", erwiderte er, „ich habe nur vorhin ein bißchen herumgekritzelt, und da ist mir das hier eingefallen. Es ist eigentlich nichts Besonderes."

Es entstand eine kurze Pause.

„Schön!" Jenny schlug mit den Handflächen leicht auf den Tisch. „Ich glaube, es wird Zeit, daß wir beide uns über den Bailey's hermachen, meinst du nicht, Sophie? Lassen wir diese beiden ... " – ein sarkastischer Blick in Edwards Richtung – „Fußballfanatiker in ihren Erinnerungen schwelgen, während wir ein bißchen Ordnung in der Küche schaffen."

„Ooh, ja", antwortete Sophie begeistert, „es gibt da etwas, wonach ich dich fragen wollte."

Oje, dachte Edward, als die beiden Frauen das Zimmer verließen, jeder scheint hier irgend jemandem etwas zu sagen zu haben. Michael war vermutlich im Begriff, auf die „ernste Sache" zu sprechen zu kommen, die er im Sinn hatte, Sophie wollte Jenny nach etwas fragen, Jenny plante zweifellos, Edward gehörig in die Mangel zu nehmen, sobald ihre Gäste gegangen waren, und er selbst – hatte er noch etwas zu diesem Mann zu sagen, der ihn offenbar in Wirklichkeit verachtete, ihm aber trotzdem fortwährend platte Schmeicheleien ins Gesicht sagte? Vielleicht.

„Ted, ob wir uns wohl mal unterhalten können?"

Es war ein paar Minuten später. Eine geöffnete Cognacflasche stand zwischen ihnen auf dem Tisch, und ein gerüttelt Maß der kostbaren Flüssigkeit war in zwei jener ausufernd gewölbten, von seinem Vater geerbten Gläser eingeschenkt worden, die Edward so gerne in der Hand hielt, um sie zu betrachten und aus ihnen zu trinken.

„Dann sind wir also jetzt bei der ernsten Sache angelangt, Michael?"

Edward hielt sich das Glas vor die Augen und studierte seinen Inhalt mit tiefer Konzentration. Vielleicht würde sich ihm das Geheimnis des Lebens selbst offenbaren, wenn er lange genug in jene funkelnde bernsteinfarbene Welt blickte.

„Es geht um unsere Abende", sagte Michael, dessen Stimme einen Deut höher zu klingen schien als sonst. „Da ist etwas – ich wollte mich gerne mit dir über eine Sache unterhalten, die bisher immer ins Spiel kam, wenn wir so zusammengekommen sind. Versteh mich nicht falsch. Wie ich vorhin schon sagte, kann ich mich wirklich entspannen, wenn ich hierherkomme, und Sophie ist Feuer und Flamme für Jenny; es ist also nichts Schwerwiegendes, weißt du. Es ist nur, daß fast jedesmal, wenn wir zusammen essen, etwa um diese Zeit, wenn die Mädels sich verzogen haben, wir – daß du sozusagen die Gewohnheit hattest, auf die Vergangenheit zu sprechen zu kommen. Das ganze Zeug mit unserem kirchlichen Hintergrund und so. Wir reden fast jedesmal darüber, wenn wir zusammen essen, nicht wahr?"

„Wäre es dir lieber, wenn wir überhaupt nicht darüber reden würden?" Edward starrte immer noch in die Tiefen seines Glases.

Michael sog die Luft durch die Zähne ein und rieb sich heftig mit den Fingerspitzen die Schädeldecke, wie um die Intensität seines Wunsches zu verdeutlichen, niemanden zu beleidigen. Vorsicht, Michael, dachte Edward, sonst reibst du dir noch den ganzen Flaum ab.

„Sieh mal, Ed, dein Gedicht gerade eben – wirklich gut. Wie gesagt, du mußt mir unbedingt eine Kopie geben – dieses Gedicht spricht aus, was du und ich wirklich über Religion denken. Es ist ein Spiel. Es ist ein Bild von etwas, von dem viele Leute wünschen, daß es wahr wäre. Aber das ist alles. Meine Mutter und mein Vater glaubten zutiefst an jedes Wort davon, weil sie voll hingegebene, wiedergeborene Typen waren, und sogar dein Vater steckte voll da drin, nicht wahr, wenn auch vielleicht nicht auf dieselbe Art wie sie. Als ich klein war, wurde ich einfach mit hineingezogen und gehirngewaschen, wie es einem leicht passieren kann, wenn man ein Kind ist, aber, nun ja, das ist lange her, Ed, und – ich muß ganz ehrlich zu dir sein – mir wäre es wirklich lieber, wenn ich das alles jetzt hinter mir und ruhen lassen könnte. Unsere Eltern waren gute Leute, aber – aber sie waren irregeleitet. Das ist für mich die Quintessenz. Ich wollte dich einfach fragen, ob wir diese alte Tagesordnung von nun an auf sich beruhen lassen könnten, weil ich jedesmal, wenn wir darüber reden, das Gefühl habe, nach rückwärts gezerrt zu werden. Was meinst du?"

In Edward war alles plötzlich sehr still geworden. Er hatte tatsächlich das Gefühl, als ob ihm vielleicht ein wichtiges Geheimnis offenbart würde, wenn auch nicht aus den Tiefen seines Cognacs. Er ließ sein Glas ein wenig sinken und sah dem anderen Mann direkt in die Augen. Als er sprach, klang seine Stimme leise und beherrscht.

„Was meintest du gerade, als du sagtest ‚sogar dein Vater steckte voll da drin'?"

Michael runzelte die Stirn und schüttelte etwas ratlos den Kopf. „Ich habe nur gemeint, daß er ein traditioneller Anglikaner war, im Gegensatz zu einem geisterfüllten Gläubigen, das ist alles. Was macht das für einen Unterschied?"

„Und was genau ist der Unterschied zwischen einem geisterfüllten Gläubigen und einem traditionellen Anglikaner?"

„Nun, kurz gesagt, gehen Christen wie die in der Gemeinde meiner Eltern davon aus, daß der Heilige Geist ein ebenso wichtiger Teil der Dreieinigkeit sei wie der Vater und der Sohn, und sie werden nicht nur mit Wasser, sondern auch mit dem Geist getauft, wie Jesus sagte, daß es geschehen müsse, und sie gebrauchen alle Gaben des Heiligen Geistes wie Prophetie und Zungenrede und Heilung, all die Dinge, von denen Paulus im Neuen Testament soviel redet. Sie sind wahre, wiedergeborene Kinder Gottes."

„Den es nicht gibt."

„Äh, genau."

„Und traditionelle Anglikaner?"

Michael schwenkte den Cognac auf dem Boden seines Glases herum und nahm einen winzigen Schluck. „Nun, die allgemeine Ansicht in unserer Gemeinde war, daß das, was man als die herkömmlichen Denominationen bezeichnen könnte, Anglikaner, Methodisten und so weiter, in ernster Gefahr standen, den Zug zu verpassen, oder, um eine andere Metapher zu gebrauchen, die unser Pastor einmal in einer seiner Predigten verwendete, sie sind tote Äste am Baum des Glaubens und werden am Ende abgehackt werden müssen."

„Mein Vater war ein vertrockneter Zweig an einem toten Ast?" Edwards Stimme war immer noch sehr leise.

„Nun, nur wenn du an das alles glaubst. Sieh mal ..." Michael schob die Cognacflasche und einen Salzstreuer zurecht wie Schachfiguren, während er seine Gedanken sortierte, „man muß doch nicht an all das glauben, um zu sehen, daß schon ein Sinn dahintersteckt. Anfang dieses Jahrhunderts schaut sich Gott im Lande um, und er sieht einen Haufen höchst respektabler Leute aus der Mittelschicht, die jeden Sonntag aus purer Gewohnheit in die Kirche spazieren, ohne recht zu wissen, warum sie dorthin gehen, und er sagt sich: ‚Schön, ich habe genug davon. Ich werde ein paar Gemeinden voller Leute gründen, die es wirklich ernst meinen, und jeder aus den traditionellen Denominationen, der es will, kann die Kirche verlassen, in der er ist, und sich einer der neuen anschließen. Ich überlasse es der geistlichen Schwerkraft, den alten, leblosen ein Ende zu machen. Wenn sie vollkommen tot sind, werden sie einfach abfallen, und wenn nicht, gebe ich ihnen einen kleinen Schubs.'"

„Dann war also mein Vater deiner Meinung nach kein wahrer Gläubiger."

„Also, ich kannte ihn ja nicht, Ted, also ist es unmöglich für mich, das zu beurteilen. Nach allem, was ich weiß, kann er ja eine Ausnahme von der Regel gewesen sein. Aber was spielt das schon für eine Rolle, da wir ja sowieso wissen, daß das alles Unsinn ist?"

Edward spürte, wie eine Ahnung von Tränen hinter seinen Augenlidern prickelte. „Er betete jeden einzelnen Morgen seines Lebens seit meiner Geburt dafür, daß ich Christ werden möge. Das ist nicht schlecht für einen toten Zweig, findest du nicht?"

Michael zuckte nur die Achseln. „Und deine Eltern, Michael – du sagst, nicht wahr, daß sie total, hundertprozentig irregeleitet waren? Das sagst du doch, nicht? Du sagst, daß die Sache, für die sie ihr ganzes Leben eingesetzt haben, nichts als ein Spiel war. Ein Bild, so nanntest du es, glaube ich, nicht wahr?" Er wartete. „Nun?"

Es war ein merkwürdiger Moment. Michaels Mund bewegte sich tatsächlich und versuchte, Worte zu formen, als ob da etwas wäre, das er zur Antwort sagen wollte, doch in seinen Augen las Edward ein Eingeständnis und eine stumme Beschwörung, eine Bitte um die Erlaubnis, in dieser Angelegenheit seinen Frieden zu haben. Konnte es womöglich sein, daß sie beide an diesem Abend dieselbe Offenbarung empfangen hatten? Denn Edward taumelte innerlich unter dem Schock, plötzlich etwas zu wissen, das er nie zuvor gewußt hatte, obwohl diese Wahrheit längst ein Teil von ihm war. Vielleicht war sie es immer gewesen. Michaels absurde Unterscheidungen hatten ihm die endgültige Klärung verschafft. Sein Vater war nicht irregeleitet gewesen, oder besser gesagt, er war kein Mann gewesen, in dem eine solche Irreleitung ein Leben lang hätte Wurzeln schlagen können. Natürlich war er das nicht gewesen! Der Geist seines Vaters, der für Edward heute noch genauso wirklich war wie damals, als der liebe Mann noch gelebt

hatte, diese warme Mischung aus Sanftheit, Freundlichkeit, Groß-
zügigkeit und Glauben hätte seine Nahrung nie und nimmer nur
aus einem Bild oder einem Spiel beziehen können. Es gab keine
Irreleitung, nur in der subtilen Verleugnung seiner eigenen wahren Reaktion. Was Edward erlebte, war keine Bekehrung, sondern
eine Wiederherstellung der klaren Sicht. Und wer sehen kann, der
kann leichter wählen, welchen Weg er einschlagen will.

Michaels Augen hatten den Kampf mit seinem Mund verloren.
„Für ein Spiel war es ein ziemlich gutes Spiel", sagte der Mund,
„aber mehr war es nicht, und ich möchte nicht mehr darüber
nachdenken, wenn es dir nichts ausmacht, Ted."

„Okay, Michael, ich verspreche dir, daß ich nicht wieder davon
anfange, wenn du es nicht tust. Okay?"

„Gut – danke", sagte der Mund. Halt mich fest, sagten die Augen.

Edward beschloß, ein Risiko einzugehen. „Aber nur unter einer
Bedingung."

„Eine Bedingung?"

„Ja." Edward riß ein leeres Blatt Papier von dem Block, der immer noch auf dem Tisch lag, und schob ihn hinüber. „Ich möchte,
daß du die Wahrheit auf dieses Stück Papier schreibst, es dann zu-
sammenfaltest und mir zur Aufbewahrung gibst."

„Die Wahrheit?"

Michaels unverkennbarer Versuch, so zu tun, als hätte er nicht
die leiseste Ahnung, wovon Edward redete, scheiterte beinahe sofort. Das sarkastische Lächeln wollte sich einfach nicht wieder
auferwecken lassen. Eine oder zwei Sekunden lang starrte er auf
das leere Blatt Papier in seinen Händen, dann legte er es auf den
Tisch, nahm einen schlanken, eleganten Kugelschreiber aus der
Innentasche seiner Jacke und schrieb eifrig etwa eine Minute lang.
Schließlich, nachdem er einen letzten Schlußpunkt auf das Papier
gestochen hatte, faltete er das Blatt säuberlich dreimal zusammen
und reichte es Edward zurück.

„Ich habe das Gefühl, daß wir beide völlig übergeschnappt sein
müssen", sagte er mit müder Resignation, „aber da hast du es –
nimm es. Du kannst es lesen, wenn du willst, aber erst, wenn ich
gegangen bin. Und wir reden nie wieder darüber, richtig?"

„Richtig", nickte Edward, „versprochen", und er schenkte noch etwas Cognac in ihre Gläser.

Eine halbe Stunde später, als das übliche Gezwitscher der Verabschiedungen und gegenseitigen Zusicherungen des Wiedersehens vorüber war und die Haustür sich endlich hinter Michael und Sophie geschlossen hatte, legte Edward in der Diele die Arme um seine Frau. Sie ließ es sich ein paar Augenblicke lang gefallen, bevor sie zurücktrat und sein Gesicht aus einer Armeslänge Entfernung musterte.

„Was war heute los, Edward? Wenn du jetzt ‚nichts' sagst, hole ich mir einen großen, flachen Küchenartikel und verhaue dich damit."

„Versprechungen, Versprechungen!" lächelte Edward, der sich plötzlich unaussprechlich müde fühlte. „Ich war heute in der Schule auf der Toilette und habe mit angehört, wie Michael mit diesem Salmons über mich und dich und unser heutiges Abendessen redete."

Jenny riß die Augen auf. „Was hat er gesagt?"

Edward wiederholte das Gespräch so genau, wie es sein Gedächtnis zuließ. „Aber über dich hat er wirklich nett gesprochen", sagte er zum Schluß. „Er meinte, er hätte viel für dich übrig, Mrs. Spinner."

„Oh, Edward, Liebling, was für eine miese kleine Ratte. Das muß dich fürchterlich mitgenommen haben. Warum in aller Welt hast du mir nur nichts gesagt, als du nach Hause kamst?"

Er dachte einen Moment lang nach. „Mmm, aus vielen schlechten Gründen. Ich hätte es wohl lieber tun sollen, nicht wahr? Aber eigentlich, nach dem, wie es sich dann entwickelt hat ..." Er lachte. „Du hast mir meine albernen Kopfschmerzen nie abgekauft, was? Übrigens, was wollte Sophie dich denn fragen?"

„Ach ja, sie sagte, sie und Michael hätten darüber nachgedacht, ob wir vielleicht bereit wären, so ein Schreiben für den kleinen Paul aufzusetzen, wo wir uns bereit erklären, ihn aufzunehmen und großzuziehen, falls seine Eltern bei einem Autounfall umkommen oder so. Aber nachdem ich von deiner Toilettenerfahrung gehört habe, verstehe ich einfach nicht, warum. Warum wir? Warum Mr. und Mrs. Spinner?"

„Soweit es Sophie betrifft, ist das doch offensichtlich. Für sie stehst du doch auf einem so hohen Sockel ...“

„Edward!“

„Wer könnte da wohl eine bessere Ersatzmama für Paul abgeben, wenn ihr etwas passieren würde? Und sie hat recht. Ich stimme ihr zu. Und was Michael betrifft ...“, sagte er mit einem langsamen Kopfschütteln, „tja, das ist erheblich komplizierter, denke ich. Jenny, heute abend ist etwas passiert, worüber wir reden müssen. Nicht jetzt, meine ich, aber bald – ich bin mir selbst noch nicht ganz darüber im klaren. Morgen vielleicht.“

Sie gähnte. „Morgen reicht mir. Meinst du, du wirst Michael je sagen, daß du alles gehört hast, was er gesagt hat?“

Edward dachte einen Moment darüber nach und schüttelte dann den Kopf. „Zu spät – ich hätte es ihm heute sagen sollen, wenn überhaupt. Nein, ich lasse es.“

„Gehen wir schlafen, Edward. Alles andere kann bis morgen früh warten, und morgen ist ein herrlicher, seliger Samstag, und wir können ausschlafen, wenn wir wollen.“

Bis halb zwölf waren Edward und Jenny beide eingeschlafen. Um drei Uhr morgens klingelte das Zweittelefon in ihrem Schlafzimmer. Edward sagte immer, wenn um diese nachtschlafende Zeit das Telefon klingelte, könne es nur eine schlechte Nachricht oder ein Australier sein. Jenny nahm ab. Diesmal war es eine schlechte Nachricht. Michael hatte während der Nacht einen schweren Herzanfall erlitten und war mit der Ambulanz in das Krankenhaus gebracht worden, wo Jenny ihren Teilzeitjob hatte, das nächste, das über eine Notfallabteilung verfügte. Das Krankenhaus war am Telefon und gab die Nachricht weiter, Paul sei bei einer Nachbarin gut untergebracht, aber Sophie ließe anfragen, ob Jenny kommen und bei ihr in der Notaufnahme bleiben könnte.

„Oh, die arme, arme Sophie!“ sagte Jenny mit Tränen in den Augen, während sie hastig ihre Kleider überwarf, „sie muß völlig am Boden zerstört sein.“ Sie schlug sich die Hand vor den Mund. „Oh, Edward, ich habe ihn gestern abend eine Ratte genannt. Hätte ich das doch bloß nicht gesagt. Du kommst doch mit, ja?“

Das kalte, tote Gewicht des Schreckens ließ sie beide schweigen, während sie die buchstäblich verlassene Hauptstraße entlang in Richtung Krankenhaus fuhren. Alles, woran Edward denken konnte, war Sophies offenes, hübsches Gesicht, zerknittert vor Kummer, und die Sorgen, die sich Michael immer über sein dünnes Haar machte. Besonders, als er an die Haare dachte, war ihm zum Heulen zumute. Sie erreichten das Krankenhaus kurz vor halb vier.

Michael starb noch am selben Morgen um sechs Uhr dreißig, ohne noch einmal so weit zu Bewußtsein gekommen zu sein, daß er mit irgend jemandem hätte reden können. Die nächsten Stunden drehte sich alles darum, daß Jenny sich um Sophie kümmerte, die den ganzen Vormittag über zwischen schweigsamer, verständnisloser Verwirrung und Tränenfluten hin und her wechselte. Am frühen Nachmittag fiel sie auf dem Sofa im Wohnzimmer in einen unruhigen Schlaf, erschöpft von Trauer und Schlafmangel. Jenny und Edward, selbst am Ende ihrer Kräfte, saßen bei starkem Kaffee in der Küche und ließen, was immer ihnen durch den Kopf ging, in Worten heraus.

„Wo immer Michael jetzt ist", sagte Jenny nach einer Weile, „wenigstens weiß er, daß sein kleiner Junge in Sicherheit ist."

Edward nickte zustimmend, doch bei Jennys Worten trat ein geistesabwesender Ausdruck in seine Augen. Er schob seinen Stuhl zurück und stand auf.

„Weißt du, ich glaube, ich mache einen kleinen Spaziergang", verkündete er, „nur einmal um den Block – ein bißchen frische Luft schnappen. Du kannst gehen, wenn ich wieder da bin, wenn du willst."

Es war ein heller, frostiger Tag, glitzernd, aber kalt. Am Ende der Oxford Avenue nahm Edward die Abkürzung hinüber zur Hauptstraße, bog rechts ab und ging rasch an den Geschäften in der High Street vorbei, bis er am Fuß der Steintreppe ankam, die hinauf zu dem nüchternen Portal von St. John's führte, der Pfarrkirche, in der sein Vater viele Jahre lang regelmäßig den Gottesdienst besucht hatte. Er stieg die Stufen empor, zögerte einen Augenblick, drückte dann die Klinke der riesigen Tür hinunter und stemmte sich dagegen. Mit leiser Überraschung registrierte er, daß sie nicht verschlossen war. Rasch glitt er ins Innere der Kirche und lehnte sich gegen die Tür zurück, bis sie wieder im Schloß einrastete.

Die friedliche Stille im Innern traf ihn fast wie ein Schock, und die Temperatur war noch niedriger als draußen. Zitternd vor Kälte und einer ungewissen Sorge zwang er sich, zielstrebig den breiten Mittelgang zwischen den endlosen Reihen langer, dunkel verfärbter viktorianischer Kirchenbänke hindurch zum östlichen Ende der Kirche zu gehen. Nachdem er die beiden flachen Stufen zu dem mit einem Tuch bedeckten Altar hinaufgestiegen war, blieb er stehen und rieb sich für einen Moment die kalten Hände. Vor ihm standen zwei majestätisch große Messingleuchter, an jedem Ende des Altars einer.

„Die könnte ich stehlen, wenn ich wollte", murmelte er leise vor sich hin, „aber ich glaube nicht, daß ich das tun werde."

Er öffnete die beiden obersten Knöpfe seines Mantels und griff mit tauben Fingern in seine Jackentasche, wo er das zusammengefaltete Stück Papier fand und hervorzog, das Michael am Abend zuvor bei ihm gelassen hatte. Nachdem er es sorgfältig entfaltet hatte, studierte er die Worte, die darauf geschrieben waren, mit voller Aufmerksamkeit und nickte sanft, als wäre er nicht im mindesten überrascht von dem, was er las. Dann faltete er das Blatt wieder zusammen, schloß die Augen und hielt es ein paar Sekunden lang mit beiden Händen vor sich hoch, bevor er es behutsam auf die flache Oberfläche des Altars legte.

Nachdem er langsam rückwärts die Stufen wieder hinabgestiegen war, setzte sich Edward für eine kleine Weile zusammengekauert auf die erste Bank. Ein unbeholfenes Gebet für Michael und Sophie, dann eines für sich selbst und Jenny, dann, plötzlich verlegen, eilte er aus der Kirche hinaus in den spröden Wintersonnenschein und die eisige Luft.

Stanley Morgans geringfügiges Vergehen

Es waren die Augen der Frau, die alles veränderten. Sie hatte solch schöne Augen, warm und schimmernd, mit einem grünlichen Ton darin. Er wäre am liebsten in Zeitlupe in sie eingetaucht, einfach leise in ihre Tiefen eingetaucht und träge darin herumgeschwommen. Hin und wieder träumte er, daß er genau das tat. Manchmal aber auch hatten seine Träume mit Schwimmen nichts zu tun. Er bezweifelte, daß diese Träume jemals Wirklichkeit werden würden, denn wenn sie es täten, so würde das bedeuten, daß er eine Sünde begangen hätte, und im Sündigen war Stanley Morgan noch nie sehr gut gewesen.

Selbst bevor er mit Anfang zwanzig Christ geworden war, war Stanleys Leben ausgesprochen milde verlaufen. Die Furcht vor dem wilden, unbekannten Land, das sicherlich diejenigen erwartete, die vom Pfad der Tugend abwichen, war bei ihm immer stärker gewesen als der gelegentliche Wunsch, loszugehen und Dinge zu erforschen, die, wie seine Mutter und sein Vater ihn gelehrt hatten, als eindeutig falsch zu betrachten waren.

Nur einmal, kurz nach seinem sechzehnten Geburtstag, hatte er versucht, von ganzem Herzen der Versuchung nachzugeben, und selbst das war lächerlich schiefgegangen.

Dahingetragen von Lüsternheit und der örtlichen Buslinie war Stanley in ein Marktstädtchen gefahren, einige Meilen von dem entfernt, in dem er wohnte, und zwar mit der alleinigen Absicht, ein Exemplar der Zeitschrift *Penthouse* zu erwerben und heimlich zu lesen. Am Ende der holperigen, halbstündigen Fahrt brannte dieses Verlangen, seine Augen an Fotografien von nackter weiblicher Haut zu weiden, gerade noch stark genug in ihm, um ihn in den Zeitschriftenladen neben dem Bahnhof zu treiben, aber von dort aus war es immer noch ein harter Kampf. Er verbrachte lächerlich viel Zeit, verschiedene Ausführungen von Briefpapier, ganze Ständer voller Postkarten und die Rückseiten von Pralinenschachteln zu studieren.

Schließlich legte er mit loderndem Gesicht einen Block Schreibpapier, zwei Kugelschreiber, einen Marsriegel, ein Exemplar des *Daily Telegraph* und *die* Zeitschrift auf den Tresen am hinteren Ende des Ladens. Er klammerte sich an die erbärmlich optimistische Hoffnung, daß die attraktive, sittsam gekleidete junge Dame, die im Begriff war, sein Geld entgegenzunehmen, sich sagen würde: „Ah, hier haben wir eine respektable Persönlichkeit, die den *Daily Telegraph* liest. Wahrscheinlich wird er diesen Block und diese Kugelschreiber benutzen, um irgendeine objektive Untersuchung an den Inhalten dieser schmutzigen Zeitschrift vorzunehmen, die er ja wohl kaum zu irgendeinem anderen Zweck gekauft haben dürfte."

Sicherlich warf das Mädchen einen neugierigen Blick auf den Jungen mit dem Rote-Bete-Gesicht und den Augen, die nicht in ihre sehen wollten, aber erst viel später in seinem Leben war Stanley in der Lage, sich reumütig die Tatsache zu vergegenwärtigen, daß sie diese unübersehbare Verlegenheit wahrscheinlich eher mit der gewählten Tageszeitung als mit seinem Erwerb der Zeitschrift in Verbindung brachte.

Nachdem er aus dem Laden entkommen war, schluckte Stanley schwer, wischte sich die Stirn ab, rollte seine *Penthouse* in seinen *Telegraph* ein und marschierte auf eine Art und Weise, von der er hoffte, daß jemand, der ihn beobachten mochte, sie als nicht-lüsterne Zielstrebigkeit deuten würde, weg von den Läden und Häusern den bewaldeten Hügel hinter der Bushaltestelle hinauf und einen schmalen Fußweg entlang, der sich über die mit Farnen bedeckte Grünfläche hinter dem Städtchen schlängelte. Nachdem er dem Pfad etwa zwei- oder dreihundert Meter weit gefolgt war, blickte er sich rasch um, änderte dann abrupt seine Richtung, ging mitten in die hüfthohen, grünen Farnwedel hinein und entschwand mit einer Plötzlichkeit, die jeden Zeugen dieses dramatisch abrupten Abtauchens zutiefst überrascht und erschreckt hätte, dem Blick.

Unten in der unerwartet behaglichen, grün erleuchteten Kammer, geformt von dem Gewicht seines eigenen Körpers, durchlief Stanley ein exquisiter Schauder schieren Vergnügens beim Gedanken an die warme Verkommenheit, die ihn erwartete.

Jetzt!

Er zog den Marsriegel aus der Jackentasche, schälte das Papier ab und biß ein Stück ab; dann setzte er sich bequemer zurecht und entrollte seine Zeitung, wobei er fieberhaft einem Festmahl an Fotos entgegensah, die all die weiblichen Kurven und Spalten zeigten, die er sich so oft vorgestellt, aber noch nie in seinem Leben tatsächlich gesehen hatte.

Die Zeitschrift war nicht da.

Wie sehr er auch seine Zeitung schüttelte und ihre Seiten auseinanderzog, diese Zeitschrift, Brennpunkt seines einzigen Ausflugs in die absichtliche, mit Bedacht verübte Bosheit, war einfach nicht da. Er mußte sie irgendwo zwischen dem Laden und der Stelle, wo er von dem Pfad abgebogen war, fallen gelassen haben. Sie mußte beim Gehen herausgeglitten und zu Boden gefallen sein, ohne daß er es merkte. Also keine weiblichen Kurven und Spalten? Kein gar nichts? Oh – Mist!

Stanleys Selbstachtung, die in seinen besten Momenten schon nicht gerade überschwenglich war, sank auf ein noch niedrigeres Niveau herab. Hier saß er nach all seinen sorgfältigen Planungen, versteckt im dichten Farnkraut an einer einsamen Stelle, mit nichts Lüsternerem als einem halb gegessenen Marsriegel und dem *Daily Telegraph*. Idiot! Er wollte aufstehen, hielt jedoch inne und fragte sich, was wohl etwaige Passanten denken würden, wenn sie sahen, wie er mit einer zerknüllten Zeitung in der Hand aus den Büschen auftauchte. Sie würden denken – der Himmel wußte, was sie denken würden!

Als er sich endlich aufrichtete, war nur eine Person in Sicht. Ein älterer, faßförmiger, watschelnder kleiner Mann, dicht gefolgt von einem älteren, faßförmigen, watschelnden kleinen Hund, schien so sehr vertieft in irgendeine Lektüre zu sein, als er entlangspazierte, daß er weder Stanleys vorsichtigen Aufstieg in die Außenwelt bemerkte, noch die atemlosen, panischen Sprünge, mit der er in die achtbare Umgebung des Fußweges zurückkehrte.

So erleichtert war Stanley, unbeobachtet aus seinem Versteck entkommen zu sein, daß er erst etwa eine Minute, nachdem er dem Spaziergänger und seinem Hund begegnet war, darauf kam, was die fesselnde Lektüre in den Händen des Mannes sein mußte.

Er hatte nur einen kurzen Blick auf etwas Hautfarbenes, Aufgeblähtes erhascht, ohne zu registrieren, was es war. Es war seine verlorene Zeitschrift – sie mußte es sein! Stanley blieb wie angewurzelt stehen und machte auf dem Absatz kehrt, doch als er versuchte, sich vorzustellen, wie er den Mann einholte und die Rückgabe seiner *Penthouse* verlangte, versagten ihm die Nerven. Das brachte er nicht fertig. Der Gedanke, einen Anspruch auf dieses schreiende Symbol seiner Missetat geltend zu machen, war einfach zuviel für ihn.

Die Busfahrt nach Hause war keine Freude. Jedes Schlagloch war eine Buße.

Der Rest des Marsriegels verwandelte sich in seinem Mund zu Asche. Der *Telegraph* war langweilig.

Jahre vergingen, doch die Erinnerung an diesen Tag verfolgte Stanley. Es war das einzige Mal in seinem Leben gewesen, daß er einen sorgfältig durchdachten Akt der Rebellion begangen (oder zu begehen versucht) hatte. Er bereute ihn aus vier Gründen. Drei davon konnte er sich selbst gegenüber eingestehen, einen nicht.

Erstens fühlte er sich schuldig, es überhaupt getan zu haben. Schon der Gedanke, daß seine ordentliche, zuversichtliche, moralisch bestens organisierte Mutter oder sein kleiner, breitschultriger, fest in die Hosenträger geklemmter Vater herausfinden könnte, was er zu tun versucht hatte, jagte ihm einen Schauder des Entsetzens durch den Leib.

Zweitens fühlte er sich schuldig wegen des faßförmigen, watschelnden Mannes, der an jenem Tag seine Zeitschrift auf dem Weg gefunden hatte. Angenommen, fragte er sich voll Sorge, dieser Mann war ein netter, sauberer, makellos anständiger Mensch gewesen, bevor er jenem Meer von Kurven und Spalten begegnete, das zweifellos auf jenen Seiten abgebildet gewesen war, die er mit solcher Konzentration studiert hatte. War Stanley vielleicht unbeabsichtigt, aber dennoch schuldhaft für den moralischen Niedergang eines unschuldigen Mannes verantwortlich?

Drittens war er tief beunruhigt über die Offenbarung des Potentials zum Bösen in ihm selbst. Wenn es der Versuchung gelungen war, ihn dieses eine Mal jenes kleine Stück weit vom schmalen Weg wegzulocken (sowohl buchstäblich als auch im übertragenen Sinn), war es dann nicht möglich, daß irgendwo tief unten in einem dunklen, verzweifelten Winkel seiner Persönlichkeit verborgene Triebe lauerten, die ihn zu noch extravaganteren Eskapaden oder gar dazu anreizen würden, ganz vom rechten Weg abzuweichen?

Stanley beschloß, mit aller Kraft die Gewohnheit zu entwikkeln, seine Gedanken und Gefühle am kurzen Zügel zu halten, um einer solchen unwillkommenen Möglichkeit vorzubeugen.

Der vierte Grund zur Reue, dem Stanley unmöglich klar ins Gesicht sehen konnte, war eigentlich eine Art Trauer um etwas gänzlich Undefinierbares, das er an jenem Tag im Park hätte entdecken können oder vielleicht sogar sollen, aber nicht entdeckt hatte. Auf eine neblige, wirre Art erinnerte er sich an den kurzen, unbefriedigenden Zeitraum, in dem er in seiner Stanley-förmigen, dunkelgrünen Welt aus Farnen vergraben gesessen hatte, wie an eine Begegnung mit einer Frau, einem weichen, süß duftenden Wesen, das sich in seinen Armen in nichts aufgelöst hatte, als er die Zeitung entrollte und seinen Verlust bemerkte. Es gab Zeiten, unwachsame Momente, da drang diese seltsame, übermächtige Nicht-Erinnerung so gewaltsam in seinen Seelenfrieden ein, daß ihm zum Heulen zumute war, doch dieses Erlebnis hatte stets eine verwirrende, desorientierende Wirkung auf ihn. Wie konnte etwas so Billiges, Schmutziges und geradezu Albernes aus der Vergangenheit in der Gegenwart Gefühle von so trauriger Schönheit erzeugen? Die Antwort war natürlich, daß es das nicht konnte. Stanley stopfte diese Gefühle zurück hinunter in sein Inneres, wann immer sie sich regten, doch auf einer noch tieferen Ebene sehnte er sich danach, dieser „Frau" wieder zu begegnen.

Als er mit dreiundzwanzig Jahren Christ wurde, hatte Stanley das Gefühl, die Lösung für seine dringendsten Probleme gefunden zu haben. Der kürzliche Tod seiner beiden Eltern innerhalb von sechs Monaten hatte ihn natürlich sehr betrübt, aber er hatte auch einen kleinen Knoten der Panik in seiner Brust zurückgelassen, der sich niemals völlig zu lösen schien. Alberne Fragen kamen ihm in den Sinn und mußten zurückgewiesen werden, weil sie keinen Sinn ergaben.

Wer würde nun seine Mutter und sein Vater sein?

Wer wußte so sicher, was man tut und was man nicht tut, um ihn auf der richtigen Spur zu halten?

Sich einer Gemeinschaft anzuschließen, die sich sonntagmorgens in einer der örtlichen Schulen nicht weit von seinem Zuhause traf, war genau das, was er brauchte. Der Leiter der Gruppe war eine sehr starke, hilfsbereite Persönlichkeit, und die meisten, die dort hinkamen, waren begeisterungsfähige Leute, mit denen leicht auszukommen war. Alle schienen rein und frei von Sünde leben zu wollen, genau wie Stanley. Zu einer solchen Gruppe zu gehören, verschaffte ihm ein gutes, geborgenes Gefühl, besonders, nachdem er sich dem Hauskreis angeschlossen hatte, der sich jeden Mittwoch abend um kurz vor acht im Haus von Brian und Madge Ford versammelte. Brian und Madge waren die Leiter der Gruppe. Sie zeigten ein starkes, seelsorgerliches Interesse an jedem Mitglied der Gemeinschaft, das ihnen von dem Ältestenkreis der Gemeinde anvertraut war, und ihre Einstellung zu Stanley bildete da keine Ausnahme. Beide begegneten ihm sehr herzlich und fürsorglich, und er mochte und respektierte sie sehr.

Als er zum fünften Mal an dem Mittwochstreffen teilnahm, hatte Stanley den anderen Gruppenmitgliedern etwas bekanntzugeben, als alle wie üblich nach dem Bibelstudium und der Gebetszeit auf Bohnensäcken, Eßzimmerstühlen und einer großen, bequemen dreiteiligen Sitzgarnitur im Kreis im geräumigen Wohnzimmer der Fords saßen und Kaffee, Tee oder Limonade tranken. Er sei zu einer Entscheidung über sein Leben im allgemeinen und sein geistliches Leben im besonderen gekommen, erzählte er ihnen. Er wollte sein Leben Christus anvertrauen. Die Folge war allgemeiner Jubel. Er hätte sich keine befriedigendere Reaktion erhoffen können. Es stellte sich heraus, daß Stanleys Bekehrung die Antwort auf viele Gebete so ziemlich aller Anwesenden war. Nachdem Brian ihm geholfen hatte, sein eigenes Übergabegebet zu sprechen, und mehrere andere Leute Gott dafür gedankt hatten, daß er so mächtig in Stanleys Herz gewirkt hatte, verschwand Madge in der Küche und kehrte wenig später mit einer frisch geöffneten Flasche Wein und ein paar Gläsern zurück, damit der Hauskreis gebührend feiern konnte, daß ihr neuer Bruder nun seinen Weg mit dem Herrn begann.

Es war das erste Mal seit sehr langer Zeit, daß Stanley sich innerlich entspannte. Er spürte förmlich, wie dieser Knoten in seiner Brust sich auflöste – oder vielleicht sollte er sagen: aufgelöst *wurde*. Es war solch eine Erleichterung.

Es blieb nur eine Sorge. Stanley wollte, daß alles in seinem neuen Leben so richtig und so rein war wie nur möglich. Darum verabredete er sich mit Brian, wobei er andeutete, daß es da eine ernste Sache in seiner Vergangenheit gab, die verarbeitet und vergeben werden mußte. Als sich die beiden Männer trafen, versicherte Brian Stanley gelassen, keine Sünde sei so schrecklich, daß sie nicht vor Gott bekannt und durch die Macht der Auferstehung Christi vergeben werden könne. Danach saßen sie sich mindestens zwei Minuten lang schweigend an Brians Küchentisch gegenüber, doch schließlich raffte Stanley den Mut zusammen und schilderte, was vor all diesen Jahren im Park geschehen war. Es fiel ihm sehr schwer, aber das Gefühl der Erleichterung hinterher war so wunderbar, daß ihm sogar eine oder zwei Tränen aus den Augen liefen.

Zuerst hatte Brian ein wenig verdattert über das genaue Ausmaß von Stanleys „schwerer" Sünde geschienen, doch da er offenbar spürte, wie wichtig die Erinnerung für den nervösen jungen Mann am anderen Ende des Tisches war, hatte er mit völlig angemessenem Ernst reagiert, ruhig eine oder zwei einschlägige Fragen gestellt und zu den Antworten feierlich genickt.

Auf Anregung des Hauskreisleiters, der fest an praktische Spiritualität glaubte, betete Stanley laut um Vergebung und dankte Gott dafür, daß die Zeitschrift, jenes Vehikel der Versuchung, während seines Marsches durch den Park seinem Griff entglitten war. Gemeinsam beteten sie für den faßförmigen, watschelnden Mann und baten Gott, auch ihm jedwede Sünde zu vergeben, die sich daraus ergeben haben mochte, daß er diesen möglicherweise verderblichen Bildern ausgesetzt gewesen war, und flehten, er möge, falls er noch am Leben sei, ebenfalls Jesus finden und das ewige Leben ererben, das all jenen verheißen ist, die in Christus versiegelt sind.

Schließlich fragte Stanley, ob es in Ordnung wäre, sich sozusagen posthum bei seinen Eltern zu entschuldigen. Brian erläuterte

ihm behutsam, daß die Bibel regelrechte Kommunikation mit Toten nicht gutheißt, fuhr aber fort, seiner Meinung nach sei es vollkommen in Ordnung, wenn Stanley Gott sagte, wie leid es ihm
tue, daß er etwas getan habe, das seiner Mutter und seinem Vater
weh getan hätte, wenn sie davon gewußt hätten. Das wäre fast genauso, als wenn er sich direkt bei ihnen entschuldigte, meinte er.
So war es auch.

Alles in allem war es ein höchst befriedigendes Erlebnis für
Stanley. Im allgemeinen neigte er nicht zu Metaphern, aber er
sagte zu Brian, ihm sei, als hätte er gerade ein schweres Möbelstück vorgezogen, das seit Jahren nicht bewegt worden war, und
endlich die Aufgabe in Angriff genommen, den Unrat zu beseitigen, der sich dahinter hatte ansammeln können. Brian gratulierte
ihm zu dieser treffsicheren Metapher und deutete behutsam an,
eine tägliche kleine Reinigung würde ihm wahrscheinlich helfen,
nie wieder irgendwelche schweren Möbelstücke verrücken zu
müssen. Dieser Gedanke gefiel Stanley sehr gut, und er machte
ihn von diesem Tag an zur Grundlage seines Gebetslebens. Wann
immer es im Hauskreis um die tägliche Andacht ging, war Stanleys Beitrag immer derselbe. Nur ein bißchen Staubwischen, sagte
er ihnen immer – das war es, was er jeden Morgen tat –, ein bißchen Staubwischen. Dann lächelte er Brian an, und Brian lächelte
zurück. Es war etwas Besonderes zwischen ihnen. Es gab Stanley
ein warmes, geborgenes Gefühl. Er gehörte dazu, und seine Füße
standen sicher auf dem rechten Weg. Davon würde er nicht mehr
abweichen.

Noch mehr Jahre vergingen, und jene andere Erinnerung, die
eigentlich keine Erinnerung war und die ganz irrtümlicherweise
eine bittersüße Aura des Verlustes um ein Ereignis legte, das in
Wirklichkeit eine Erfahrung der Sünde und Versuchung gewesen
war, wurde so tief in Stanleys Innerem vergraben, daß er, hätte
man ihn danach gefragt und hätte er die Frage verstanden, geantwortet hätte, sie sei völlig verschwunden. Von jener seltsamen,
sinnlosen Wehmut hatte er Brian nie erzählt, teilweise, weil er gar
nicht fähig gewesen wäre, sie in Worte zu fassen, aber hauptsächlich, weil sie die einzige echte Perle war, die er besaß, und wenn
er sie weggegeben hätte, so wäre ihm, wenn er auch davon nichts

ahnte, kaum ein Grund geblieben, an jenem Acker festzuhalten, in dem sie verborgen war.

Ganz gelegentlich ging unerwartet ein Schatten über die helle Regelmäßigkeit seines Lebens, aber mit der Zeit eignete sich Stanley Techniken an, um mit solchen Problemen fertigzuwerden. Eines Sonntags zum Beispiel hatte ein Gastredner in der Gemeinschaft alle darin unterwiesen, was sie tun sollten, wenn der Teufel an die Tür ihres Lebens klopfte, um mit seinen Täuschungen und Lügen zu hausieren.

Schickt Jesus hin, um ihm die Tür zu öffnen – das war seine Empfehlung.

Stanley fand diesen Ratschlag besonders hilfreich und folgte dem Vorschlag des Redners, wann immer sein inneres Gleichgewicht durch verführerische Schatten, Versuchungen oder unangebrachte Stimulation bedroht war. Er wurde sehr geschickt darin. Ja, es wurde ihm so sehr zur Gewohnheit, Jesus an die Tür zu schicken, daß er mehr oder weniger den Gedanken aufgegeben hatte, sie jemals selbst zu öffnen. Warum das Risiko eingehen?

Das Leben war friedlich und gut.

Seit der Zeit seiner Bekehrung hatte Stanley beständig, wenn auch nicht leidenschaftlich, dafür gebetet, daß er eines Tages verheiratet sein und eigene Kinder haben möge. Eine Familie zu haben, so glaubte er, würde ihn bequem bis zu jenem wichtigen Punkt gelangen lassen, wo er nur noch den einen notwendigen Schritt vom Ende seines irdischen Pfades auf die Straßen des Himmels zu tun brauchte. Das Mädchen – oder die Frau, wie er natürlich heute besser sagen sollte – würde selbstverständlich eine Christin sein müssen, das war klar, und er war ein wenig beunruhigt, wie die Sache mit dem Sex laufen würde – schließlich konnte man keine Familie haben, ohne daß es dazu kam. Doch wenn sie beide Christen waren, sagte er sich, würde es wohl kaum irgendwelche Probleme geben, die sich nicht durch Gebet und Geduld lösen ließen.

Er hatte vollkommen recht. Drei Tage nach seinem siebenundzwanzigsten Geburtstag schloß sich eine neue Teilnehmerin namens Alison dem Hauskreis an (der immer noch von Brian und Madge geleitet wurde, wenn auch ein paar der früheren Mitglieder gegangen und durch neue ersetzt worden waren), und von dem Moment an, als Stanley sie sah, wußte er irgendwie, daß sie eines Tages seine Frau sein würde. Später, nachdem sie sich verlobt hatten, erzählte Alison Stanley, daß sie genau dasselbe empfunden habe, als sie ihn zum ersten Mal sah. Das Wissen um diesen Zufall, der natürlich gar kein Zufall war, war für sie kostbar, und sie begrüßten ihn als Bestätigung, daß ihre Pläne, sich als Mann und Frau zu vereinigen, richtig waren.

Der Verzicht auf Sex bis zur Hochzeit war für Alison ein größeres Problem als für Stanley, doch auch sie genoß es, daß er in diesem Bereich so starke Grundsätze hatte. Auch Stanley genoß ziemlich das Gefühl, er habe starke Grundsätze, und brachte sich sogar fast dazu, es wirklich zu glauben.

Die Hochzeit selbst war ein wunderbares Fest. Die meisten Mitglieder der Gemeinschaft waren dabei, um Zeugen der Zeremonie zu sein, und Stanley lud einen oder zwei Kollegen vom Katasteramt in Cambridge ein, wo er arbeitete, nicht nur, weil sie Freunde waren, sondern auch, weil es eine gute Gelegenheit für sie war, auf indirekte, aber dennoch sehr wirkungsvolle Weise das Evangelium zu hören. Sie konnten davon kaum unbeeindruckt bleiben. Der Gesang war laut und begeistert, und die Ansprache des Leiters der Gemeinschaft weise und doch humorvoll. Alisons verwitwete Mutter, die mit Stanley von dem Moment an, als sie ihn kennengelernt hatte, höchst einverstanden gewesen war, beschrieb den Gottesdienst später als „tief bewegend".

Der Empfang war eine strahlende, fröhliche Veranstaltung. Sie gab Stanley das Gefühl, jemand Besonderes, Wichtiges zu sein, doch es war, wie Brian ihm am Abend zuvor gesagt hatte, nichts Falsches daran, auf der eigenen Hochzeit der Star zu sein, solange er nicht vergaß, wer der wirkliche Star im Rest seines Lebens war. Hin und wieder während des Essens und der Tischreden und des Schneidens der Hochzeitstorte spürte Stanley einen Stich der Unruhe beim Gedanken an seine bevorstehende Einführung in die körperliche Seite der Ehe, doch es gab zu viele unmittelbare Ablenkungen, als daß solche Sorgen die Fröhlichkeit des Nachmittags ernsthaft hätten beeinträchtigen können.

Die Hochzeitsnacht selbst verlief ziemlich provisorisch und unvollständig, doch Stanley und Alison hatten ein paar gute Bücher gelesen und eine Menge vorzüglicher Ratschläge in Sachen Sex bekommen. Sie wußten, daß diese Dinge Zeit brauchten und sich auf lange Sicht um so besser entwickeln würden, wenn sie ihre Entwicklung als sexuelle Partner mit Geduld und gegenseitigem Einfühlungsvermögen angingen. Und gewiß, im Laufe der Jahre erlangten sie eine ruhige Kompatibilität, aus der nicht allzu häufig Momente herausragten, in denen etwas Wesentlicheres zu passieren schien.

Einmal, als er mitten in der Nacht nur halb wach geworden war, hatte Stanley mit Alison geschlafen und sie dabei in seinem schläfrigen Zustand für eine völlig andere Person gehalten. Diese Begegnung war mit einer solchen Leidenschaft, Dramatik und mitternächtlichen Musik in der samtenen Dunkelheit durchflutet gewesen, daß beide hinterher völlig benommen und reglos dalagen, zur Decke emporstarrten und vergeblich versuchten, in den Erfahrungen, die sie miteinander gemacht hatten, irgendeinen Schlüssel zu dem Rätsel zu finden, das ihnen gerade widerfahren war. Am Morgen leuchteten Alisons Augen, und sie sang unter der Dusche, doch Stanley empfand nur Schuld und Angst. Er beschloß, daß so etwas nie wieder passieren durfte. Träume und wirkliches Leben durften sich nicht überschneiden.

Am Hochzeitstag seiner Eltern wurde Mark geboren, sehr zur Freude von Stanley und Alison und Alisons Mutter und Brian und Madge (die versprochen hatten, im Leben des Kindes die Rolle der Paten zu übernehmen). Brian scherzte mit Stanley über die Ausgaben und die harte Arbeit, die dieser Tag von nun an jedes Jahr mit sich bringen würde. Mark war ein robustes, zufriedenes Baby, dessen Lieblingsbeschäftigung es war, mit leuchtenden, neugierigen, sanft hin und her wandernden Augen zu dem Schmetterlingsmobile emporzustarren, das seine Oma ihm gekauft hatte. Hin und wieder brach er in ein gurgelndes Lachen aus und winkte mit seinen weichgepolsterten Fäustchen nach den sanft dahinschwebenden, bunten Gestalten. Manchmal saß Stanley stundenlang da und beobachtete Mark. Er konnte sein Glück kaum glauben und fragte sich, wo in aller Welt oder im Himmel sein kleiner Sohn hergekommen war.

Zwei Jahre später wurde an einem frühen, schönen Frühlingsmorgen Marks Schwester Ruth geboren. Sie war klein und hatte einen mächtigen Schopf feiner, dunkler Haare und unfaßbar winzige, porzellanartige Hände und Füße. Später, als er die winzige Gestalt betrachtete, die nackt in seinen Armen lag, begriff Stanley zwei Dinge: daß Liebe nicht dünner wird, nur weil sie sich auf mehr Menschen verteilt, und daß er nicht das geringste über Frauen wußte.

Als Stanleys viertes Lebensjahrzehnt sich dem Ende zuneigte, hatten die Morgans inzwischen in ein größeres Haus mit einem für kleine Kinder besser geeigneten Garten ziehen können. Geld hatten sie nicht übermäßig viel, aber mehr als ausreichend, und die Familie begann ihre eigenen Traditionen und Routinen zu entwickeln, was Stanley besonders behagte, da er nun einmal gerne wußte, woran er mit allem war. Ziemlich oft, wenn er absolut sicher war, daß niemand sich in der Nähe befand, setzte er sich auf einen der Ikea-Barhocker in seiner Küche und ging eine Checkliste der wichtigen Dinge in seinem Leben durch, die er laut aufzählte, wobei er sich bei jedem Element vergewisserte, daß es gesund und reibungslos funktionierte.

Frau, Sohn, Tochter, Gott, Gemeinde, Haus, Beruf und körperliche Gesundheit – dies waren die Komponenten von Stanleys Existenz, die sozusagen regelmäßig geölt und gewartet werden mußten. Mit peinlicher Gewissenhaftigkeit behielt er jedes davon im Auge, und er dankte Gott dafür, daß er ihm half, sein Leben so problemlos laufen zu lassen. Insgeheim spielte er mit dem Gedanken, daß sein Glück vielleicht ein kleines bißchen so etwas wie eine Belohnung war. Schließlich hatte er kaum einen falschen Schritt getan seit dem Vorfall im Park vor all den Jahren. Freilich wußte er – natürlich tat er das – durch die Lehre, die er während der letzten Jahre aufgenommen hatte, daß es unmöglich war, daß jemand sich tatsächlich die Gunst Gottes verdiente. Natürlich wußte er das. Natürlich. Trotzdem – alles lief außerordentlich gut.

Dann passierte etwas.

Eine der klugen Entscheidungen, die Stanley und Alison gemeinsam getroffen hatten, bestand darin, die Kinder morgens zur

Schule zu begleiten. Stanley hatte gleitende Arbeitszeit, aber weil das Katasteramt ziemlich weit entfernt war, mußte er sich entscheiden, ob er morgens später ging und die Kinder noch sah, bevor er aufbrach, oder sehr früh zur Arbeit ging und sie am Ende des Tages noch sah, bevor sie ins Bett mußten. Nach ausgiebigen Gebeten und Gesprächen einigten sie sich, daß Stanley, zumindest fürs erste, um zehn Uhr mit der Arbeit beginnen würde, so daß ihm Zeit blieb, Mark und Ruth jeden Morgen die Dreiviertelmeile von zu Hause bis zur Schule zu begleiten. Besonders Stanley empfand sehr stark, daß diese tägliche halbe Stunde Kontakt sich als sehr wichtig für die Entwicklung der richtigen Art von Beziehung zwischen ihm und seinen Kindern erweisen würde, und Alison war das nur recht, da sie auf diese Weise zeitiger „in die Gänge kam", wie sie ihre Hausarbeit beschrieb.

In der ersten Zeit hatte Stanley keinen Anlaß, die Entscheidung zu bedauern, die er und Alison getroffen hatten. Ruth war ein fröhliches, unaufhörlich plauderndes kleines Mädchen, und sie trottete heiter neben ihm her mit ihrer kleinen Hand in seiner großen und teilte ihm ihre Ansichten über das Leben, die Schule und die Welt im allgemeinen mit, offenbar ohne je daran zu zweifeln, daß er jedes ihrer Worte mit ganzer Aufmerksamkeit verfolgte. Mark, ein ernsthaftes Kind, aber von Natur aus immer noch genauso zufrieden, wie er als Baby gewesen war, ging auf seiner anderen Seite und sagte selten etwas, doch wenn, dann stellte er meist tiefe, forschende Fragen, die aus vorherigem gründlichem Nachdenken entsprangen. Manchmal sagten beide Kinder genau gleichzeitig etwas zu ihm, wobei jedes die Worte des anderen als Hintergrundgeräusch zu betrachten schien, das man getrost ignorieren konnte. Stanley wurde ziemlich gut darin, seine sorgfältig durchdachten Antworten an Mark mit enthusiastischem Nicken und anerkennenden Geräuschen in Richtung seiner Tochter zu durchsetzen, die nicht viel mehr an Reaktion benötigte, um ihren Bewußtseinsstrom ungehindert fließen zu lassen.

Schon nach wenigen Tagen merkte Stanley, daß er sich auf seinen regelmäßigen Morgenspaziergang geradezu freute. Er badete im Sonnenschein der Zuneigung und Nähe seiner Kinder und genoß einen stillen (aber sicherlich harmlosen) Stolz auf das Urbild eines glücklichen, christlichen Familienlebens, das die drei zweifellos den Vorbeigehenden bieten mußten.

Erst als dieses angenehme Morgenritual mehrere Wochen lang abgelaufen war, begannen sich zwei beunruhigende Muster herauszubilden.

Ohne Muster ging es natürlich nicht. Der morgendliche Ablauf mußte zeitlich richtig geplant werden. Stanley und die Kinder brachen jeden Tag genau um acht Uhr dreißig auf und erreichten um kurz nach zehn vor neun die Tore der Park View Junior School, damit Mark und Ruth noch genügend Zeit blieb, sich ein paar Minuten auszuruhen, ihre Klassenkameraden zu begrüßen und sich von ihrem Vater zu verabschieden, bevor zwei laute Pfeiftöne signalisierten, daß es Zeit war, sich in Reihen aufzustellen und in die Klassenzimmer zu gehen.

An jedem einzelnen Werktagsmorgen zwischen acht Uhr dreißig und zehn vor neun kamen Stanley, Mark und Ruth an Kindern und Eltern vorbei, die in der entgegengesetzten Richtung unterwegs nach Whitefields waren, einer anderen (und nach Alisons Meinung eindeutig schlechteren) Grundschule, die nur wenige hundert Meter von der Straße entfernt lag, in der die Morgans wohnten. Nach ein paar Wochen war Stanley in der Lage, mit unveränderter Genauigkeit vorauszusagen, wann und wo er und seine Kinder einer beträchtlichen Auswahl dieser Whitefields-Eltern und Schüler begegnen würden, von denen er keinen namentlich kannte, da es weder Freunde noch Mitglieder seiner Gemeinde waren. Nachdem er Mark und Ruth zum Abschied zugewinkt und sich auf den Heimweg gemacht hatte, traf er in ebenso voraussagbaren Abständen die meisten dieser Leute auf dem Rückweg wieder. Es war die Routine der täglichen Begegnungen mit zweien dieser anderen Eltern, die sein Leben aufzustören begann.

Das erste war eigentlich kaum mehr als eine leichte Irritation, doch als die Tage und Wochen vergingen, verdarb es Stanley immer mehr die Freude an der ganzen ersten Hälfte seines Schulweges mit den Kindern. Dieser erste Teil des Weges führte über eine lange, schnurgerade Strecke Bürgersteig am Rande einer Hauptstraße, die um diese Tageszeit äußerst stark befahren war (Stanley hatte von Anfang an darauf bestanden, daß die Kinder seine Hände besonders festhielten, während sie diese Gefahrenzone durchquerten). Wie es sich traf, kam fast jeden Morgen, wenn die Morgans gegenüber der Tankstelle um die Ecke bogen (und Mark und Ruth automatisch beim Betreten der dreihundert Meter langen Strecke die Hände fester zusammenpreßten), am anderen Ende des Bürgersteigs eine andere kleine Familiengruppe aus zwei ganz kleinen Jungen und ihrem Vater in Sicht. Zuerst hatten die beiden Väter, wenn sie sich mit ihren Schützlingen mühsam auf dem schmalen Bürgersteig aneinander vorbeiquälten, nur ein höflich bedauerndes Lächeln ausgetauscht, eine stillschweigende gegenseitige Bestätigung, daß sie Genossen in einer milden Widrigkeit waren. Doch sie begegneten sich so oft, daß dieser regelmäßige Höflichkeitsaustausch Tag für Tag unmerklich mehr an Qualität gewann, bis die beiden Männer sich schließlich mit der Vertrautheit und Herzlichkeit alter Freunde begrüßten.

Stanley haßte es. Er haßte es, jeden Morgen um diese Ecke zu biegen, nur um am anderen Ende der Straße die hochgewachsene, dürre Gestalt mit dem vorzeitig ergrauenden Haar und den beiden pummeligen Kindern an beiden Händen auftauchen zu sehen. Was sollte man mit seinen Händen, seinem Gesicht und seinem Körper anfangen, wenn man hundertfünfzig Meter bis zu der Stelle zurückzulegen hatte, an der man der Person begegnen würde, auf die man zuging, und einander während der gesamten Strecke sehen konnte? An welcher Stelle fing man mit dem Begrüßungsprozeß an? Wenn man zu früh zu lächeln begann, würde es so aussehen, als ob man der Beziehung eine Bedeutung gäbe, die sie gar nicht hatte. Aber wie konnte man es vermeiden, im Laufe eines solchen langen, schnurgeraden, ununterbrochenen Marsches zu früh Blickkontakt mit dem anderen zu bekommen? Es war unmöglich. Es sei denn, man starrte mit unerklärlichem Interesse hinab aufs Pflaster oder auf die eigenen Füße oder auf den Verkehr oder auf die Ziegelsteinmauer, die fast die ganze, ewige Strecke an dem Bürgersteig entlanglief.

Stanley ertappte sich dabei, wie er allmählich eine umfangreiche Sammlung an Aktivitäten aufbaute, mit der er diese Leere füllte. Blicke auf die Uhr waren eine davon, eine andere bestand darin, plötzlich ein zutiefst konzentriertes Interesse an etwas zu zeigen, was eines der Kinder gesagt hatte. Gelegentlich ließ er sich sogar (sowohl buchstäblich als auch metaphorisch) herab, um unnötigerweise eines von Ruths Schuhbändern zu lösen und wieder zuzubinden, zum leichten Befremden des kleinen Mädchens. Das war ein besonders guter Trick, da es sich bis zu einer halben Minute ausdehnen ließ, ein ziemlicher Brocken der endlosen Blickkontakt-Zeit der sich begegnenden Parteien, die irgendwie gefüllt werden mußte.

Stanleys Elend wurde nur noch gesteigert durch die wachsende Gewißheit, daß der andere Vater die ganze Sache ebenso unerträglich schwierig fand wie er selbst. Insgeheim beobachtete er, daß der hochgewachsene, grauhaarige Mann seine eigenen Ablenkungsmanöver entwickelt hatte. Mehr als einmal zum Beispiel hatte er irgendein ganz gewöhnlich aussehendes Blatt von den Büschen gepflückt, die über die Mauer hinweg wuchsen, und es über eine Strecke von mehr als fünfzig Meter mit vor Konzentration gerunzelter Stirn studiert, um sich dann so, als täte er es auf lautstarkes Verlangen hin, hinabzubeugen und es seinen offenkundig völlig desinteressierten Söhnen zu zeigen, so daß er vor lauter Tippen und Zeigen und Erklären so vertieft in die Freude zu sein schien, Wissen weitergeben zu können, daß er die nahenden Morgans überhaupt nicht bemerkte. Einmal hatte er einen Kamm aus der Tasche gezogen und, bevor er damit das makellos ordentliche Haar seiner Söhne bearbeitete, einige Momente damit zugebracht, ihn vorsichtig in den Händen hin und her zu drehen, so als ob die schwachsinnig einfache Aufgabe, zu prüfen, ob die Zähne auch nach innen zeigten und nicht nach außen, jede Menge ernsthaftes Nachdenken erforderte.

An der Stelle des Weges, wo die beiden Familien sich dann schließlich begegneten, pflegten Stanley und der grauhaarige Mann sich mit scheinbarer Plötzlichkeit zum ersten Mal an diesem Morgen zu bemerken und mit einer entspannten Herzlichkeit, die mit Sicherheit in krassem Gegensatz dazu stand, wie Stanley und wahrscheinlich auch der andere Mann sich tatsächlich fühlten, ihre vertrauten Höflichkeiten auszutauschen. Der Rückweg war glücklicherweise frei von einer ähnlichen Begegnung, da der grauhaarige Mann zu Stanleys großer Erleichterung offenbar zu seinem Arbeitsplatz weiterging, wo immer das war, nachdem er die Kinder an der Schule abgesetzt hatte.

Eines Samstags beim wöchentlichen Einkauf mit Alison, Mark und Ruth im örtlichen Supermarkt stellte Stanley zu seinem Entsetzen fest, daß sie sich in der Schlange vor der Kasse direkt hinter dem grauhaarigen Mann, seinen Kindern und einer Dame im Trainingsanzug befanden, die vermutlich seine Frau war. Als ihre Blicke sich begegneten, zeigten beide Männer ihr spontanes Vergnügen darüber, sich so unerwartet zu begegnen, doch keiner von ihnen unternahm irgendeinen Versuch, dem anderen seine Frau vorzustellen, und nachdem der grauhaarige Mann seine Rechnung bezahlt hatte, trieb er seine Familie davon, so schnell er konnte.

Als Alison fragte, wer der Mann sei, wußte Stanley nicht recht, was er sagen sollte. Seine Probleme mit diesen morgendlichen Begegnungen spielten sich auf einer Bewußtseinsebene ab, über die er sich selbst nur mit größten Schwierigkeiten hätte Rechenschaft ablegen können, geschweige denn seiner Frau. Er runzelte die Stirn und lächelte, als wäre er ein bißchen verwirrt, und entschuldigte sich dafür, daß er ihr den Mann nicht vorgestellt hatte. Er wüßte, daß er den Mann schon irgendwo getroffen habe, könne sich aber nicht erinnern, wo. Später, als sie sich wie üblich nach dem Einkauf in der Cafeteria mit einem Getränk und einem süßen Kringel belohnten, verkündete der kleine Mark feierlich nach ausgiebigem Nachdenken, er glaube, der Mann in der Schlange könne vielleicht jemand sein, dem sie manchmal auf dem Weg zur Schule begegneten, und Stanley sagte, oh ja, jetzt, wo Mark es sage, das stimme wohl, und er sei überrascht, daß ihm das nicht vorher eingefallen sei. Gut gemacht, Mark!

Nach ihrer Rückkehr vom Gottesdienst am folgenden Tag setzte sich Stanley mit einem Kaffee auf seinen gewohnten Stuhl am Küchentisch, während Alison am anderen Ende des Raumes das Sonntagsessen vorbereitete. Alison fand ihren Mann ungewöhnlich still und fragte ihn, ob etwas nicht stimme. Nein, sagte Stanley, alles in Ordnung, er habe nur über seine morgendlichen Schulwege mit den Kindern nachgedacht und sei mehr oder weniger zu dem Schluß gekommen, daß es an der Zeit sei, seine Arbeitszeit zu ändern, damit Alison jeden Tag diese besondere halbe

Stunde mit den Kindern verleben könne. Ja, fuhr er fort, er habe sogar gerade eben während des Gottesdienstes den Eindruck gehabt, daß er zu dieser Entscheidung geradezu geführt werde. Stanley glaubte, was er da sagte, obwohl er wußte, daß es gänzlich erlogen war.

Alison war äußerst überrascht, diesen Vorschlag zu einer so radikalen Veränderung der Routine in ihrem Leben zu hören. Behutsam wies sie darauf hin, daß sie in der Vergangenheit immer gemeinsam gebetet hatten, bevor sie wichtige Entscheidungen trafen, und fragte, wieso es denn diesmal anders sein sollte. Stanley reagierte zum ersten Mal in ihrer Ehe sehr gereizt und faselte zusammenhanglos vom Epheserbrief und von Ehemännern und Ehefrauen. Alison weinte ein wenig in die Kartoffeln und fragte dann in einem plötzlichen Aufblitzen ihrer Intuition, ob das alles irgend etwas mit dem grauhaarigen Mann zu tun habe, den sie gestern im Supermarkt getroffen hatten. An dieser Stelle gab es irgendwo in Stanleys System einen Kurzschluß. Er schlug wütend mit der Faust auf den Tisch, stürmte aus der Küche und rannte hinauf in sein Schlafzimmer, wo er sich auf den Rücken legte, an die Decke starrte und kaum atmete, während er zu verstehen versuchte, was eigentlich los war. Da ging etwas vor tief in seinem Innern, gleich unter der Oberfläche, etwas, das mit dem morgendlichen Schulweg und dem grauhaarigen Mann zu tun hatte und doch wieder überhaupt nichts damit zu tun hatte, und doch, irgend etwas mit den Gefühlen in ihm – war er vielleicht in den grauhaarigen Mann verliebt? Voller Panik wälzte sich Stanley über das Bett, um sich körperlich von der Stelle wegzubewegen, die einen so grotesken Gedanken beherbergt hatte. Natürlich war es ein grotesker Gedanke, aber in irgend jemanden *war* er verliebt – in irgend etwas. Er klammerte seine Knie an die Brust, schloß fest die Augen und sank hinab in eine grüne Dunkelheit voller süßer, tränenreicher Traurigkeit. Da war ein Gesicht, kaum sichtbar in den Schatten. Schöne, verführerische Augen – Augen, die ihn nur einen Moment lang ansahen, bevor sie sich abwandten. Wo hatte er diese Augen gesehen, nicht nur einmal, sondern oft – beinahe jeden Tag? Plötzlich wußte er es.

Stanley stand vom Bett auf, wusch sich im Badezimmer das Gesicht, trocknete es sich an seinem großen blauen, flauschigen Lieblingshandtuch ab, tat ein paar tiefe Atemzüge und ging nach unten. Dort erklärte er einer sehr besorgten Alison, er sei ein wenig müde gewesen und habe unverhältnismäßig reagiert. Es tue ihm sehr leid, daß er sie so aufgeregt hatte, und das mit dem morgendlichen Schulweg habe er nicht so gemeint. Sie sollten zu Mittag essen wie üblich und einfach vergessen, was gerade passiert war. Alison war sehr froh, daß alles wieder normal war, aber der Vorfall hatte ihr Angst gemacht. Später fragte sie Stanley, ob er nicht Lust habe, am Nachmittag auf einen Sprung bei Brian und Madge vorbeizuschauen. Vielleicht könnten sie zusammen beten, daß, wer oder was immer vor dem Mittagessen ihr glückliches Leben attackiert hatte, sich in Zukunft von ihnen fernhalten würde. Wohl wissend, daß er es nicht tun würde, sagte Stanley, ja, vielleicht würde er das tun, und der Rest des Sonntags verlief friedlich.

In jener Nacht lag Stanley stundenlang wach, voller Sorge und Schuldgefühle und Erregung, und dachte über das nach, was ihn in Wirklichkeit in solche Unruhe über seinen morgendlichen Schulweg mit den Kindern gebracht hatte. Bis heute hatte er es irgendwie geschafft, so zu tun, als ob überhaupt nichts los wäre, aber jetzt stand ihm alles klar und unverrückbar vor Augen. Bisher war es unsichtbar gewesen, aber jetzt konnte er es nicht mehr verscheuchen, selbst wenn er sich alle Mühe gab, und er wußte nicht, was er dagegen tun sollte. Er versuchte klar zu denken, in der Hoffnung, wenn er das Ding in seine Bestandteile zerlegte, würde es vielleicht belanglos und albern erscheinen und vielleicht einfach verschwinden.

Es war eine Frau. Es war eine Frau, aber nicht Alison. Es war eine Frau, deren Identität ihm ebenso rätselhaft war wie die des grauhaarigen Mannes. Stanley hatte noch nie mit ihr gesprochen. Sie hatte noch nie mit ihm gesprochen – jedenfalls nicht mit Worten. Es war eine Frau, die jeden Morgen ihre Tochter in die Whitefields-Schule brachte, genau wie es der grauhaarige Mann mit seinen Söhnen tat. Er wußte jedoch, daß sie später aufbrechen mußte als der grauhaarige Mann, denn sie kam erst an Stanley und den Kindern vorbei, wenn sie die Fichtenreihe am Ende der

Schulzufahrt erreichten, gleich nachdem sie am Kreisel rechts abbogen. Stanley versuchte sich genau vorzustellen, wie die Frau aussah, doch abgesehen von einem vagen Eindruck von farbenfroher Kleidung, dunklem, schimmerndem, schulterlangem Haar und hochglänzenden schwarzen Schuhen fiel es ihm sehr schwer. Ihm wurde klar, daß er es noch nie so recht gewagt hatte, die Frau direkt anzuschauen.

Ihre Augen waren das einzige an ihr, das er genau vor sich sah. Als er an sie dachte, schien ein zitterndes Beben seinen ganzen Körper der Länge nach zu durchlaufen. Diese Augen waren – nun, sie waren so groß und langwimperig und einladend, so angefüllt mit etwas, das er schon immer schmerzlich ersehnt hatte, ohne zu wissen, was es war oder ob es überhaupt wirklich existierte. Stanley wußte, als er dort im Dunkeln lag, daß er seit unzähligen Wochen an nichts gedacht hatte als an die Augen dieser Frau.

Dabei hatte alles so belanglos angefangen. Die Frau hatte zufällig zu ihm aufgesehen, als sie eines Morgens auf dem Bürgersteig aneinander vorbeigingen, das war alles, doch selbst in diesem lächerlich frühen Stadium hatte er, nur für einen Moment, mit einem plötzlichen, innerlichen kleinen Ausruf des Staunens geglaubt, in ihren Augen die Möglichkeit zu sehen, einen Weg hindurch oder hinab zu finden in eine andere Art von Welt, einen warmen, verträumten Ort, den jemals zu besuchen oder gar zu bewohnen er längst alle Hoffnung hatte fahren lassen. Am nächsten Morgen passierte es wieder und am nächsten wieder. Es passierte am Morgen jedes Schultages.

Als die Tage vergingen, schien dieser kurze, streifende Blick allmählich länger zu werden, bis er schließlich mittlerweile sicher war, daß die Augen der Frau jeden Morgen einen Sekundenbruchteil länger in den seinen ruhten, als es für zwei Fremde, die sich auf dem Bürgersteig begegneten, angebracht war. Dann, auf dem Rückweg, kam er wieder an ihr vorbei, doch diesmal ging sie viel schneller und hielt ihre Augen ganz bewußt abgewandt, fast so, sagte er sich, als ob sie die Gefahr sähe, irgendeinen Kontakt zu knüpfen, wenn ihre Kinder nicht als Pufferzone für die angemessene Zurückhaltung sorgten. Wer weiß, vielleicht lag sie in diesem

Augenblick selbst im Dunkeln, dachte an Stanley und wünschte, daß – daß was? Stanley schloß die Augen und rollte den Kopf hin und her in einem widerwilligen Versuch, die falschen Gedanken aus seinem Gehirn zu verbannen.

Wie in aller Welt hatte er es geschafft, sich einzureden, es wäre die Sache mit dem grauhaarigen Mann, die ihn in solche Unruhe versetzte? Verlor er den Verstand? War er von irgendeiner bösen Macht oder einem Geist besessen, der sein Denken verdrehte und versuchte, ihn in eine andere Persönlichkeit zu verwandeln? Feine Schweißtröpfchen traten auf sein Gesicht und seine Stirn, als er über diese Möglichkeit nachdachte. Er drehte sein Kissen um und legte seine Wange auf die kühle Rückseite. Was sollte er tun? War es Zeit, Jesus an die Tür zu schicken? Doch noch während er sich die Frage stellte, wurde ihm klar, daß dieses Streichholzmodell keine Chance hatte, diese Nacht zu überleben. Er hatte recht. Es wurde zerschlagen und davongeschwemmt von der Flut seiner Gefühle und Sehnsüchte. Und das Verwirrende, das absolut Verwirrende war, daß Stanley hätte schwören können, mitten in diesem überwältigenden Strom dunkler und sündhafter Gefühle eine kleine, glänzende Welle absoluter Richtigkeit zu entdecken. Wie konnte das möglich sein? Er mußte sich irren. Er mußte!

All das Sorgenmachen und Nachdenken und Auseinandernehmen die ganze Nacht hindurch führte nur zu einem einzigen Gedanken. Stanley wußte jetzt, was er wollte. Zum ersten Mal sah er die Sehnsucht seines Herzens ganz und gar vor sich. Er konnte es nicht erwarten, daß der Morgen kam. Er konnte es nicht erwarten, jene Augen wiederzusehen.

Am nächsten Morgen war die Begegnung mit dem grauhaarigen Mann eine völlig andere Sache. Von dem Moment an, als die hochgewachsene Gestalt mit den beiden kleinen an den Seiten in der Ferne auftauchte, hielt Stanley seinen Blick fest auf das Gesicht des anderen Mannes gerichtet, entschlossen, ihm auf den bevorstehenden hundertfünfzig Metern kein einziges Mal auszuweichen. Es gelang ihm, und er genoß das befriedigende Erlebnis, seinen Vater-Kollegen in einen Zustand leichter Panik geraten zu sehen, als er gezwungen war, eine noch größere Auswahl an Vermeidungsstrategien anzuwenden als sonst.

An der Stelle, wo sie sich endlich begegneten, gab Stanley nur ein kleines, äußerst reserviertes Lächeln von sich und wurde durch den Ausdruck verdutzter Verlegenheit auf dem Gesicht des anderen Mannes belohnt, der automatisch zu der übertrieben vertraulichen Begrüßung angesetzt hatte, die sie normalerweise aufeinander losließen.

Jetzt war es fast Zeit für *sie*. In weniger als einer Minute würde er die Frau sehen, die sein ganzes Wesen vor Erregung und Vorfreude summen ließ. Unbewußt ließ er Ruths Hand los und fuhr sich durch die Haare. Er dachte daran, wie er sich vorhin zu Hause die Zähne geputzt hatte, und war froh, daß er es getan hatte. Im Gehen richtete er sich zu seiner vollen Größe auf, statt die obere Hälfte seines Körpers zu den Kindern und ihren Gesprächen hinabzubeugen, wie er es normalerweise tat. Mark und Ruth plapperten jetzt beide fröhlich vor sich hin, obwohl er keine Ahnung hatte, wovon sie redeten. Es war fast soweit. Nur noch ein paar Meter, dann würde er sie sehen. Vielleicht würde er heute morgen irgendeinen ganz kleinen Hinweis auf seine Gefühle in den Blick legen, den er ihr zuwarf, wenn sie sich trafen, nur den winzigen Anflug eines Eingeständnisses, daß er wußte, was sich zwischen ihnen abspielte, und daß er wollte, daß etwas – was auch immer dieses Etwas sein mochte – geschah.

Plötzlich, als sie um die Ecke bogen, war sie da und eilte mit ihrer Tochter an den Fichten vorbei auf den Verkehrskreisel zu. Sie war da! Alles in Stanley vibrierte vor Sehnsucht und plötzlicher Nervosität. Wie sollte es ihm gelingen, alles, was er ihr mitteilen wollte, in einen kurzen Blick zu legen? Wenn er versuchte, eine neue Bedeutsamkeit in den Blick zu injizieren, den er ihr zuwarf, war es dann nicht möglich, daß er versehentlich Aggression oder Verärgerung übermittelte und sie dadurch eher abstieß als anzog? Stanley zitterte vor Frustration. Er hatte nur spärliche Erfahrungen im Umgang mit dem anderen Geschlecht. Während er im Gehen die Spitzen seiner blankgeputzten Schuhe studierte, probierte er eine Auswahl verschiedener Gesichtsausdrücke aus, in der Hoffnung, einen zu finden, der ihm genau richtig erschien.

Jetzt waren sie auf dem Weg um die Biegung des Kreisels, und nach grober Schätzung würden sie etwa dreißig Meter nach dem

Abzweig in die Straße, die schließlich zur Schule führte, auf die Frau und ihre Tochter treffen. Wenn sein Timing stimmte, rechnete sich Stanley aus, müßte es ihm gelingen, genau in dem Moment, wenn er und die Kinder an der ersten Fichte vorbeikamen, die links von ihnen standen, sobald sie von dem Kreisel abgebogen waren, aufzublicken und ihr ins Gesicht zu sehen. Er holte tief Luft und schätzte rasch aus dem Augenwinkel die Entfernung ab. Ja, nur noch ein paar Meter – sagen wir, zehn von den verhaltenen Schritten, die er wegen der kürzeren Beine seiner Kinder auf dem Weg in die Schule machen mußte –, und dann würde der ideale Moment da sein.

Just als Stanley tatsächlich einen Countdown von zehn zu null begann, beschloß der kleine Mark, daß er nun wirklich eine Antwort auf die Frage haben wollte, die er bereits drei- oder viermal gestellt hatte, ohne irgendeine Reaktion von seinem geistesabwesenden Vater zu erhalten. Mit erhobener Stimme stellte der kleine Junge die Frage noch einmal und begann dabei rhythmisch an Stanleys Jackenärmel zu zerren, in der Hoffnung, seinen Papa damit aus dem Traum aufwecken zu können, in den er versunken zu sein schien, während er dahinschritt und dem Bürgersteig Grimassen schnitt.

Stanley war wütend. Nur noch Sekunden, bis das wichtigste Ereignis auf der Welt stattfinden würde, und ausgerechnet jetzt trat diese Irritation ein, um ihm diesen einen kleinen Moment des Glücks zu rauben. Er empfand einen wilden Zorn gegen den Übeltäter, doch für den Moment ignorierte er seinen Sohn, knirschte mit den Zähnen und setzte seinen Countdown fort. Bei „drei" verstärkte Ruth seine Wut, indem sie ihn mit ihrer hohen und nervenzerreißend klaren „hilfsbereiten" Stimme darauf hinwies, daß Mark versuchte, ihm eine Frage zu stellen.

Stanley beschloß, vorerst auf keines seiner Kinder zu reagieren, und zählte erst weiter bis null, bevor er den Kopf hob. Und ja. Ja! Oh ja! Da war es. Da waren sie. Da waren die Augen. Da war die einzige Frage, die ihn wirklich interessierte. Da war die Verheißung, die Einladung, die Möglichkeit, gleichzeitig durchtränkt und aufgesaugt zu werden; die Aussicht, durch tiefes, warmes Wasser hinabzusinken, in dem es das pure Vergnügen sein würde, die Augen zu schließen und zu ertrinken. Und da war auch die sanfte Schwingung der weichen, vollen Lippen, ein kokettes Lächeln, das so gut war wie eine ausgestreckte Hand. Er erinnerte sich nicht daran, das Lächeln je zuvor gesehen zu haben. Von nun an würde er sich jeden Morgen nicht nur auf die Augen, sondern auch auf das Lächeln freuen. Was all seine einstudierten Gesichtsausdrücke anbelangte, so hatte er keinen davon verwendet, aber er war sicher, daß seine Seele aus seinen Augen gesprochen hatte. Sie wußte Bescheid. Sie mußte Bescheid wissen.

Nachdem er an der Frau und ihrer Tochter vorbei und sicher war, daß sie außer Hörweite waren, fiel Stanley mit einer Wut über seine Kinder her, die beide in Angst versetzte und Ruth zum Weinen brachte. Es war das erste Mal, daß sie erlebten, daß ihm der Geduldsfaden riß, geschweige denn, daß er *so* fürchterlich wütend wurde. Er glaube kaum, daß es zuviel verlangt sei, sagte er, daß sie ihn ein wenig in Ruhe ließen, wenn er sie morgens in die Schule brachte, und er werde ihre Fragen beantworten, wenn er es wollte, nicht dann, wenn es Mark gerade in den Kram paßte. Und was Ruth anbetraf, so ginge die ganze Sache sie überhaupt nichts an, und sie solle sich um ihre eigenen Angelegenheiten kümmern, anstatt auf der Straße herumzubrüllen. Er fügte hinzu, falls Mark je wieder so an seiner Jacke herumzerren würde, wenn er damit beschäftigt war, über etwas Wichtiges nachzudenken, dann würde er ihm höchstwahrscheinlich ein paar hinter die Ohren geben. Hatten sie das verstanden? Mark und Ruth, die überhaupt nichts verstanden, nickten jämmerlich. Der Rest des Schulweges verlief in völligem Schweigen. Stanley war noch zu aufgeregt, um sich schuldig zu fühlen.

Nachdem er die Kinder abgesetzt hatte, machte sich Stanley mit beschwingtem Schritt und rasch klopfendem Herzen auf den Weg zurück zu seinem Haus. In weniger als fünf Minuten würde er sie wiedersehen, und – nun, wer konnte ahnen, was dann passieren würde? Alles war möglich. Als er dann tatsächlich an der Frau vorbeikam, während beide in entgegengesetzten Richtungen den Verkehrskreisel umrundeten, eilte sie an ihm vorbei, wie sie es immer getan hatte, wenn sie sich auf dem Rückweg begegneten, nur daß diesmal, obwohl sie ihn kaum ansah, jener leise Anflug eines Lächelns wieder auf ihrem Gesicht erschien, und mit einem weiteren Emporschweben seines Geistes erkannte Stanley, daß es nur ihm gelten konnte.

Von diesem Morgen an und während der folgenden zwei Wochen erschien der Haushalt der Morgans für Alison wie ein Schiff, das in gefährlich stürmisches Wetter geraten war und in ernster Gefahr stand, sang- und klanglos zu versinken oder an zerklüfteten Felsen zu zerschellen. Sie war tatsächlich mit ihrem Latein am Ende. Eines Tages, während Stanley an der Arbeit war, fragte sie bei einer Tasse Kaffee Madge unter Tränen, wie jemand sich nur so stark und so plötzlich verändern könne. Seit fast zwei Wochen schien alles, was sie sagte oder tat, ihn über alle Maßen zu erzürnen. Es war fast so, erklärte sie, als ob schon ihr pures Dasein ihn verärgerte. Er benahm sich, als ob sie sich schuldig dafür fühlen müßte, daß sie ihn überhaupt damit belästigte, ein Teil seines Lebens zu sein. Sie hatte sich schon gefragt, ob bei der Arbeit irgendetwas schiefging, doch als sie ganz behutsam diese Möglichkeit ansprach, hatte er ihr auf eine so vernichtende Weise zu verstehen gegeben, sie sei so dämlich, wie es ein menschliches Wesen nur sein könne, daß sie in Tränen ausgebrochen war, und das hatte ihn noch mehr gereizt. Er konnte es im Moment nicht ertragen, wenn sie weinte, was die Sache besonders schwierig machte, weil ihr zur Zeit fast dauernd danach zumute war.

Madge fragte Alison behutsam, was sie unternommen hätte, um zu versuchen, die Situation zu verbessern. Alison schilderte ihr, wie sie beschlossen hatte, geduldig zu sein, wohl wissend, daß Stanley irgendeine furchtbare Krise durchmachen mußte und daß es eigentlich gar nichts mit ihr zu tun haben konnte. Sie hatte es damit versucht, ihm seine Lieblingsgerichte zum Abendessen zuzubereiten, doch abgesehen von einem oberflächlichen Dank hatte er kaum Notiz von ihren Bemühungen genommen. Sie hatte sich alle Mühe gegeben, attraktiv auszusehen und sich an den Abenden interessierter und interessanter zu zeigen, in der Annahme, daß es Stanley vielleicht schwer zu schaffen machte, jeden Tag unabänderlich dieselben Leute und dieselbe Umgebung um sich zu haben, doch all ihre Versuche, ein Gespräch in Gang zu bringen und ihm zu zeigen, daß ihr wichtig war, was mit ihm geschah, riefen bei ihm nur denselben Tonfall müder Genervtheit hervor. Sie fing schon an, diesen Tonfall zu fürchten. Im Grunde, erklärte sie Madge, war jeder einzelne Versuch, den sie unternommen hatte, um die Situation zu verbessern, schon gescheitert, bevor er auch nur die Chance gehabt hatte, seine Wirkung zu entfalten, und allmählich gingen ihr die Ideen aus. Madge wollte wissen, wie Stanley sich gegenüber den Kindern benahm. Nicht ganz so schlimm, antwortete Alison, doch obwohl er sich bei ihnen mehr Mühe gab (er ließ es sich zum Beispiel immer noch nicht nehmen, jeden Morgen mit ihnen in die Schule zu gehen), war er viel barscher und jähzorniger zu ihnen, als er es je in der Vergangenheit gewesen war.

Zusätzlich zu all diesen Dingen, sagte Alison, neigte Stanley dazu, viel später ins Bett zu kommen, als er es je zuvor getan hatte, und wenn er endlich kam, kehrte er ihr auf so nachdrückliche Weise den Rücken zu, daß sie den Versuch aufgegeben hatte, ihm abends zu nahe zu kommen, aus Angst vor seiner Wut und Ablehnung. Alles in allem war die Situation einfach grauenhaft, und sie war allmählich so ausgelaugt davon, daß sie nicht wußte, wie lange sie noch durchhalten konnte.

Madge fragte, ob Stanley wohl damit einverstanden wäre, sich einmal mit Brian zu unterhalten und vielleicht mit ihm zu beten? Alison erklärte ihr, daß Stanley im Moment von niemandem in der Gemeinde etwas wissen wollte, beschloß jedoch, Madge nichts davon zu sagen, daß Stanley nicht nur sehr negativ über die Gemeinde allgemein gesprochen, sondern auch ein paar sehr sarkastische Bemerkungen über Brian im besonderen gemacht und Madges unordentlich gekleideten Ehemann als den „hudeligen Hirten" bezeichnet sowie erklärt hatte, daß er einen unbegrenzten Urlaub von allem, was mit der Gemeinde zu tun habe, zu nehmen gedenke.

Die beiden Frauen beteten eine Weile miteinander, dann brach Madge auf und ließ Alison allein und einsam mit dem verzweifelten Wunsch zurück, alles möge so schnell wie möglich wieder so werden, wie es gewesen war.

Indessen schwankte Stanley wild hin und her zwischen dem belebenden Gefühl, zum ersten Mal richtig lebendig zu sein, und unerträglichem Schuldbewußtsein, wenn er es wagte, an das Leid zu denken, das für andere entstehen würde, wenn die Träume, die im Moment seinen Kopf erfüllten, jemals wahr würden. Doch er saß in der Falle seiner eigenen Wünsche. Er wollte die Frau mit den schönen Augen. Das wußte er. Es war wie ein Fieber in ihm. Irgendwie stellte sie die Erfüllung eines Versprechens dar, das ihm von ... von wem gegeben worden war? Er wußte es nicht. Er wußte nur, daß er ein Recht auf irgend etwas hatte, das mit ihr zu tun hatte, selbst wenn sich herausstellen sollte, daß es nicht die Frau selbst war. Er hatte ein Recht.

Am zweiten Samstag nach dem Montag, an dem er seine Herrschaft über den grauhaarigen Mann etabliert hatte, fuhr Stanley die zwanzig Meilen nach Cambridge, um einen neuen Staubsauger zu kaufen. Alison hatte gefragt, ob sie und die Kinder mitkommen könnten, so daß sie alle ins Kino gehen und hinterher essen gehen konnten, aber er hatte nur mit der Zunge geschnalzt und geseufzt und so empört über den Vorschlag ausgesehen, daß sie sofort eingelenkt und gesagt hatte, es sei nicht so wichtig.

Auf dem ganzen Weg nach Cambridge dachte Stanley an die Frau mit den schönen Augen. Die Wochenenden waren eine solche Zeitverschwendung. Er sah sie niemals zu anderen Zeiten als an den Wochentagen. Er sehnte nur den Montag herbei, damit er ihr auf dem Weg zur Schule und auf dem Rückweg begegnen und das leise Lächeln sehen konnte, das er nun als seinen ganz besonderen Besitz betrachtete. Sonst war nichts passiert. Vielleicht würde auch niemals etwas anderes passieren, trotz der Vielzahl der Szenarien voller leidenschaftlicher Hoffnung, die ihm ständig durch den Kopf gingen. Vielleicht aber doch. Komm schon, Montag.

Er kaufte den Staubsauger in einem großen Elektrogeschäft, das sich zusammen mit einer Autowerkstatt, einem Supermarkt und einem Kino am Stadtrand befand. Gerade, als er den Laden verlassen wollte, den neuen Staubsauger in einem großen Karton unter dem Arm, traf er die Frau mit den schönen Augen, die im selben Moment hereinkam. Sie war nicht allein. Hinter ihr kam – vor sich das kleine Mädchen, das er am Morgen jedes Wochentags bei der Frau sah, und gefolgt von einem dunkelhaarigen Jungen von etwa vierzehn Jahren, der das Abbild seiner Mutter war – ein großer, freundlich aussehender Mann, der nur ihr Gatte sein konnte.

Die Frau blieb stehen, als sie Stanley sah, und lachte kurz amüsiert auf, bevor sie sprach.

„Guten Morgen. Ist das nicht komisch, wie man immer denkt, andere Leute würden außerhalb der Zeiten, wo man sie regelmäßig sieht, gar nicht existieren? Liebling, dies ist ein Mann, von dem ich nicht die leiseste Ahnung habe, wie er heißt, und den ich jeden einzelnen Wochentag treffe, wenn ich mit Suzie auf dem Weg in die Schule bin. Mann-den-ich-jeden-Tag-treffe-ohne-seinen-Namen-zu-kennen, das ist mein Mann David, und das sind Thomas und Suzie." Sie warf einen Blick auf seine Neuerwerbung. „Und wir alle wünschen Ihnen viel Freude mit Ihrem neuen Staubsauger."

Nachdem er sich vorgestellt hatte und noch ein paar Nettigkeiten ausgetauscht worden waren, verabschiedete sich Stanley höflich von jedem einzelnen Mitglied der Familie und kehrte zu seinem Wagen zurück, wo er sorgfältig den neuen Staubsauger auf dem Rücksitz verstaute.

Die Frau mit den schönen Augen war fröhlich und schlagfertig gewesen, wahrscheinlich keine Christin, aber gewiß ein Mensch von der Sorte, mit der man sehr leicht warm werden konnte. Der Rest ihrer Familie schien genauso zu sein. Nette Leute. Vielleicht konnten er und Alison sie kennenlernen. Vielleicht könnten sie einmal abends zum Essen kommen, wenn Brian und Madge auch da waren. Das wäre wirklich nett.

Er verschloß den Wagen und machte sich auf die Suche nach einer Telefonzelle. Vor dem Supermarkt stand eine ganze Reihe davon. Eine war frei. Er warf seine Zwanzig-Pence-Münze ein, tippte seine eigene Nummer und lauschte wartend dem Klingeln. Endlich meldete sich Alisons sorgenbeladene Stimme. „Hallo, hier Alison Morgan."

„Hallo, Ali", sagte Stanley, „ich bin's nur."

„Stanley! Wo bist du?"

„In Cambridge natürlich. Ich habe gerade einen Staubsauger gekauft."

„Ach ja! Gut. Und was ist ...?"

„Es wäre doch noch nicht zu spät, mit den Kindern den Zug hierher zu nehmen, oder? Wenn ihr jetzt kommen könntet. Ich könnte euch am Bahnhof abholen."

„Nun, ja, das könnten wir machen, aber ich dachte ..."

„Laß uns mit ihnen ins Kino gehen und dann Erdbeerkuchen mit Schlagsahne essen gehen. Was meinst du?" Schweigen. „Was ist los?"

„Nichts – tut mir leid, ich freue mich nur so, daß du möchtest, daß wir ..."

„Das muß dir nicht leid tun, Ali. Hör zu, mach dich jetzt auf die Socken und komm her, und wenn wir zurückkommen und die Kinder sicher im Bett verstaut sind, machen wir ein Feuer im Wohnzimmer und schließen die Tür ab und holen diesen dicken Teppich aus dem Schlafzimmer herunter, legen ihn vor den Kamin und schlafen darauf miteinander."

„Auf dem Teppich vor dem ...? Stanley Morgan!" Sie hörte sich eher erfreut als schockiert an.

„Ja, auf dem Teppich – dem, den ich ausgesucht habe – dem grünen."

Posthumer Kuchen

Oma Partington starb kurz vor elf Uhr an einem Mittwoch vormittag mitten in dem grauesten, verregnetsten Oktober, den es je gegeben hatte. Sie verursachte mit ihrem Sterben ebenso wenige Unannehmlichkeiten, wie sie es mit ihrem Leben getan hatte. Die kleine abgeschlossene Einheit, die extra an die Seite des Hauses ihres Sohnes angebaut worden war, war so sauber und wohnlich und anheimelnd, wie sie es stets gewesen war, seit sie vor zehn Jahren mit all ihren Habseligkeiten eingezogen war. Es hatte keine schweren Krankheiten gegeben, obwohl Oma nur noch eine Woche von ihrem neunzigsten Geburtstag trennte, und all ihre wichtigen Papiere, einschließlich eines Testaments, das dreihundert Pfund sorgfältig in vier Erbschaften zu je fünfundsiebzig Pfund für jedes Kind aufteilte, befanden sich säuberlich gebündelt und mit Bändern verschnürt in dem kleinen Rollsekretär neben dem Fernseher.

Felicity Partington war an diesem Mittwochvormittag zum Einkaufen gewesen. Sie kam geradewegs vom Auto in den Anbau, Omas alte Einkaufstasche in der einen Hand, mit der anderen optimistisch einen nahezu schrottreifen Regenschirm umklammernd. Das Kaffeetrinken mit ihrer Schwiegermutter war für Felicity keine Pflichterfüllung. Mum war der einzige Mensch, der sie so akzeptierte, wie sie war. Sie waren die besten Freundinnen.

Als sie in dem winzigen Portal stand, mit ihrem Regenschirm kämpfte, bis er sich ergab, und die absurd riesigen Gummistiefel ihres Sohnes abstreifte, fing Felicity fröhlich zu plaudern an.

„Ich habe dir eine *Mail* mitgebracht, Mum, der *Express* war schon ausverkauft, und ich habe ein sehr schönes Stück Rindfleisch in der billigen Truhe gefunden – tadellos in Ordnung. Ach, und du mußt das Formular doch selbst unterschreiben, sie wollten es mich nicht machen lassen. Wenn du es jetzt unterschreibst, kann Bob es einwerfen, wenn er nach Hause kommt, und ... Mum?"

Keine behaglichen Antwortlaute. Keine Oohs und Aahs voll herzlicher Dankbarkeit und Bestätigung. Kein Flappen der Hausschuhe auf dem Küchenfußboden. Kein Klimpern von Kaffeetassen und Untertassen (Mum konnte keine Becher ausstehen). Kein Rauschen des Wassers, das in den alten Blechkessel lief. Überhaupt keinerlei Oma-Geräusche.

Felicity fand ihre beste Freundin im Unterkleid auf dem Bett liegend, eine Hand unter die gepuderte Wange auf dem Kissen gebettet wie ein Kind. Später fragte sich Felicity, warum sie eigentlich so sicher gewesen war, daß Mum tot war.

„Ich wußte es einfach", sagte sie am Nachmittag zu Bob, „und ich ... ich legte mich eine Minute lang neben sie aufs Bett und sagte Lebewohl und weinte eine Weile. Es klingt albern, aber ich wünschte, ich wäre für immer im Portal stehengeblieben und hätte mir diese lächerlichen Stiefel ausgezogen. Oh, Bob, ich hatte nicht einmal Gelegenheit, Mum ihre Einkäufe zu zeigen, und dabei war es so ein schönes kleines Stück Rindfleisch ..."

Alle waren an diesem Tag zum Tee zusammengekommen, aber es war ohnehin eine sehr stille Mahlzeit. Inzwischen hatten es alle gehört.

Lucy, die Jüngste, starrte unentwegt in die Ferne, ihre vierjährige Stirn gerunzelt vor Anstrengung, zu verstehen, was „keine Oma mehr" wohl bedeuten mochte.

Benjamin war achtzehn. Er hatte eine Menge starker, radikaler Ansichten, aber Oma Partington war für ihn kein Aspekt des Lebens. Sie war ein sicherer Ort – ein heimliches Versteck für ein Vertrauen in die Menschen. Innerlich weinte er wie das Wetter.

Die Zwillinge Frank und Dominic hatten ihre Feindseligkeiten eingestellt, sobald sie von Oma gehört hatten, und hatten beide ohne Scham geweint, der eine oben auf dem Treppenabsatz, der andere unten am Fuß, zusammengerollt wie Hamster in ihrem Kummer. Frank schniefte immer noch, während er jetzt Orangenlimonade durch einen Plastikstrohhalm saugte und seine Bohnen und Würstchen aß. Dominic war weiß wie eine Wand und schweigsam. Er aß und trank nichts. Die Zwillinge waren fast zehn.

Felicity blickte hinüber zu Bob. Er zeigte sich sehr stark und versuchte, allen anderen eine Stütze zu sein, doch auf seinen Wangen und um seinen Mund lag eine graue Blässe, die sie nicht gesehen hatte, seit Lucy vor dreieinhalb Jahren beinahe im Krankenhaus gestorben wäre.

Felicity stand auf. Es war Zeit. „Ich habe euch allen etwas zu zeigen", verkündete sie. Dann griff sie hinter sich in den Speiseschrank, holte einen gefüllten Hefekuchen auf einem Teller heraus und stellte ihn in die Mitte des Tisches. „Schaut", sagte sie, „Oma hat uns einen Hefekuchen gebacken. Ich habe ihn in ihrem Schrank gefunden. Sie muß ihn heute morgen gemacht haben."

„Es muß das letzte sein, was sie gemacht hat." In Bobs Stimme war zum ersten Mal ein ganz leichtes Stocken zu hören.

„Ein posthumer Kuchen", murmelte Ben.

„Können wir etwas davon essen?" fragte Frank.

Felicity setzte sich, nahm ein Messer und begann den Kuchen zu zerschneiden.

„Ich werde ihn in sechs Stücke schneiden", erklärte sie, „so daß wir jeder ein Stück bekommen können. Aber niemand darf einen Krümel essen, bevor er uns an eine besondere Sache an Oma erinnert hat."

Schweigen senkte sich herab. Sechs Stücke Kuchen lagen unangerührt auf sechs Tellern. Omas Hefekuchen waren berühmt im Universum der Partingtons. Wie so viele Köchinnen ihrer Generation hatte die alte Dame diese köstlichen Kreationen hervorgebracht, indem sie scheinbar zufällig bemessene Zutaten in eine Schüssel geworfen, ein bißchen darin herumgerührt und die Mixtur dann in den Ofen gesteckt hatte. Das Ergebnis war immer vollkommen. Dies war der letzte, den sie jemals essen würden.

„Ich weiß etwas Besonderes über Oma", sagte Frank. „Sie hat uns zum Geburtstag zwei Pfund geschenkt, und wir wußten immer, daß das eine Menge Geld war."

Felicity lächelte und nickte. Oma hatte stets für jedes der Kinder zwei Pfundmünzen in einen Umschlag gesteckt, wenn sie Geburtstag hatten, und weil jeder wußte, daß zwei Pfund eine Menge Geld für Oma waren, behandelten sie es wie ein großes und wichtiges Geschenk. Das war eines der Dinge, die Felicity zuversichtlich in bezug auf ihre Kinder hatte sein lassen.

„Sie konnte sehr gut Dinge genießen, nicht wahr?"

„Wie meinst du das, Ben?" fragte sein Vater.

„Na ja, sie fand immer alles sehr schön und irgendwie funkelnd. Wenn man mit ihr unterwegs war und sie zu einer Tasse Tee einlud, dann war das nicht einfach nur eine normale Tasse Tee, es war eine *wunderbare* Tasse Tee. Und wenn man mit ihr irgendwo entlangging, dann bemerkte sie all die Blumen und die Häuser und die Leute. Ich weiß nicht, sie hatte es einfach drauf, glücklich zu sein. Das können nicht viele Leute, oder?"

„Nicht?" erkundigte sich Lucy, die ein sehr glückliches Kind war. „Ich dachte, das könnten alle."

„Was weißt du noch am besten von Oma, Schatz?"

„Ich sage das jetzt nicht nur, weil ich mein Stück Kuchen essen will, Papa."

„Natürlich nicht, meine Süße", sagte Bob ernst.

„Ich erinnere mich am besten daran, wie sie mit mir gekuschelt hat. Sie hat mich liebgehabt", fügte Lucy hinzu und sah stolz in die Runde.

„Ihr Gesicht ist wie Blätterteig", murmelte Dominic unerwartet. „Ich drücke es mit den Händen fest zusammen, und sie sagt: ‚Wenn du so weitermachst, quetschst du mir noch die Nase ab', und wir lachen, und sie gibt mir einen Keks." Eine riesige Träne quoll aus dem Auge des kleinen Jungen und fiel klatschend auf den Teller neben sein Stück Kuchen.

Felicity legte ihren Arm um Dominics Schultern und legte ihr Gesicht auf seinen Kopf. „Was ich an Oma immer lieben werde", sagte sie, „ist, daß sie mir nie das Gefühl gab, unnütz und albern zu sein, obwohl ich oft unnütz und albern bin. Bei ihr habe ich mich gut gefühlt. Ich werde sie sehr vermissen – das werden wir alle." Sie hielt einen Moment inne. „Bob, du hast noch nichts gesagt."

Bob erwachte aus seiner Erstarrung und sprach. „Ich habe gerade darüber nachgedacht – während ihr all diese vorzüglichen Sachen gesagt habt –, daß ich Oma immer als eine Art Maßstab benutzt habe, glaube ich. Oma hat uns alle geliebt, aber sie hat auch Jesus geliebt." Er hielt inne und sah Ben einen Moment lang an. „Ich weiß, manche von uns wissen im Moment nicht genau, was sie von alledem zu halten haben, aber sie liebte ihn wirklich, und sie lebte ihr Leben so, wie sie glaubte, daß er es von ihr wollte. Jedesmal, wenn ich zu einem Vortrag ging, eine Predigt hörte oder ein Buch darüber las, was wir tun oder wie wir empfinden sollten, dachte ich immer an meine alte Mum. Sie redete nicht viel darüber, aber sie lebte danach. Von ihr wird nie etwas in diesen Büchern über ‚berühmte Christen‘ zu lesen sein, aber sie *war* eine. Sie hat es *getan*, so gut man es nur tun kann, schätze ich.“

„Können wir jetzt unseren Kuchen essen?“

„Natürlich können wir, Lucy“, sagte Felicity. „Wir werden jetzt alle unseren Kuchen essen.“ Sie blickte zur Decke empor. „Danke, Oma.“

„Danke, Oma“, stimmten alle außer Dominic ein.

Von nun an sagte niemand mehr etwas, bis der letzte Bissen Hefekuchen verspeist war. Dann deutete Frank auf den Teller in der Mitte des Tisches.

„Da sind noch ein paar Krümel übrig, Papa“, sagte er, die Stirn zerfurcht vor Anstrengung, als versuchte er, sich an etwas Wichtiges zu erinnern, „soll man nicht alles aufessen, bevor man den Teller abspült?“

„Du denkst an etwas anderes“, sagte Ben.

„Nein, tut er nicht“, murmelte Felicity, als ihr Mann die restlichen Krümel aufsammelte und sich in den Mund steckte.

Was der Grashalm sagte

Es war sehr schwierig, Schlaf zu finden, nachdem ich an jenem Abend meinen Sohn so abwesend und unglücklich gesehen hatte.

Um zwei Uhr morgens lag ich immer noch wach, nachdem ich *Biggles and the Black Peril* zur Hälfte durchgelesen hatte, um mich von der furchtbaren Trostlosigkeit in Dans Augen abzulenken, als er gute Nacht gesagt hatte. Violet hatte es schon immer gehaßt, wenn ich meine alten Kinderbücher als emotionale Teddybären benutzte, aber ich wußte keinen anderen Weg, mit dem hohlen Gefühl der Panik fertig zu werden, das mit der Nacht einsetzte.

Schließlich, ausgelaugt von Müdigkeit und der ständigen Anstrengung, den Anblick von Dans Gesicht aus meinem Bewußtsein fernzuhalten, überließ ich Biggles, Algy, Ginger und Bertie ihren eigenen Weltrettungsbemühungen und döste ein. Es schienen nur Sekunden vergangen zu sein, als ich von dem Geräusch der sich öffnenden Schlafzimmertür wach wurde.

„Papa", sagte eine dünne, ängstliche Stimme vom anderen Ende des Zimmers her.

Ich setzte mich auf. Meine Tochter, im Halbdunkel nur undeutlich zu sehen, stand in der Tür, einen ihrer Plüschfreunde fest im Arm umklammert. Ihre Füße, zwei kleine, ausgefranste Enden, waren hell erleuchtet von einem schmalen Strahl gelben Lichtes von der Straßenlaterne vor dem Flurfenster. Curly war noch nicht so groß, daß man ihr nicht hätte helfen können, noch lange nicht. Ich konnte ihr alles geben, was sie in dieser Nacht brauchte.

„Hallo, mein Schatz", sagte ich leise, „was machst du denn hier?"

„Ich bin aufgewacht und hatte ein bißchen Angst, weil es so dunkel war, Papa."

„Dann komm zu Mama und Papa ins Bett, Liebling. Dann haben wir keine Angst mehr vor der blöden Dunkelheit, oder?"

Die Füße verschwanden, als Curly die zwei Meter bis zum Bett tappte, mit einer helfenden Hand von mir heraufkletterte und sich in die Lücke zwischen Violet und mir stürzte wie ein Soldat, der in ein Schützenloch hechtet.

„Ist das Curly?" murmelte Violet schläfrig. „Alles in Ordnung, mein Liebling?"

„Nur ein bißchen Angst, Mami", sagte Curly, wobei sie zum Sprechen ihren Daumen aus dem Mund nahm und ihn hinterher wieder hineinsteckte.

„Nun, aber jetzt ist alles gut, nicht wahr, Curly-Maus?"

Curly nickte lebhaft auf dem Kissen, als Violet sie auf den Hinterkopf küßte, bevor sie sich wieder umdrehte, um weiterzuschlafen. Ich lag noch eine Weile wach und sah zu, wie der Schlaf und die Geborgenheit die Furcht aus dem Gesicht des kleinen Mädchens vertrieben. Schließlich hörten die Saugbewegungen auf, Curlys Daumen fiel aus ihrem Mund, und sie begann tief und gleichmäßig zu atmen. Wieder einmal war die Dunkelheit besiegt.

Es könnte Danny sein, der da liegt, dachte ich, während ich in dem Licht, das durch das verhangene Fenster über dem Kopfende des Bettes hereindrang, Curlys unbekümmertes Gesicht studierte – es könnte genausogut Danny sein, der da liegt. Viele Male war es Danny gewesen, als er noch ein kleiner Junge gewesen war; als er noch ganz offen verletzlich und ängstlich gewesen war wie seine Schwester heute nacht; als Violet und ich noch in der Lage gewesen waren, so ziemlich jedes Problem, das ihm begegnen konnte, mit einem Kuscheln oder einer Ablenkung oder einer jener akademischen Erklärungen, die er so sehr liebte, zu lösen; als er noch Danny gewesen war und nicht Dan und sein Leben so glücklich gewesen war, daß ich mir wirklich nicht hatte vorstellen können, wie er je etwas anderes als zufrieden würde sein können, wenn er älter wurde. Ich hatte so viel von mir selbst in dieses Kind hineingegeben – das Beste, was ich hatte. Mich selbst ohne die Manipulationen und die Schmollerei und die unmerkliche Vernachlässigung, deren ich in all meinen anderen Beziehungen fähig gewesen war. Wie konnte es sein, daß er jetzt nicht glücklich war, wo ich ihm damals doch so viel gegeben hatte? Würde ich das alles mit Curly noch einmal erleben, wenn sie älter war? Kummer und Schmerz durchliefen mich in Wellen, während ich darauf wartete, daß der Schlaf kam.

133

„Es fällt mir sehr schwer, Danny zu verzeihen, daß er unglücklich ist."

Das war die Bemerkung, die den folgenden Tag so einen schlechten Anfang nehmen ließ, und ich schätze, ich wußte, wenn ich ehrlich bin, daß sie bei Violet überhaupt nicht gut ankommen würde. Sie war seit halb sieben auf und mit einem völlig begeisterten Kind beschäftigt. Curlys Augen sprangen jeden Morgen auf wie platzende Blasen. Sie sah keinen Sinn darin, auch nur einen Moment eines dieser wunderbaren Tage, die wie durch Zauberei immer wieder aufs neue entstanden, mit Dösen oder wach im Bett liegend zu vergeuden. Außerdem war heute einer ihrer beiden Spielgruppentage, und Valerie, die Leiterin, hatte den Kindern versprochen, daß sie am Donnerstag mit Fingerfarben malen dürften. Heute war Donnerstag. Was für eine Freude! Curly hatte ihre Freude bereits seit zweieinhalb Stunden großzügig mit Mami geteilt, als ich mich mit verquollenen Augen hinunter in die Küche schleppte. Violet hing über der Zeitung von gestern und einem deprimierend aussehenden Stück Toast, als ich mein Eröffnungs-Statement abgab. Sie blickte nicht einmal auf, als sie antwortete.

„Es macht mir nichts aus, mit Curly aufzustehen und Dan in die Schule zu schicken, während du da oben deine Leichenimpression aufführst, aber ich bin nicht bereit, für dich das Publikum zu spielen, wenn du daherredest wie so ein drittklassiger Oscar Wilde. Falls du mich überzeugen möchtest, daß du ein Schriftsteller bist, dann wäre mein Tip, daß das überzeugendste Argument dafür ein Blatt Papier wäre, auf dem tatsächlich etwas geschrieben steht. Du hast heute immer noch ein paar Stunden zum Arbeiten übrig, falls du dir nur halb so viel Zeit zum Frühstücken nimmst wie gestern."

Ich wäre beinahe umgefallen. Violets Fähigkeit, mich mit Worten in zwei Hälften zu schneiden, wenn sie es wirklich darauf anlegte, war schon immer zuviel für mich gewesen. Diverse Repliken schossen mir hintereinander durch den Kopf. Ich wollte sie darauf hinweisen, daß ich geredet hatte wie ein viertklassiger Gilbert Chesterton, nicht wie ein drittklassiger Oscar Wilde. Ich wollte ihr sagen, daß ich eine brillante Idee für einen humoristischen Roman hätte, so gut entwickelt, daß ich schon heute mit

der Niederschrift beginnen könnte. Am meisten jedoch wollte ich
ihr sagen, daß ich wirklich etwas gemeint hatte mit dem, was ich
gerade gesagt hatte. Es stimmte, daß ich einige Zeit damit verbracht hatte, mir meine Worte zurechtzulegen, während ich mich
wusch und anzog und mein Biggles-Buch versteckte, aber das nur
deshalb, weil ich das Gefühl hatte, meine Verletzlichkeit mit etwas Würde umkleiden zu müssen. Hätte ich meine Gefühle in ihrer rohen, unverschleierten Form herausgelassen, so hätte es vielleicht damit geendet, daß ich mich auf dem Boden gewälzt und
mir die Augen ausgeheult hätte. Niemand hatte mich je so gesehen, und Violet würde nicht die erste sein. Dennoch wollte ich,
daß sie wußte, daß ich mich wirklich schlecht fühlte. Ich steckte
eine Scheibe Brot in den Toaster.

„Ich wollte nicht einfach nur eine clevere Bemerkung machen,
Violet, ich war wirklich unglücklich gestern abend, weißt du."

Violet lehnte sich zurück und fuhr sich mit beiden Händen
durchs Haar, bevor sie antwortete.

„Dan ist ein vollkommen normaler Teenager, Paul. Gestern
abend hat er uns spüren lassen, daß er gerade ein paar vollkommen normale Probleme durchmacht, die vollkommen normale
Fünfzehnjährige nun einmal durchmachen. Es ist nichts Tragisches
dabei, wenn er manchmal ein bißchen bedrückt ist. Er wächst heran und verändert sich; das ist alles."

„Das weiß ich, aber ..."

„Wovon du in Wirklichkeit redest, das bist du selbst. Du kannst
nicht akzeptieren, daß deine Beziehung zu ihm sich ebenfalls verändert. Du kannst nicht mehr alle Probleme für ihn lösen, und
ich kann es auch nicht. Warum sollten wir auch erwarten, das zu
können? Du willst doch nicht, daß er sein Leben lang in einer Art
vorpubertärer Abhängigkeit bleibt, oder? Oder vielleicht willst du
das. Ich will es jedenfalls nicht!"

„Natürlich will ich nicht ..."

„Im übrigen braucht Dan dich und mich im Grunde jetzt noch
mehr als vorher. Er ist unsicher, wer er ist und wohin er unterwegs ist. Was er braucht, ist, daß wir als starke Stütze im Hintergrund für ihn da sind, nicht, daß wir uns selbst bemitleiden, weil
er es nicht mehr schafft, uns so glücklich zu machen wie früher.

Tut mir leid, daß ich dich nicht in Ruhe unglücklich sein lasse, aber ich glaube, du mußt dich um Dans willen der Wirklichkeit stellen."

Violet wäre erstaunt gewesen, wenn sie gewußt hätte, wie nahe ich in diesem Moment daran war, emotional zusammenzubrechen, wie nahe sie daran war, all die Gefühle der Verlassenheit und des Verlustes zu hören zu bekommen, die mir den Frieden raubten, seit Dan sich entschlossen hatte, seine Reise ohne meine enge, vertraute Begleitung fortzusetzen, und wie ohnmächtig wütend ich darüber war, daß die Schlacht zwischen Erwachsenem und Kind, die in mir tobte, meinem Sohn den Vater raubte, den er im Moment so sehr brauchte.

„Wie auch immer", sagte Violet, „ich muß zur Arbeit. Dein Toast ist fertig. Bis später."

„Und mit wem", fragte ich niemanden Besonderes, als sich die Haustür hinter meiner Frau schloß, „rede ich jetzt darüber, daß ich mich elender fühle als je zuvor in meinem Leben?"

Da ich in meiner eigenen Unfähigkeit, mich mitzuteilen, gefangen war, erschien es unmöglich, daß eine solche Frage sich jemals zufriedenstellend beantworten lassen würde.

Während des restlichen Tages brachte ich nichts zu Papier, obwohl die Schuldgefühle mich an meinem Posten hielten, bis die Uhr so weit vorgerückt war, daß ein anständiger Arbeiter guten Gewissens die Werkzeuge sinken lassen konnte.

Leuten, die nie vom Schreiben gelebt haben, fällt es sehr schwer, das dringendste tägliche Problem aller Schreiberlinge zu verstehen. Die schlichte, grauenhafte Tatsache ist, daß man am Morgen eines jeden Arbeitstages aufs neue ein Universum erschaffen muß, das einen so sehr ablenkt, fesselt oder anderweitig mit Beschlag belegt, daß man all die Gedanken des realen Alltags vergißt, die sich einem ins Bewußtsein drängen wollen. Dieses „Universum" existiert einfach nicht, solange man es nicht selbst aus Ideen und Erfindungen konstruiert, die nur im eigenen Kopf zu finden sind und leider nicht in irgendeinem Laden an der High Street.

Als ich am Fenster meines Arbeitszimmers saß und ein schwach liniiertes A4-Blatt mit schmalem Rand vom Schreibtisch her leer zu mir emporstarrte, dachte ich nur an Dan und an die Kluft, die sich so plötzlich zwischen uns aufgetan zu haben schien. Ich phantasierte mir ein Gespräch nach dem anderen zwischen ihm und mir zusammen, in deren Verlauf alles geheilt und geregelt und in den süßen, sonnigen Zustand zurückversetzt wurde, wie es bisher gewesen war. Ein Schmerz durchzuckte mich jedesmal, wenn einer der imaginäre Dialoge endete, und die falsche Erleichterung, die er gebracht hatte, verebbte und die magenverdrehende Wahrheit offenbarte, die mir den Frieden raubte.

Mir blieb ein Trost. Es war ein Buch, das mir vor kurzem als eine Art Freundschaftszeichen von meinem besten Freund Greg Parker überreicht worden war, einem Busfahrer wider Willen, der ebenso wie ich an fortgeschrittener Kricket-Manie litt. *Das große Kricket-Buch* von Plum Warner war eine seltene Beute, die Greg im örtlichen Antiquariat ausgegraben hatte. Vor mehr als sechzig Jahren erschienen und angefüllt mit einer reichhaltigen Mischung aus Fakten, Meinungen und Fotografien, war dieser angenehm dicke und verblaßte Band eine fast ebenso wirkungsvolle Ablenkung wie Biggles, und er stellte ein heroisches Opfer meines Freundes dar. Greg schätzte und studierte unsere Beziehung, wie es ein Geizkragen mit seinem Gold tut, und von Zeit zu Zeit feierte er sie gern mit einer solchen Geste wie dieser, die mir letzte Woche die Eignerschaft dieses Schatzes beschert hatte. Er hatte es am Freitag zu unserem üblichen Treffen in der Kneipe mitgebracht, eingewickelt in sehr sorgfältig ausgewähltes Papier, und mir zwischen dem ersten und dem zweiten Glas überreicht, wobei er nur sagte: „Ich dachte mir, daß das dir bestimmt gefällt." Auf die Innenseite des Buchdeckels hatte er geschrieben:

Für Paul, ein Geschenk von Deinem Freund Greg. Auf daß wir einander weiterhin die Wahrheit sagen.

Wenn ich ab und zu einen oder zwei Absätze aus Warners Buch las und die malerisch posierenden Gestalten auf den altmodischen Fotos betrachtete, brachte mir das ein wenig Erleichterung von meinen Gefühlen, aber ich kehrte immer wieder zu der Inschrift auf der Titelseite zurück.

Ein zentraler Punkt in der Freundschaft zwischen Greg und mir war die beiderseits akzeptierte und häufig zum Ausdruck gebrachte Tatsache, daß wir einander immer die Wahrheit sagten. Nichts war so finster, beschämend oder belastend, daß wir es voreinander zurückhielten, denn wir waren bereit, die Probleme des anderen zu unseren eigenen zu machen. Ebenso wurde jede Freude und jedes Glück, das einem von uns widerfuhr, unweigerlich von dem anderen geteilt und gefeiert, meist im „King's Head", unserem regelmäßigen Treffpunkt an den Freitagabenden.

Vielleicht, weil ich an diesem Nachmittag ungewöhnlich empfindsam war, wurde mir etwas bewußt, das ich zwar gewußt, aber bisher noch nie hatte zugeben können, nämlich, daß diese sogenannte „Tatsache" bezüglich unserer Freundschaft überhaupt keine Tatsache war – jedenfalls nicht, soweit es mich betraf. Ich hatte keinen Zweifel, daß Greg sich mir gegenüber schonungslos verletzlich und offen zeigte. Durch die ganze lange Phase hindurch zum Beispiel, als seine lächerliche Ehe allmählich zerbrökkelte, hatte er mir von persönlichen Problemen und Einsichten in sein eigenes Verhalten erzählt, wie ich sie nur unter größten Schwierigkeiten überhaupt gegenüber irgend jemandem hätte erwähnen können. Viele unserer Freitagabende bestanden immer noch fast ausschließlich darin, daß Greg mir Aspekte seines Lebens und seiner Persönlichkeit, die ihm während der vergangenen Woche zu schaffen gemacht hatten, schilderte, sie analysierte und meinen Zuspruch dazu suchte. Von mir wurde eigentlich nichts anderes erwartet, als daß ich gelegentlich nickte, hin und wieder einen ermutigenden Laut von mir gab, eine Runde ausgab, wenn ich an der Reihe war, und zu erkennen gab, und sei es noch so vage, daß wir uns sehr ähnlich seien und ich deshalb nicht umhin könne, genau zu verstehen, wie er sich fühlte.

Irgendwie hatte ich es geschafft, zu vermeiden, irgend etwas Wichtiges von mir selbst gegenüber Greg preiszugeben; und dennoch, wenn Sie ihn gefragt hätten, wie gut er Paul Williams kenne, so hätte er heiter gelächelt und gesagt, er wisse alles, was es über mich zu wissen gebe. Gregs Ehe war von der Art gewesen, die wie eine soziale Handgranate frühere Freunde in alle Richtungen davonschleudert, und nachdem sie nach fünf Jahren gescheitert war, war er einsam, verloren und all seines Selbstbewußtseins beraubt zurückgeblieben. Ich wußte also, wie wichtig ich für ihn war, und hatte meine eigenen Gründe, das Bedürfnis, das er nach mir hatte, zu schätzen.

Als ich dort an meinem Schreibtisch saß und das Zeichen der Freundschaft in den Händen hielt, das er mir gegeben hatte, erkannte ich zum ersten Mal, wie sehr Gregs Abhängigkeit zu einem Teil meiner eigenen Sicherheit geworden war. Ich genoß dieses Gefühl, freute mich geradezu darauf, mich an den Freitagabenden in meinem Kopf zu verstecken und insgeheim seinen irrigen Glauben zu nähren, wir stünden uns wirklich nahe. Es war anheimelnd und unveränderlich. Es gab mir das Gefühl, groß und tief und gelassen und weise zu sein. Ich empfand Mitleid mit ihm und klopfte mir selbst anerkennend auf die Schulter dafür, daß ich eine so traurige Figur erduldete. Plötzlich ging mir auf, daß ich sogar die gelegentlich aufflackernde Verärgerung genoß, die ich an jenen Abenden empfand, wenn er geschlagene anderthalb Stunden von sich selbst gesprochen hatte, ohne es je für nötig zu halten, mich zu fragen, wie es mir ging oder was sich bei mir so tat. Nicht, daß ich ihm viel erzählt hätte, wenn er mich gefragt hätte. Ich hätte irgendeinen allgemeinen, ziemlich humorigen Spruch über die Probleme abgelassen, die es mit sich bringt, ein menschliches Wesen zu sein, und ihm dann wieder eine Frage zugespielt, die sorgfältig darauf abzielte, einen neuen Monolog über strikt Greg-bezogene Themen auszulösen. Es war leicht, ihn zu manipulieren.

Violets Einstellung zu meiner Freundschaft mit Greg war ergeben, aber leicht verächtlich. Sie meinte, ich würde ihn benutzen, um mich vor echtem Kontakt zu Menschen zu drücken, und ich sollte andere Leute einladen, sich an den Freitagabenden zu uns zu gesellen, damit wir beide nicht mit den sinnlosen Spielchen davonkommen könnten, die wir miteinander spielten. Sie hatte wahrscheinlich recht, aber sie wußte im Grunde nicht, welch katastrophale Folgen eine derartige Revolution wahrscheinlich haben würde.

Heute abend wollte ich keine Revolutionen. Ich wollte das Übliche. Ich wollte mit meinem Leid wegen Dan hinunter ins „King's Head" und es an mich drücken, während ich mir die Liste der Probleme anhörte, die Greg vermutlich vortragen würde. Ich war sogar geradezu begierig darauf. Zwei Gläser Bier haben eine Wirkung an sich, die das Elend veredelt und die scharfen Emotionen mildert, die in völlig nüchternem Zustand so unerträglich sind. Ja, das war es, was ich tun würde – traurig dahingleiten auf einem unterirdischen Fluß der Melancholie und tapfer den Schmerz zurückhalten, den mein bedürftiger Freund nicht würde ertragen können, wenn ich ihn vor ihm zeigte.

Meinem Verschwinden in die Kneipe jeden Freitag ging meistens ein unangenehmes Säbelrasseln mit Violet voraus. Wenn ich während des Tages gut und produktiv gearbeitet hatte, brachte ich meine beiläufige Ankündigung, ich ginge jetzt „ab in die Kneipe", ziemlich sicher heraus, doch wenn ich, wie es an diesem Tag der Fall war, überhaupt nichts zustande gebracht hatte, dann hatte mein sorgloser Ruf einen hohlen Beiklang. Leider hatte Violet ein sehr scharfes Ohr.

„Du bist also der Meinung, daß du heute den Preis eines ganzen Glases Bier verdient hast, ja, Paul?"

Das waren ihre Worte – Violet hatte immer einen neuen Spruch auf Lager; sie hätte selbst Schriftstellerin werden sollen – und wie üblich trafen sie mich voll in die Magengrube. Ich lachte, aber das Lachen kam mir aus der hintersten Kehle, gequetscht und unglaubhaft. Dann empfand ich Verwirrung. Zorn kochte in mir hoch, aber hatte ich das Recht, zornig zu sein? Ich war verletzt, aber war echte Verletzung eine Rechtfertigung dafür, einen ganzen Tag lang überhaupt nicht zu arbeiten, nur weil ich ein schlaffer Schriftsteller war? Wäre ich Straßenarbeiter gewesen, dann wäre ich einfach hingegangen und hätte meine Arbeit gemacht, oder? Andererseits, warum sollte ich nicht einmal in der Woche mit einem Freund einen trinken gehen – ich meine, warum denn nicht?

„Es war kein schlechter Tag", log ich und fügte wahrheitsgemäßer hinzu: „Ich muß heute abend mal raus."

Aber sie machte keine Anstalten, die magischen Worte der Genehmigung zu sprechen: „Na, dann ab mit dir. Viel Spaß. Trink nicht zuviel ..." Ich mußte mit schweren Schritten aufbrechen, den sauren Geschmack der Mißbilligung im Mund, aber das hielt nur für ein paar hundert Meter an. Danach begann ich zu spüren, wie die innere Wirkung jenes ersten Glases meine Schritte leichter werden ließ und mich vorwärts zog. Bald würde ich gegenüber von Greg an dem Ecktisch sitzen, den wir uns mehr oder weniger zum Stammtisch gemacht hatten. Dort würde ich mein privates Chaos an mich drücken können, und er würde seines vor mir ausbreiten. Ich fing beinahe an zu hüpfen, als nach der nächsten Biegung die farbigen Lichter der Kneipe in Sicht kamen.

Nichts hätte mich auf den doppelten Schock vorbereiten können, den ich erlebte, als ich endlich das „King's Head" betrat und erwartungsvoll in die Richtung unseres gewohnten Tisches spähte. Sicher, Greg war da, aber er war nicht allein – das war der erste Teil des Schocks. Er war in ein ernstes Gespräch mit einem Mann vertieft, den ich noch nie zuvor gesehen hatte. Der zweite Teil kam, als er mich plötzlich entdeckte und quer durch den Raum auf mich zueilte, mit leuchtendem Gesicht, als ob die verstaubte alte Vierzig-Watt-Birne in seinem Kopf durch eine neue Hundert-Watt-Birne ersetzt worden wäre, meinen Arm packte und mir etwas ins Ohr flüsterte.

„Paul, es ist etwas Phantastisches passiert!" hauchte mir mein armer, unglücklicher, abhängiger Freund ins Ohr. „Du mußt unbedingt kommen und Steve kennenlernen und dir anhören, was er mir gesagt hat. Paul – es ist einfach toll –, ich bin Christ geworden!"

Haben Sie je das Gefühl erlebt, daß eine lebenswichtige Stützmauer in Ihrem Leben plötzlich zusammenbrach? So fühlte ich mich, als ich Greg zurück zum Ecktisch im Salon des „King's Head" folgte. Was für ein Verrat an unserer Beziehung, wenn er tatsächlich einen Schritt in irgendeine Verpflichtung oder einen Glauben getan hatte, ohne mich je um Rat gefragt zu haben und ohne daran zu denken, wie sich das auf unsere Freundschaft auswirken konnte. Und was in Gottes Namen sollte dieses Getue mit „Du muß unbedingt kommen und Steve kennenlernen"? Falls der elende Kerl, der sich jetzt erhob und mir seine Hand entgegenstreckte, tatsächlich für Gregs neueste Verirrung verantwortlich war, dann war er der Letzte, den ich kennenlernen wollte. Wie konnte mein sogenannter Freund ihn nur hierher zu *unserem* Treffpunkt bringen, ohne mich wenigstens vorzuwarnen? Alles in mir verkrampfte und spannte sich, als ich die Hand ergriff, die mir entgegengehalten wurde. Ich packte sie fester, als nötig war, um zu zeigen, wer hier der Boß war. Er sprach als erster.

„Hi, ich heiße Steve – ich bin ein Kollege von Greg. Er hat mir erzählt, daß Sie beide sich das hier zur Gewohnheit gemacht haben."

Steve war ein ziemlich normal aussehender Bursche, recht groß, dunkelhaarig, lässig gekleidet und mit einem angenehmen, faltigen Lächeln, obwohl es mich im Moment nicht interessierte, ob sein Lächeln angenehm oder sonst etwas war. Ich beschloß, seine Bemerkung als kritisch aufzufassen.

„Eine schlechte Gewohnheit, meinen Sie?"

„Keineswegs." Steves Lächeln war ungetrübt. „Eine ausgesprochen gute Gewohnheit, wenn Sie mich fragen. Könnte ich mir selbst auch angewöhnen. Setzen Sie sich doch zu uns. Darf ich Ihnen etwas zu trinken besorgen?"

Ich brodelte vor lautloser Wut wie ein verschlossener Kessel. Wie konnte dieser Mann es wagen, mich einzuladen, mich an einem Ort an einen Tisch zu setzen, der viel mehr mir gehörte als ihm? Ich setzte einen Gesichtsausdruck auf, von dem ich hoffte, daß er nach gelassener, stählerner Unabhängigkeit aussah – und setzte mich. Ja, er durfte mir etwas zu trinken besorgen.

„Okay, ich nehme ein Pint ‚Directors' und dazu einen großen Scotch ohne alles."

Zuckte mit keiner Wimper, der verdammte Kerl. „Ein Directors und einen großen Scotch ohne alles – okay. Wie ist es mir dir, Greg? Noch ein Alster?"

„Alster!" Ich traute meinen Ohren nicht und gab ein übertrieben rauhes Lachen von mir. „Du trinkst Alster? Bitte sag mir, daß ich träume!"

Greg wurde puterrot.

Steve ließ sich nicht aus der Fassung bringen. „Was trinkst du sonst, Greg? Ich trinke nur Alster, weil ich es mag. Nimm du, was du möchtest."

„Er trinkt Directors, genau wie ich", sagte ich sarkastisch, „zumindest tat er das letzten Freitag noch. Ich weiß nicht genau, was sich seitdem getan hat."

„Ein Pint Directors, Greg?"

Greg nickte, das Gesicht immer noch flammend rot, während sich Steve auf den Weg zur dicht belagerten Theke machte.

Ein paar Augenblicke lang sagte keiner von uns etwas; dann beugte Greg sich über der Neige seines christlichen Alsterwassers vor und sprach mich in beschwörendem Ton an.

„Paul, ich weiß, du bist sauer, weil noch jemand hier ist und so, aber es hat sich alles verändert, und ..."

Es stank mir, daß er richtig einschätzte, wie ich mich fühlte. Ich unterbrach ihn, so grob ich konnte.

„Greg, sag mir nur, was passiert ist, und bitte, bitte versprich mir, daß du diesen Mann nicht mit hierhergebracht hast, damit er mich bekehrt, denn wenn es so ist, gehe ich auf der Stelle nach Hause, wenn nicht noch eher."

Die Begeisterung, die das Gesicht meines Freundes leuchten ließ, seit ich ihn vor einer Minute erblickt hatte, war weitaus stärker als seine Verlegenheit wegen der Getränke. Ich konnte mich nicht erinnern, schon einmal eine solche Lebendigkeit in seinem Gesicht gesehen oder in seiner Stimme gehört zu haben.

„Ich habe Jesus in mein Leben eingeladen, Paul! Ich bin wiedergeboren worden!"

So laut posaunte Greg diese erschreckende Neuigkeit heraus, daß es in der ganzen Kneipe für eine oder zwei Sekunden still wurde. Dann lachten ein paar Leute, und der Geräuschpegel schwenkte sich wieder auf normal ein. Ich wäre am liebsten gestorben.

„Deswegen mußt du dir doch nicht gleich die Lunge aus dem Leib schreien, oder?" zischte ich. „Jetzt weiß die ganze verdammte Kneipe darüber Bescheid!"

„Ja, aber ist das nicht großartig?" zischte Greg in einem grauenhaft durchdringenden Flüsterton zurück und sah dabei aus wie ein Kind, das gerade seinen größten Weihnachtswunsch erfüllt bekommen hat. „Ich habe mich noch nie so gut gefühlt – Jesus hat mich gerettet!"

„Nein, es ist nicht großartig", sagte ich mit kalter, absichtlicher Grausamkeit, „es ist traurig – zum Erbarmen. Du hast dich von irgend so einem bibelschwingenden Spinner verrückt machen lassen

143

mit etwas, das es überhaupt nicht gibt, und jetzt willst du, daß ich mir auch das Gehirn waschen lasse, damit ich auch so bescheuert werde wie du. Du warst genauso, als sie dir vor ein paar Jahren dieses Schneeball-Verkaufssystem aufgeschwätzt haben – damals dauerte das ganze ungefähr zehn Tage, soweit ich mich erinnere. Das war damals *die* Antwort, weißt du noch? All deine finanziellen Probleme würden sich innerhalb eines Monats in Wohlgefallen auflösen. Damals war es genauso offensichtlich wie jetzt, daß du verkohlt worden warst. Machen wir uns nichts vor – du bist leichte Beute für diese Traumverkäufer, Greg. Die müssen denken, sie hätten Geburtstag, wenn sie dich kommen sehen."

Gregs Gesicht verdüsterte sich. Gut. Er war immer noch in meiner Reichweite. Er sah mich an wie ein Welpe, der gerade seinen ersten Klaps bekommen hat.

„Damals hast du aber doch gesagt, du fändest die Idee gut", sagte er. „Hast du das etwa nicht ernst gemeint?"

„Natürlich habe ich es nicht ernst gemeint", fuhr ich ihn an und haßte mich selbst dabei. „Manchmal muß man die Leute eben selbst herausfinden lassen, daß sie auf dem Holzweg sind. Du hättest doch nicht auf mich gehört, wenn ich dir gesagt hätte, was ich wirklich dachte. Das tun die Leute nie."

Greg sah mich mit schief gelegtem Kopf an und sagte eine Weile nichts. Der Ausdruck langsam aufdämmernden Begreifens auf seinem Gesicht weckte in mir den Wunsch, all meine Worte zurück in meinen Mund zu stopfen und so zu tun, als hätte ich sie nie gesagt. Doch manchmal, wenn man einen neuen Weg einschlägt, zum Guten oder zum Schlechten, kann man fast hören, wie die Tore hinter einem zugeschlagen und verriegelt werden. Vielleicht würden von nun an alle Straßen neu sein.

Die Glühbirne in Greg schaltete sich plötzlich wieder ein, als er sich an seinen neuen Glauben erinnerte. Ich empfand nichts als schlichte, leuchtend grüne Eifersucht.

„Paul, glaub mir – das hier ist wirklich etwas anderes." Greg ballte und löste seine Fäuste vor Frustration über seine Unfähigkeit, mir die Leidenschaft begreiflich zu machen, die er empfand. „Als Jesus ..."

Ich hielt es nicht mehr aus. Mit zusammengebissenen Zähnen

sagte ich: „Greg, hör auf mit diesem Wort! Ich muß vollkommen ehrlich mit dir sein – mir wird körperlich schlecht davon. Ich weiß nicht warum, es ist einfach so. Es ist so – ekelhaft! Und du hörst dich so blöde an, wenn du es aussprichst."

Steve tauchte mit einem Tablett wieder auf. „Ein Pint und ein Scotch für Sie, Paul – eins für dich, Greg. Und ein paar Chips. Tut mir leid, daß es ein bißchen gedauert hat. Prost!"

Mein erster Schluck von dem Bier tat *soooooo* gut. Er glitt mir die Kehle hinunter wie ein Hase auf der Flucht vor dem Hund. Ich unterdrückte ein Seufzen und entspannte mich ein wenig. Greg saß da und starrte nachdenklich blinzelnd in sein Bier. Ein paar Augenblicke lang sagte niemand etwas.

„Warum so schweigsam?" fragte Steve endlich und setzte sein Glas vorsichtig auf der Matte auf der polierten Tischfläche ab und rückte etwas näher.

Greg blickte so plötzlich auf, als wäre er gerade zu Bewußtsein gekommen. „Ich habe nur gerade darüber nachgedacht", sagte er, „wie unterschiedlich Leute doch sein können. Paul hat gerade, als du an der Theke warst, gesagt, daß ihm regelrecht schlecht wird, wenn er das Wort Jesus nur hört, und ich könnte seit Dienstagabend jedesmal vor Glück heulen, wenn ich es jemanden sagen höre. Ist das nicht seltsam?"

Steve sah mich mit einem Ausdruck an, der nichts als gelassenes Interesse enthielt. „So empfinden Sie das?"

Ich war nicht gerade erbaut davon, daß Greg meine Worte wiederholt hatte. Manchmal sagt man, um Freunde aufzurütteln, Dinge, die viel zu übertrieben sind, um sie an jemanden anderes weiterzugeben. Peinlich. Aber wer A sagt, muß auch B sagen. Ich würde diesem aalglatten religiösen Fanatiker schon zeigen, daß ich nicht so leicht einzuwickeln war wie Greg. Ich leerte mein Bierglas mit einem langen Zug und schüttete ein gutes Drittel von dem Whisky hinterher.

„Ich werde Ihre Frage beantworten, sobald ich mir noch ein Bier geholt habe", sagte ich und stand mit meinem leeren Glas in der Hand auf. „Wie ist es mit euch beiden? Fertig für die nächste Runde?" Ich mischte einen kindischen, leisen Anflug von Verachtung in meinen Tonfall, als ich einen Blick auf Steves halb volles

Glas und Gregs Directors warf, das unglaublicherweise noch nicht einmal angerührt war.

„Ich bin versorgt, danke", lächelte Steve, „aber holen Sie sich ruhig noch eins."

„Oh, das werde ich", murmelte ich tonlos vor mich hin, während ich mir meinen Weg zur Theke bahnte, „ich werde mir ein Bier holen, ob Sie es mir erlauben oder nicht, recht herzlichen Dank."

Während ich an der Theke wartete, versuchte ich die Nervosität zu analysieren, die mich beschlichen hatte. Dieser Steve hatte etwas bedrohlich Unerschütterliches an sich. Ich wußte, wie angeschlagen und deprimiert ich innerlich wegen der ganzen Sache mit Dan war, und ich wollte mich durch das Gespräch, das jetzt bevorstand, nicht irgendwie aufbrechen lassen. Ich mußte einfach vorsichtig sein.

Als ich endlich bedient wurde, genehmigte ich mir einen heimlichen Extra-Whisky fürs Selbstvertrauen, bevor ich mit meinem frischen Bier zum Tisch zurückkehrte. Zu meinem Ärger hatten Steve und Greg die Köpfe zusammengesteckt und unterhielten sich leise, als ich zurückkam. Sie hörten auf zu reden, als ich mich setzte, und Steve wandte sich mit demselben unerschütterlichen Lächeln an mich.

„Also", sagte er, „Sie wollten gerade sagen – über Jesus."

Ich trank die anderen zwei Drittel des Whiskys, der vor mir stand, bevor ich antwortete.

„Ich wollte gerade sagen, daß mir beim Namen der Person, der Sie nachzufolgen behaupten, körperlich schlecht wird."

Die Worte kletterten mir mit der übertriebenen Klarheit eines beginnenden Schwipses aus dem Mund. Diese ersten drei Getränke hatte ich viel zu schnell hinuntergeschüttet. Trotzdem hatte ich mich noch einigermaßen unter Kontrolle und fing an, mir ziemlich clever vorzukommen. Nur gut, daß Violet nicht hier war. Greg sah seinen neuen Freund erwartungsvoll an, vertrauensvoll überzeugt, daß er meinen weltlichen Schleuderwurf mit einer Art geistlichem, schnurgeradem Hochball abwehren würde. Doch Steve nickte nur mit bedächtigem Interesse, lehnte sich zurück und überlegte einen Moment, bevor er etwas sagte.

„Mmm, ich schätze, mit dieser Meinung stehen Sie nicht allein da."

Mistkerl! Ich wollte mit dieser Meinung alleine dastehen, nicht nur einer von vielen langweilig Berechenbaren sein, die über alles die gleiche Meinung hatten. Trotzdem, wenn er mich unbedingt in irgendeine atheistische Schublade stecken mußte, um sich sicher zu fühlen, dann würde ich meine „Gruppe" mit soviel Nachdruck repräsentieren wie möglich. Ich nahm noch einen Mundvoll von meinem Bier und fuhr mir mit der Zunge über die Lippen.

„Überrascht Sie das etwa?" fragte ich in einem Ton, der, wie ich hoffte, als gleichgültige Skepsis herüberkam. „Ich wüßte nicht, warum es das sollte. Soweit ich es sehe, ist die Kirche ein Ort, wo Leute, die schon fast tot sind, jeden Sonntag hingehen, um eine Stunde lang zu üben, ganz tot zu sein. Kein Wunder, daß den Leuten schlecht wird, wenn sie den Namen des Kerls hören, der das alles in Gang gebracht hat. Eine erbärmliche Geschichte, finden Sie nicht?"

Ich war sehr zufrieden mit dieser kleinen Ansprache. Das mit den fast toten Leuten war wirklich gut. Ich warf einen Blick zu Greg hinüber, um zu sehen, ob er beeindruckt war, doch er machte ein Gesicht wie ein sterbender Frosch und starrte Steve an, als wäre er enttäuscht, daß Steves Hochball vom Werfer mit solcher Leichtigkeit abgefangen worden war. Exzellent! Mit einem bißchen Glück würde sich diese ganze Situation binnen kurzem wieder normalisieren lassen.

„Ich muß Ihnen zu einem großen Teil recht geben", sagte Steve. „Es gibt etliche Kirchen, in denen es wirklich so zugeht, aber keinesfalls alle, und ich glaube eigentlich nicht, daß das erklärt, warum manche Leute so stark – beinahe gewaltsam – auf Jesus selbst reagieren. Ich meine, Sie haben davon gesprochen, daß Ihnen geradezu körperlich schlecht wird, nicht wahr? Das ist eine ziemlich extreme Reaktion, finden Sie nicht? Was, glauben Sie, sind die wirklichen Gründe, warum Sie so stark allergisch gegen Jesus sind?"

Ich machte den Mund auf, als könnte ich es nicht erwarten zu antworten, aber in Wirklichkeit war es mir sehr recht, als Greg sich einschaltete, bevor ich dazu kam, etwas zu sagen. Ich wollte es nicht so aussehen lassen, als wäre ich um eine Antwort verlegen, aber in Wahrheit hatte ich keine Ahnung, was ich jetzt sagen würde.

„Trink aus, Paul, ich hole dir noch eins. Steve? Nein? Dasselbe noch mal, Paul? Gut ..."

Gregs anfängliche Begeisterung verebbte allmählich. Ich hatte den deutlichen Eindruck, daß er versuchte, unser Gespräch zu behindern oder zumindest von dem Verlauf abzulenken, den es nahm. Vielleicht, dachte ich, machte er sich Sorgen, daß sein neuer Held und infolgedessen sein neuer Glaube unter dem Ansturm zusammenbrechen könnte, den ich darauf loszulassen im Begriff war. Als Greg im Gedränge an der Theke verschwand, machte Steve eine herausfordernde Handbewegung.

„Weiter, Paul. Sie wollten gerade sagen ..."

„Ich warte auf Greg", sagte ich mit einem Unterton, der andeutete, Steve versuche unauffällig zu mogeln.

Wieder senkte sich Schweigen herab. Ich wußte nicht, woran er dachte, aber ich versuchte inzwischen, mein Gehirn so weit in Schuß zu bringen, daß ich ihm eine Antwort auf die Frage entlocken konnte, die mir gerade gestellt worden war. Es war nett, zwei frische Drinks vor mir stehen zu haben, als Greg zurückkam. Nach diesen beiden würde ich höchstwahrscheinlich ziemlich albern werden, aber noch hatte ich genug Kontrolle über mich, um eine längere Rede zu halten. Ich nippte vorsichtig an dem bis über den Rand gefüllten Pintglas und wischte mir mit dem Knöchel des Zeigefingers den Schaum von der Oberlippe.

„Steve ist auch ganz versessen auf Kricket, wie wir", sagte Greg ein wenig kläglich. Er muß sehr gut gewußt haben, daß wir jetzt nicht in eine freundschaftliche Debatte über die Trefferquoten der letzten Saison verfallen würden.

„Warte einen Augenblick, Greg. Steve hat mir eine Frage gestellt. Es gehört sich nicht, Fragen nicht zu beantworten. Warum reagiere ich so allergisch auf Jesus? – Das war es doch, nicht wahr? Na schön – fangen wir an." Ich zählte die einzelnen Punkte an meinen Fingern ab. „Erstens war er ein Versager. Mit dreiunddreißig Jahren an ein Stück Holz genagelt zu werden, das kann man wohl kaum als Erfolg verbuchen, oder, besonders, wenn man

148

behauptet, Gott zu sein und über Wunderkräfte zu verfügen. Zweitens hat es nicht funktioniert, oder? Es hat zu mehr Kriegen und Problemen und Folterungen und Morden geführt als so ziemlich jede andere Bewegung in der Geschichte. Drittens, wie ich schon sagte, scheinen sich die Leute, die sich Christen nennen, darauf spezialisiert zu haben, Langweiler oder Heuchler zu sein, oder beides. Und viertens ..." Ich spürte, wie sich die Muskeln in meinen Händen und meinem Gesicht zusammenzogen, während ich nach Worten suchte, um das einzige wirkliche Problem auf meiner Liste auszudrücken. „Ich weiß nicht – irgendwie kommt mir das alles so schönfärberisch und unsäglich schauderhaft vor, dieser Superheilige, der in einem Kaftan herumschwebt wie irgend so ein Hippie und allen erzählt, das Leben sei nicht wichtig, und wir müßten alle nett zu Leuten sein, die wir nicht leiden können. Das kommt mir alles so schwächlich und rückgratlos und unnütz vor. Darum verachten ihn die meisten Leute, nehme ich an. Jedenfalls verachte ich ihn darum. Er war nichts als ein erbärmlicher Trottel. Beantwortet das Ihre Frage?"

Wieder senkte sich Schweigen herab. Steve schien in sein Glas hinabzuspähen, so daß ich sein Gesicht nicht sehen konnte. Greg saß kerzengerade da, die Fingerspitzen auf die Tischkante gelegt, und starrte mich ungläubig an, als wäre ich ein vollkommen Fremder für ihn. Als Steve endlich aufblickte, suchte ich in seinem Gesicht nach einer Reaktion. Lange brauchte ich nicht zu suchen.

Dahin war seine Unerschütterlichkeit. Seine Augen waren feucht vor Tränen. Was in aller Welt war los? Ich fühlte mich plötzlich unbehaglich, heiß und schwerfällig und unbeholfen, wie ein Kind, das mit einem schmutzigen Wort herumexperimentiert hat, ohne zu wissen, was es eigentlich bedeutet. Vielleicht war ich ein wenig zu grob gewesen. Andererseits, sagte ich mir, hatte ich ja mit alledem nicht angefangen. Alles, was ich getan hatte, war, herzukommen, um mit meinem besten Freund einen zu trinken, und dann hatte ich plötzlich dieser alsterwassertrinkenden Mini-Ausgabe von Billy Graham gegenübergesessen. Nein, es gab keinen Grund, warum ich mich hätte schuldig fühlen müssen.

„Nun, Sie haben mich danach gefragt", sagte ich, „also habe

ich es Ihnen gesagt. Da Sie ja Christ sind, wollen Sie doch sicher nicht, daß ich Ihnen etwas anderes als die Wahrheit sage, oder?"

Steve schüttelte langsam den Kopf. „Nein, Sie haben vollkommen recht, Paul", erwiderte er leise. „Mir ist es viel lieber, wenn Sie sagen, was Sie wirklich denken." Er hielt einen Moment inne. „Würde es ... würde es Ihnen etwas ausmachen, wenn ich Ihnen sage, warum ich ein wenig aus der Fassung geraten bin?"

Unklugerweise schüttete ich meinen ganzen dritten Whisky in einem einzigen Zug herunter. Von jetzt an würde ich im Dunkeln Schlitten fahren. Ich zuckte mit demonstrativer Gleichgültigkeit die Schultern, der letzte der großen Demokraten.

„Nur fair." Ein bißchen schwerzüngig. „Ich bin zu Mord – zu Wort gekommen, jetzt sind Sie an der Reihe."

Ich sah Greg an. Er war ein Häufchen Elend und kauerte unglücklich über seinem Glas. Einen flüchtigen Moment lang dachte ich schon, *ich* würde in Tränen ausbrechen. Zuviel Alkohol, dachte ich, das war alles.

„Ich bin aus der Fassung geraten, Paul, weil ... nun, weil das, was ich glaube, nicht nur eine Reihe von Gedanken oder eine Lebensweise ist oder dergleichen. Für mich geht es vor allem um Jesus, den Sie für einen rückgratlosen Trottel halten." Er hob eine Hand, um meinen Einwand abzuwehren. „Nein, ich beklage mich nicht darüber, daß Sie die Wahrheit gesagt haben. Sie haben nur gesagt, was eine Menge anderer Leute denken."

Mistkerl!

„Nein, die Sache ist die, daß ... nun, daß ich ihn liebe, wissen Sie. Ich liebe Jesus. Ich glaube nicht nur an ihn oder finde, daß er ein paar gute Sachen gesagt und gute Geschichten erzählt hat und all das. Es geht weit darüber hinaus. Ich liebe ihn wirklich, und als Sie eben sagten, daß er schwach und dumm sei, war mir zum Heulen zumute, weil er hier ist und zuhört und weil er jetzt schon seit zweitausend Jahren die Verachtung der Leute erträgt, für die ... für die er so viel getan hat. Er war nicht schwach, Paul. Er war stark und gehorsam, selbst wenn das bedeutete, daß er am Ende sterben mußte. Und können Sie sich vorstellen, wie sich sein Vater gefühlt hat?"

„Gott, meinen Sie?"

„Haben Sie Söhne, Paul?"

Die Wunde in mir ging auf. Ich antwortet mit einem Flüstern.

„Ja, einen Sohn – er heißt Dan."

„Können Sie sich vorstellen, wie Ihnen das Herz brechen würde, wenn Dan durch etwas, das andere Leute getan haben, von Ihnen getrennt würde? Wie all Ihre Vaterliebe vor Schmerz und Kummer toben würde, bis er wieder sicher bei Ihnen wäre. Genau das ist nämlich am Kreuz mit Jesus passiert, und es passiert immer wieder aufs neue, wenn Leute nicht verstehen, was er für sie getan hat. Darum hat mich das eben so aufgeregt, und ich kann es nicht ändern, weil es mir alles bedeutet."

Im Laufe dieser Rede war das Licht in Gregs Gesicht wieder aufgeflammt, und jetzt, als Steve zu sprechen aufhörte, wandte er mir voller Hoffnung und Erwartung seinen Blick zu. Ich setzte mein leeres Bierglas ab, wohl wissend, daß ich nur noch genug Nüchternheit und Selbstbeherrschung für einen einzigen einigermaßen zusammenhängenden Akt der Kommunikation übrig hatte. Ich sprach langsam und deutlich.

„Dürfte ich euch bitten, mir einen Gefallen zu tun – alle beide?"

Sie nickten. Greg beugte sich begierig vor.

„Würdet ihr bitte weggehen – jetzt gleich, ohne noch etwas zu sagen, und mich einfach allein lassen?"

Sie saßen da und starrten mich an, eine ganze Weile, wie mir schien, doch dann gingen sie. Ich blieb, bis ich völlig betrunken war. Gegen halb zwölf schaffte ich es irgendwie, eine Münze in den Schlitz der Telefonzelle vor der Kneipe zu bugsieren.

„Violet, kassu kommen ummich aufsammeln?"

„Buchstäblich?"

„Bitte."

„Fang an zu taumeln, ich komme dir auf halbem Weg entgegen."

Ich habe mich schon oft am Boden zerstört gefühlt, aber meistens nicht auf jeder erdenklichen Ebene gleichzeitig. Am Samstagmorgen wachte ich mit einem Kater im Herzen auf, der ebenso schlimm war wie der in meinem Kopf. Körperlich, geistig, emotional und geistlich – was immer das bedeuten mochte – fühlte ich mich bedeckt und überzogen mit unauslöschlichen Spuren irgendeiner Art von Schande. Ich versuchte sie mir unter einer brühheißen Dusche abzuwaschen, aber das weckte mich nur ein wenig auf und machte mir meine Heruntergekommenheit noch bewußter. Der heiße, süße Kaffee belebte mich zu einer noch höheren Ebene unseligen Bewußtseins, und vier Schmerztabletten machten mir den Kopf gerade klar genug, daß ich anfangen konnte, mich wirklich darauf zu konzentrieren, wie miserabel ich mich fühlte. Violet hatte fast überhaupt nichts gesagt, als sie mich nach der Polizeistunde am vergangenen Abend von der Kneipe abgeholt hatte, doch ihr Mund war wie der des guten alten Biggles, wenn aus Nordosten Banditen nahten, zu einer dünnen, grimmigen Linie zusammengepreßt gewesen. Ich wußte, daß die Rechnung kommen würde. Nach einer endlosen Nacht in einem Bett, das zur Hälfte von meinem schändlich funktionsgestörten Körper eingenommen war und zur Hälfte von jener schweigsamen Masse der Mißbilligung in Gestalt meiner Frau, sah ich dem Wochenende nicht gerade mit Vorfreude entgegen.

Einen kleinen Trost hatte ich. Als ich mich endlich nach unten schleppte, war Violet bereits mit Curly zum Schwimmunterricht gefahren, und Dan war nirgends zu sehen. Ich vermutete, daß er sich schon zu seinem Samstagsjob im Supermarkt aufgemacht hatte. Für eine Stunde oder so hatte ich das Haus für mich allein. Gott sei Dank!

„Nein, danke ihm nicht", murmelte ich vor mich hin. „Er existiert nicht. Und wenn, dann ist er nicht sehr nett. Er stiftet Ärger unter Freunden."

Ich machte neuen Kaffee und versuchte mir zurechtzulegen, was ich zu meiner Frau sagen würde.

Als Violet und Curly zurückkamen, saß ich immer noch am Küchentisch. Die gute Curly stürmte durch die Haustür und raste mit unverhohlener Freude durch den Flur auf mich zu, warf mir die Arme um den Hals und gab mir einen Kuß auf die Wange.

„Ich kann schon ganz toll schwimmen, Papa! Mami sagt, daß ich das Atmen beim Kraulen jetzt genau richtig mache, und hinterher gab's eine Limo und einen Schokoladenkeks, weil ich nicht so lange zum Anziehen gebraucht habe. Was hast du gemacht? Du hättest mitkommen sollen, Papa. Papa hätte mitkommen sollen, stimmt's, Mami?"

Begeisterung und Unschuld beunruhigen und entwaffnen mich.

„Ich wünschte, ich wäre mitgekommen, mein Schatz. Ich sehe dir so gerne beim Schwimmen zu. Vielleicht schaffe ich es nächstes ..."

„Papa sieht ja so *müde* aus, Mami", unterbrach mich Curly fürsorglich, legte mir die Hände auf die Schultern und lehnte sich zurück, um meine aufgequollenen Tränensäcke und die allgemeine Schlaffheit meiner Haltung zu studieren. „Stimmt doch, oder, Mami? Der arme Papa sieht ja so müde aus. Warum machst du ihm nicht eine schöne Tasse Tee?"

Ich wich dem sarkastischen Blick meiner Gattin aus.

„Ja", sagte Violet trocken, während sie den Kessel füllte und den Stecker in die Dose steckte, „der arme Papa sieht wirklich ziemlich müde aus, nicht wahr? Aber vielleicht will er heute morgen gar nichts mehr trinken, weil er gestern abend ziemlich viel getrunken hat, stimmt's, Papa? Vielleicht ist das der Grund, warum du heute so schläfrig bist. *Soll* ich dir jetzt eine Tasse Tee machen, oder meinst du, du bist vielleicht zu müde, um sie zu trinken?"

„Äh, ja", antwortete ich, „vielen Dank, Violet. Das wäre sehr nett von dir. Curly, mein Schatz, wie wär's, du nimmst dir etwas zu trinken und einen Keks mit in mein Arbeitszimmer und malst mir ein schönes Bild von deinem Schwimmunterricht? Das fände ich schön."

Curly riß in gespielter Verwirrung die Augen auf. „Ich kann doch mit etwas zu trinken und einem Keks kein Bild malen, Papa. Dazu braucht man Farben." Sie lachte glockenhell über ihren eigenen brillanten Witz. „Darf ich deine besonderen Stifte benutzen, nur dieses eine Mal?"

„Ja, aber vergiß nicht, immer die Kappe wieder draufzustecken, wenn du mit einem fertig bist, ja?"

„Na klar." Da sie spürte, daß ich mir ihre Abwesenheit erkaufen wollte, beschloß Curly, den Preis ein wenig in die Höhe zu treiben. „Darf ich auch dein ganz, ganz besonderes Papier nehmen, wenn ich es nicht verschwende, bitte?"

„Ja", sagte Violet mit Nachdruck. „Hier ist dein Glas und dein Keks. Und nun ab!"

Curly verzog sich strahlend, wohl wissend, daß unser ungeschriebener Vertrag beinhaltete, daß sie mindestens eine Viertelstunde oder so außerhalb der Küche zu bleiben hatte.

Violet setzte mir einen Tee vor und setzte sich ans andere Ende des Tisches. Ich kniff die Augen zusammen und studierte mit äußerster Konzentration das Blumenmuster auf meinem Becher. Dieses sehr hübsche Stück ungewöhnlich dünnen Porzellans war der einzige Überlebende eines Satzes von vier Bechern, über den wir einige Monate zuvor unverhofft auf einem Flohmarkt im East End gestolpert waren. Wir beide tranken unsere heißen Getränke am liebsten aus diesem besonderen Becher. Der Unterschied zwischen Violet und mir war, daß sie, wenn sie die Getränke zubereitete, immer mir den guten Becher gab, während ich die begehrte Beute immer mir selbst zusprach und ihr den angeschlagenen Manchester-United-Becher überließ, oder aber diesen ärgerlich kleinen, dessen Henkel so eng war, daß man keinen Finger hindurchbekam. Nachdem Violet mich vor einigen Wochen auf diesen Unterschied hingewiesen hatte, war der blumige Gegenstand für mich zu einer Art Symbol meiner eigenen Selbstsucht geworden. Seit jenem Tag hatte ich mir fest vorgenommen, stets meiner Frau den schönen Becher zu geben, aber eigentlich wollte ich das gar nicht – ich wollte nur ein bißchen von meiner Selbstachtung wieder an mich reißen.

Man kann nur eine begrenzte Zeit überzeugend damit verbringen, das Muster auf einem Becher zu studieren, so hübsch es auch sein mag. Es war Zeit für mich, etwas zu sagen.

„Dann werde ich wohl lieber mal einkaufen gehen."

Dieses brillante rhetorische Manöver war ein erbärmlicher Versuch, Violets Gedanken von dem naheliegenden Thema meines Vollrausches vom Vorabend und von der gegenwärtig über meinem Kopf schwebenden finsteren Wolkenschicht abzulenken.

„Warum hast du dich gestern abend betrunken?"

Wenn sich ein Streit zusammenbraut, weiß ich nie so recht, für welche von verschiedenen möglichen Optionen ich mich entscheiden soll. Als erstes komme ich meistens auf die Idee, mich selbst zu rechtfertigen, aber das kann harte Arbeit sein, zumal es dazu erforderlich ist, mir das Gedächtnis zu zermartern, um mich an Gelegenheiten zu erinnern, wo Violet ähnlich oder gleichermaßen verwerfliche Verbrechen begangen hat. Sie begeht aber nicht viele. Auch auf Streß aufgrund einer außergewöhnlich starken Arbeitsbelastung konnte ich mich kaum berufen. Meine Produktion war in letzter Zeit beinahe auf Null herabgesunken, trotz eines durchaus ansehnlichen Eingangs an Aufträgen. Natürlich gab es immer noch die Taktik mit der Devise: „Ich tue, was ich will, ich bin ja nicht dein Eigentum, oder?", aber eine solche Reaktion ist in der Theorie einfacher als in der Praxis. Damit würde Violet mit Leichtigkeit fertig werden. Weniger unaufrichtig, aber dafür potentiell erheblich gefährlicher war die Option, meine wirklichen Ärgernisse offenzulegen – echte, unverarbeitete Verletzungen, die schwerwiegend genug waren, um die Beschwerden meiner Frau wegen des Trinkens zu Staub zu zerschlagen. Etwas in mir zitterte immer noch vor kindischer Wut über die Art, wie Violet dazu neigte, meine Qualen wegen Dan mit einer Handbewegung vom Tisch zu wischen, nur weil sie für ihren Geschmack nicht ganz rational genug waren. Diesen Weg wollte ich im Moment lieber nicht einschlagen. Wohin mochte er führen?

Ich beschloß, es mit so einer Art Wahrheit zu versuchen.

„Ich habe mich gestern abend betrunken, weil Greg ... nun, er denkt, er sei Christ geworden. Ihn hat die Religion befallen. Ich weiß nicht, wie man das ausdrückt. Er hat so einen Typen kennengelernt, Steve Soundso, und der saß gestern mit ihm in der Kneipe, als ich hinkam, und sie wollten über nichts anderes reden als über den liebsten Jesus mein, der lieber Alsterwasser trinkt als Bitter."

Meine Stimme triefte vor Verachtung, aber mir wurde plötzlich klar, daß es, wenn meine Einstellung zu Gregs Bekehrung wirklich so abfällig und gleichgültig gewesen wäre, wie ich mich jetzt anhören mußte, kaum eine Rechtfertigung für meine Behauptung gab, daß mein Abstieg in die Bewußtlosigkeit dadurch ausgelöst worden sei. Ich hatte recht. Violet legte einen Finger an ihr Kinn und schaltete auf Perry-Mason-Modus.

„Laß mich sehen, ob ich das richtig verstanden habe. Greg

hatte irgendeine religiöse Erfahrung, die du – verabscheust? Ist das ein zu starker Ausdruck? Ich möchte dich nicht mißverstehen."

Ich zuckte die Achseln. „Ja, mehr oder weniger, aber ..."

„Und er kam mit dem Mann, der ihn dazu überredet oder dazu verführt hat oder was auch immer, in diesen abscheulichen Zustand zu verfallen, und sobald du davon hörtest, blieb dir sofort keine Wahl, als dich für teures Geld völlig zuzusaufen. Ist das eine treffende Zusammenfassung der Ereignisse?"

„Nei-i-n!" Ich zog meine Nummer mit dem Zungenschnalzen, Kopfschütteln und Seufzen ab. „So war es nicht. Es war einfach so, daß ... nun ja, er hat sich so unglaublich zum Narren gemacht. Du weißt ja, wie er ist, wenn er sich etwas in den Kopf gesetzt hat. Eine oder zwei Wochen lang will er von nichts anderem etwas wissen, und dann verliert er plötzlich das Interesse und vergißt, daß er sich je dafür interessiert hat. So war er schon immer. Erinnerst du dich an die Sache mit diesem Schneeball-Verkaufssystem? Das war fast wie eine Religion. Er läßt sich einfach so leicht hinters Licht führen, und – ich weiß nicht ... es hat mich einfach aufgeregt."

„Warum hast du dich dann an dem Abend, als er dir von diesem Schneeballsystem erzählt hat, nicht betrunken?"

„Weil ich", erklärte ich mit übertriebener Deutlichkeit, als hätte ich eine Halbidiotin vor mir, und fiel dabei blindlings in die Grube, die ich mir so eifrig selbst gegraben hatte, „wie ich schon sagte, wußte, daß es nicht lange Bestand haben würde."

„Während diesmal ...?"

Ich starrte Violet einen Moment lang schweigend an, und dann drang zu meinem eigenen Entsetzen ein Schluchzen aus meinem Innern empor, und ich fing an zu weinen.

Ich stelle mir vor, daß Leute, denen es leichtfällt, vor anderen zu weinen, Schwierigkeiten haben werden, zu verstehen, warum das für mich ein Erlebnis war, das mich in meinen Grundfesten erschütterte. Die Sache war jedoch die, daß ich erzogen worden war, niemals vor einer anderen Person allzu starke Emotionen zu zeigen. Für mich war der Gedanke, an einem öffentlichen Ort Tränen zu vergießen, selbst wenn es ein so begrenzt öffentlicher

Ort war wie die Gegenwart meiner Frau, etwa genauso schlimm wie der, nackt eine belebte Straße entlangzugehen. Violet und ich hatten es aus verschiedenen, nicht sehr guten Gründen seit einigen Jahren vermieden, offen über das Thema meines unterdrückten Gefühlslebens zu sprechen, obwohl ich wußte, daß es ihr großen Kummer machte, daß ich so selten meine Zuneigung ausdrückte und über andere, tiefere Gefühle praktisch niemals sprach.

Mein kleines, kummervolles Schluchzen war daher so beispiellos in unserer Beziehung, daß keiner von uns wußte, was wir als nächstes tun sollten. Ich riß mich beinahe sofort wieder zusammen, aber der Schaden, wenn es sich als solcher erweisen sollte, war bereits geschehen. Ich muß gestehen, daß der distanzierte Beobachter in mir, der scharfäugige Späher, der alle neuen Erfahrungen als mögliches Material zum Schreiben betrachtete, interessiert darauf wartete, zu sehen, wie Violet auf diesen ungewohnten Ausbruch von Gefühlen reagieren würde. Mein anderes Ich, dasjenige, das gerade für eine Sekunde die Kontrolle verloren hatte, war entsetzt, daß sie mich in einem so verletzlichen Zustand gesehen hatte, wie kurz der Blick auch gewesen sein mochte. Ich atmete ein paarmal durch und sagte nichts, während sie mich mit wachsam verdutztem Gesichtsausdruck anstarrte.

Plötzlich, aus keinem besonderen Grund, dessen ich mir bewußt gewesen wäre, ging mir auf, wie sehr ich nach all den Jahren unserer Ehe insgeheim immer noch das Gesicht meiner Frau liebte.

Ich liebte ihre großen, dunklen, ernsten Augen und die Art, wie einer ihrer Mundwinkel humorvoll abknickte, und ihre wohlgeformte, ausgewachsene Nase und ihr dunkles Haar, das sich in feinen Locken auf ihre Schultern ergoß. Zum tausendsten Mal fragte ich mich, warum ich unfähig war, mit ihr über solche Dinge zu reden, wo doch außer Frage stand, daß es das Beste war, was ich hätte tun können.

Sie sagte so lange nichts, daß ich am Ende ihren Blick nicht mehr ertragen konnte und mich wieder dem Studium meines Bechers zuwenden mußte.

„Paul ..." Violet holte tief Luft und stieß sie wieder aus wie einen Strom aus Zigarettenrauch, bevor sie ganz sanft weitersprach. „Worum geht es bei alledem wirklich?"

Ich stellte fest, daß ich unbewußt angefangen hatte, auf meinem Stuhl leicht vor und zurück zu schaukeln, vielleicht in dem Bestreben, irgendeine Art von Muster in dieses Chaos hineinzubringen. Jetzt mußte ich entscheiden, ob ich Violet an mich heranlassen wollte oder nicht. Wie wäre es mit Verschieben? Ich blickte zu ihr auf.

„Worum geht es bei *was*?"

Sie drehte sich auf ihrem Stuhl zur Seite und schien, nachdem sie mich einen Moment lang durch zusammengekniffene Augen abschätzend angesehen hatte, eine Entscheidung zu treffen, eine Entscheidung, die in meiner verängstigten Wahrnehmung GE-FAHR zu bedeuten schien. Sie beugte sich vor, stützte ihre verschränkten Arme auf den Tisch und sprach ebenso sanft weiter wie zuvor.

„Also schön, wenn du mich schon fragst, werde ich alles noch einmal durchgehen, und du kannst mir sagen, wo ich mich irre. Fangen wir mit der Arbeit an. Du schreibst zur Zeit kaum etwas, und das wäre ziemlich schlimm, wenn es über längere Zeit so bliebe, aus offensichtlichen Gründen, aber im Moment ist es nur bedeutsam, weil es zeigt, daß dein Verstand so sehr damit beschäftigt ist, mit irgend etwas anderem zu kämpfen, daß du dich nicht konzentrieren kannst. Okay, womit genau kämpfst du also? Nun, teilweise kennen wir die Antwort darauf, stimmt's? Es macht dir in letzter Zeit sehr zu schaffen, daß Dan, ebenso wie fast jeder andere Junge seines Alters, der je auf der ganzen Welt lebte, beschlossen hat, mit dem Gedanken zu experimentieren, daß er sein eigenes Leben hat. Was bedeutet das? Es bedeutet, daß er versucht, die Hauptrolle in seinem eigenen Leben zu spielen, und *das* wiederum bedeutet, daß du – und ich übrigens auch –, daß wir beide uns an neue, ebenso wichtige, aber rein unterstützende Rollen gewöhnen müssen, während er versucht, mit der Hauptrolle zurechtzukommen. Wie gesagt, daß macht dir eine Menge zu schaffen."

Ja, Violet, alles, was du über Experimente und eigenes Leben und Hauptrollen und unterstützende Rollen gesagt hast, ist nur zu wahr, aber du hast mich trotzdem nicht richtig verstanden, weil du nicht hier unten in meinem Innern bist. Er war mein kleiner, gro-ßer, wachsender Freund, Violet. Er war der einzige Mensch, den ich in meinem Herzen festgehalten habe, wie ein armer Mann einen Diamanten festhält, den ihm ein Gott geschenkt hat, den es tat-sächlich gibt. Er war das einzige Spielzeug, das ich nie zerbrochen oder beschädigt habe. Er war das einzige Projekt, in das ich alles hineingegeben habe, ohne zu versuchen, zu mogeln oder abzukür-zen. Er war das Beste, was ich je getan habe. Er war die Hoffnung, daß ich vielleicht doch nicht hoffnungslos wäre. Er war der einzige Spiegel, in den ich jemals schauen wollte. Hier unten im Dunkeln, Violet, da steckt eine Menge Heulen und Weinen und Qual. Der Schmerz, Violet, er ist wie ein Preßlufthammer, der in meinem Kopf vor sich hin donnert. Er läßt nichts anderes geschehen. Ent-schuldige das Durcheinander der gemischten Metaphern, Violet, aber er ist wie die verdammte Arktis – endlose Nacht, und mir ist schlecht vor Angst, daß es nie wieder einen Morgen geben könnte. Keinen richtigen Morgen, wo plötzlich alles doch wieder in Ord-nung ist und die Sonne scheint wie in einem Bilderbuch, und wo absolut alles passieren kann und man über die Dinge lacht, die einem Angst gemacht haben, als es dunkel war, und wo wir alle glücklich leben bis in alle Ewigkeit. Violet, Violet, Violet, verstehst du mich denn wirklich nicht? Willst du nicht zu mir herunter in die Dunkelheit kommen und mich festhalten und dich um mich kümmern, nur bis der Morgen kommt ...

„Das hat mir ein bißchen zu schaffen gemacht, ja."

„Ein bißchen?"

„Oui, un morceau."

Schweigen. Geweitete Nüstern. Eine Entschlossenheit, beharr-lich zu bleiben, nur für den Fall, daß es sich doch noch lohnen würde.

„Soll ich weiterreden?"

„Ich mag dein Haar."

Schweigen. Ein ungläubiges kleines Kopfschütteln. Letzte Chance, kein Zweifel.

„Gerade eben hast du geweint, zum ersten Mal, seit wir zusam-men sind. Nur ein kleines bißchen. Du hast es sofort alles wieder zurück in die Kiste gestopft – sobald dir dieses winzige Bruchstück entschlüpft war. Aber es war da, Paul. Ich habe es gesehen. Irgend etwas an dieser Sache mit Greg und wo immer er hineingeraten ist, ist dir wirklich unter die Haut gegangen, stimmt's? So sehr, daß du sogar vor meinen Augen geweint hast. Paul ..."

Ich hatte mich wieder meinem Studium des Porzellans zugewandt, doch die nun folgende Pause hatte etwas an sich, das mich aufblicken ließ. Ein ungewöhnlich weicher Ausdruck lag jetzt in Violets Augen, und ihre Stimme klang noch sanfter als zuvor.

„Paul, bitte glaub mir – ich *will*, daß du deine Gefühle mit mir teilst. Ich weiß, du denkst, ich verstehe dich nicht und will dich in Wirklichkeit gar nicht unterstützen, aber hast du schon einmal darüber nachgedacht, daß du mir niemals wirklich sagst, wie du dich fühlst? Was ich meine, ist – ist dir klar, daß ich ausgeschlossen werde von dem Teil von dir, der weint? Du weißt, was in dir vorgeht, aber ich nicht. Wie könnte ich? Ich war gerade eben froh, als du ... als du die Fassung verloren hast. Nein, das stimmt nicht. Ich war nicht nur froh, Paul, ich habe einen richtigen kleinen Begeisterungsschub gespürt. Wir haben jetzt schon so lange jeder in seiner eigenen Welt gelebt. Ich war so einsam. Wenn du nur wüßtest, wie sehr ich mir wünsche, daß wir uns nahe sind ..."

Ihre Augen flehten mich an. Ich konnte sehen, wie sie gleich da draußen auf mich wartete. Doch obwohl ich mit aller Macht an den Gitterstäben rüttelte und gegen die Wände trat und rief und schrie, ich konnte nicht hinaus.

Die Sache ist die, Violet, als Greg diesen Mann mit in die Kneipe brachte und sagte, er hätte sich bekehrt, und unseren ganzen Freitagabend versaute – also, das war doch nicht fair, oder? Ich meine, das ist unsere gemeinsame Zeit, Gregs und meine. Unser Treffpunkt. Und er gehört mir. Greg gehört mir, nicht einem Mann namens Steve, der so gelassen und nett und christlich ist. Ich meine – wenn ich schon Danny verlieren muß, dann muß ich doch bestimmt nicht auch noch Greg verlieren, oder? Weißt du, Violet, ich habe nicht viele Menschen. Ich kann nicht dauernd welche verlieren, sonst ist am Ende keiner mehr übrig. Darum habe ich geweint. Du wirst doch bei mir bleiben, nicht wahr, Violet? Du wirst nicht zulassen, daß dich jemand mir wegnimmt, oder? Das könnte ich nicht ertragen. Abgesehen von Curly, wäre ich dann allein, und sie werde ich eines Tages wahrscheinlich auch verlieren. Halt mich fest. Bitte halt mich fest ...

Ich hörte, wie meine Stimme anfing zu sprechen, aber ich konnte es nicht verhindern.

„Tja, also, der Grund für meine Tränen ist ganz einfach. Ich leide an einer Krankheit, die die Ärzte erst jetzt richtig klassifiziert haben. Sie heißt P.P.M.S.S.; das steht für prä-prä-menstruellen-Streß-Streß. Das tritt bei verheirateten Männern jeden Monat etwa eine Woche lang auf, und darauf folgt unweigerlich ein anderer Zustand namens post-prä-menstrueller-Streß-Streß. Die Symptome bestehen meist in einem völlig unbeherrschbaren Verlangen, Alkohol zu sich zu nehmen, und einer Neigung, ohne jeglichen Grund in Tränen auszubrechen. Ich fürchte, heutzutage sind wir Männer hoffnungslos von den Hormonen unserer Frauen abhängig."

Jetzt war nichts Weiches mehr in den Augen meiner Frau, nur Distanz, tiefe, tiefe Enttäuschung und eine seltsame Art von Furcht, die mir das Herz in der Brust gefrieren ließ.

„Ich gehe nach Curly sehen", sagte sie und ging.

„Ich liebe deine Augen", sagte ich zu leise, als daß sie es hätte hören können.

Der Samstag dauerte ungefähr ein Jahrzehnt. Das ist meistens so am Tag, nachdem man zuviel getrunken hat. Man ist sich trostlos bewußt, daß die Chance, genügend körperliche oder geistige Energie zusammenzuraffen, um an irgend etwas anderem als Fernsehen wirklich Spaß zu haben, ausgesprochen dünn ist. Zu dieser allgemeinen Schlaffheit kam die Erkenntnis, daß jegliche Irritation meinerseits (natürlich vollkommen zutreffend) als Symptom meiner jüngsten alkoholischen Ausschweifung ausgelegt und entsprechend verurteilt werden würde. Ich ging an jenem Abend früh zu Bett und schlief fast augenblicklich ein.

Als ich früh am Sonntagmorgen aufwachte, ging mir unaufhörlich Greg im Kopf herum. In einer Weile, spekulierte ich, würde er aufstehen, sich so schick anziehen wie möglich (angesichts der eher cowboyhaften Beschaffenheit seiner Garderobe) und sich dann mit dieser neugefundenen Begeisterung auf den Weg zu der

Gemeinde machen, zu der dieser aalglatte Kerl von Steve gehörte. Mein ganzer Körper zuckte unwillkürlich vor Verlegenheit, als ich mir vorstellte, wie mein alter Freund und Zechgenosse öffentlich erklärte, wie negativ sein heidnischer Freund auf die Nachricht von seiner Bekehrung reagiert hätte. Oh, Gott! Sie werden vermutlich für mich beten, dachte ich. Jemand wird den Herrn bitten, die Barrieren des Zweifels und Widerstandes zu durchbrechen und all diesen Mist. Zum Kotzen!

Ich wandte meinen Kopf zur Seite, in der Erwartung, Violets Kopf auf dem Kissen und die dunklen Umrisse ihres Körpers neben mir zu sehen, aber sie war nicht da. Einen wilden Moment lang war ich voller atemloser Panik. Sie war weg! Violet hatte endlich genug gehabt und mich mitten in der Nacht verlassen und Dan und Curly mitgenommen. Ich war auf mich allein gestellt, und ich wußte nicht einmal, wo meine Familie war. Nach einem Moment klareren Nachdenkens kam ich darauf, daß es noch etwas wahrscheinlicher war, daß die Waltons Inzest trieben, als daß meine Frau etwas so Durchschlagendes und womöglich für die Kinder Schädliches tun würde. Violets Erscheinen an dieser Stelle mit einem Becher Tee (es war der schöne Becher mit den Blumen) schien diese Ansicht zu bestätigen. Aber warum brachte sie mir so früh am Morgen Tee? Daß es eine Geste der Zuneigung sein sollte, war nicht anzunehmen.

„Ich bin schon seit einer Ewigkeit auf und lasse mir vor Sorgen graue Haare wachsen", sagte Violet und stellte den Becher auf den Nachttisch neben meinem Bett, „also sehe ich nicht ein, warum du nicht jetzt aufwachen solltest. Du und ich, wir müssen uns ein paar ernsthafte Gedanken machen, und ich schlage vor, daß du jetzt gleich damit anfängst. Ich kann so nicht weitermachen, und ich habe es auch nicht vor. Es muß etwas passieren, also fang lieber an, dich zu fragen, was es sein soll. Ich gehe wieder nach unten."

Der kalte, unnachgiebige, mechanische Unterton in Violets Stimme ließ mir das Herz hinabsinken wie einen Stein. Ich streckte eine Hand nach meinem Tee aus, doch ich zog sie wieder zurück, als mich eine Welle der Unglückseligkeit durchfuhr. Was in aller Welt konnte ich dagegen tun, daß ich ich war? Ich konnte doch nicht einfach beschließen, ein ganz anderer Mensch zu werden, oder? Oder war das albern und nachgiebig gegen mich selbst? Vielleicht war das, was eigentlich notwendig war, daß ich eine weit größere Anstrengung unternahm, meine eigenen, dämlichen Pawlowschen Gefühlsreaktionen beiseite zu lassen und darüber nachzudenken, was andere von mir brauchten. Konnte ich die Zähne zusammenbeißen und durchhalten? Das Problem dabei würde sein, wie ich sehr gut wußte, daß mir am Ende unweigerlich die Motivation ausgehen und ich der Versuchung nicht mehr widerstehen können würde, mit meinem eigenen selbstlosen Heldentum hausieren zu gehen. Und wenn dann diese Offenbarung nicht mit begeistertem, endlosem Applaus begrüßt wurde, so würde ich, das wußte ich genau, mich in triefendes Selbstmitleid versinken lassen, und alles würde wahrscheinlich noch schlimmer werden als zuvor. Vielleicht konnte eine Therapie helfen ...

Ich bin nicht sicher, wie ich es schaffte, etwa an dieser Stelle meiner Überlegungen wieder einzuschlafen, aber ich weiß, daß ich in einen sehr lebhaften, beunruhigenden Traum versank.

In meinem Traum sah ich mich wieder in der Kneipe, nur daß es nicht mehr einfach nur die Kneipe war – sie war mein Zuhause, der Ort, wo ich lebte. Ich war allein dort im Schankraum, fieberhaft damit beschäftigt, zur Vorbereitung auf einen bevorstehenden Besuch Tische, Fensterbänke und Stuhllehnen zu polieren. Ich wollte es unbedingt vermeiden, noch dazusein, wenn dieser mysteriöse Besucher eintraf, denn obwohl ich keine Ahnung hatte, wie er hieß, stand mir sein Gesicht vor Augen, und ich wußte, daß er die Verkörperung des Bösen war. Doch ebenso wußte ich mit absoluter Gewißheit, wie man sie nur in Träumen hat, daß mir, wenn ich ging, bevor ich jeden Winkel meines Hauses gründlich gereinigt hatte, dennoch etwas Finsteres, Furchtbares zustoßen würde.

Wie es in Alpträumen oft geht, kam ich wiederholt an einen Punkt, wo ich dachte, ich hätte meine Aufgabe beendet, nur um mit einem plötzlichen Stich des Grauens zu bemerken, daß ich in meinem fieberhaften Bemühen, die Sache hinter mich zu bringen, eine Ecke oder eine Tischfläche oder ein Regal übersehen hatte. Endlich, als ich schon das Knirschen der Autoreifen draußen auf dem Kies hörte, war ich sicher, daß ich alles getan hatte. Beinahe schluchzend vor Hektik rannte ich zur Hintertür, nahm die Klinke in die Hand und wollte sie schon hinunterdrücken und gehen, da schien mir das Herz stehenzubleiben. Ich hatte etwas vergessen. Mitten im Raum, zwischen mir und der Vordertür, stand ein kleiner Tisch, verschmiert, fleckig – offensichtlich nicht abgewischt. Wie konnte ich ihn übersehen haben? Als die Klinke der Vordertür sich drehte und die Tür selbst sich langsam zu öffnen begann, stürmte ich vorwärts, wischte hektisch mit dem Tuch, das ich immer noch in der Hand hatte, über die Oberfläche des Tisches, hastete zurück zur Hintertür, schlüpfte hindurch und schlug sie genau in dem Augenblick hinter mir zu, als eine schattenhafte Gestalt am anderen Ende der Theke erschien.

Der nächste Teil meines Traums war wie einer jener Abenteuerfilme, in denen jemand versucht, einen Beschatter abzuhängen. Ich kletterte in Taxis und wieder hinaus, duckte mich in Kaufhäuser und verließ sie wieder durch Seiteneingänge, lag an einer Stelle sogar auf dem Dach eines fahrenden Zuges und ruderte schließlich in einem kleinen Boot über einen riesigen, stillen See auf eine winzige Insel zu, die unter einer niedrigen Nebelwolke verborgen lag. Plötzlich befand ich mich auf der Insel und ging, so unwahrscheinlich es klingen mag, auf eine kleine, von Bäumen umstandene Kneipe zu, deren funkelnde Lichter und anheimelnde Ausstrahlung Geborgenheit und Trost zu verheißen schienen. Drinnen saß zu meiner großen Freude an einem Tisch in der hintersten Ecke Greg, lächelte und winkte mir zu, wie er es in der Vergangenheit immer getan hatte, bevor er religiös wurde.

Voller Erleichterung und Freude ging ich auf ihn zu, doch als ich mich dem Tisch näherte und mich anschickte, mich hinzusetzen, überkam mich eine fürchterliche Vorahnung. Es war zu spät – ich saß bereits. Als ich aufblickte, sah ich, wie sich Gregs Gesicht vor meinen Augen veränderte und das freundliche Lächeln sich zu einer Fratze bösartigen Triumphs verzerrte. Ein stummer Schrei erfüllte meinen Kopf, als ich begriff, daß ich meinem Besucher doch nicht entgangen war.

Ich glaubte wirklich, ich wäre mit einem hörbaren Schrei aus diesem Alptraum erwacht, doch als Violet ein paar Sekunden später den Raum betrat, sah sie nicht aus, als ob sie irgend etwas dergleichen gehört hätte.

„Du hast ja deinen Tee noch gar nicht angerührt", sagte sie, und dann, mit Argwohn in der Stimme: „Du bist doch wohl nicht wieder eingeschlafen, oder?"

Ich streckte meine Hand in ihre Richtung aus.

„Violet – bitte, könntest du mich einen Augenblick festhalten? Ich hatte gerade eben einen grauenhaften Alptraum. Ich ... kann im Moment noch gar nicht recht glauben, daß er nicht wirklich war."

Trotz des Bebens, das immer noch durch mein Bewußtsein ging, war es schön, den barmherzigen Ausdruck in den Augen meiner Frau zu sehen, als sie sich auf meine Bettkannte setzte und meine Hand nahm.

„Was für ein Alptraum?"

„Ach, da war jemand hinter mir her, und Greg war in so einer Art Kneipe und – oh, ich will nicht daran denken." Ich schnappte nach einem vorüberfliegenden Impuls und hielt ihn fest, bevor er mir entkommen konnte. „Violet, ich liebe dich sehr, weißt du."

Violets Augen hellten sich für einen Moment auf, dann seufzte sie und schüttelte ganz leicht den Kopf. Es war erst ungefähr das dritte Mal, daß ich das gesagt hatte, seit wir verheiratet waren.

„Wirklich?" fragte sie mit einer dünnen, nicht sehr hoffnungsvollen Stimme. „Liebst du mich wirklich?"

„Ich werde jetzt aufstehen", sagte ich ihr, „und dann mache ich einen kleinen Spaziergang unten am Fluß, und wenn ich wiederkomme – dann sage ich dir, was ich tun werde."

Wir schwiegen beide eine kleine Weile. Dann löste Violet sanft ihre Hand von meiner und stand langsam auf. „Ich gehe hinunter und kümmere mich ums Essen", sagte sie. „Wir sehen uns später."

Am Ende ging ich doch nicht zum Fluß. Als ich aus der Tür trat, kam mir der Gedanke, daß vermutlich eine ganze Menge Leute dort sein würden, und im Moment hatte ich keine Lust, irgend jemandem zu begegnen. Ein winzig kleiner Hoffnungsschimmer leuchtete irgendwo am Rand meines inneren Gesichtsfeldes, und ich wollte eine Chance haben, ihn mir richtig anzusehen – herauszufinden, ob er mich irgendwo hinführen würde. Ich hatte

Violet gesagt, daß ich sie liebe. Ich hatte tatsächlich Violet gesagt, daß ich sie liebe! Ich hatte gesehen, wie sich ihre Augen, wenn auch nur einen Moment lang, mit etwas anderem füllten als Wut, und sie hatte meine Hand gehalten und war beinahe – sie war beinahe etwas gewesen, das sie früher oft gewesen war. Sie war beinahe ein bißchen glücklich gewesen.

Ich fuhr hinauf auf den Vokes Hill, ließ den Wagen auf dem unebenen alten Parkplatz neben der Straße stehen und ging langsam, leise vor mich hinsummend, auf den Rand des Tales zu. Es gab ein kleines Fleckchen weichen Rasens, genau da, wo das Gelände abzufallen begann. Das war einer meiner Lieblingsplätze – war es schon immer gewesen. Dort setzte ich mich hin und starrte über das Tal hinweg, in der Hoffnung, irgendeine Inspiration würde mich überkommen oder erfüllen oder irgend etwas mit mir machen.

Was tatsächlich geschah, war, daß ich auf einmal wieder zu weinen begann. Ich konnte nichts dagegen tun. Diesmal ergoß es sich wie einer jener Geysire, die heißes Wasser in die Luft schleudern. Ich war so froh, daß niemand in der Nähe war, denn dies war kein sanftes, schönes kleines Weinen, es war ein Hervorbrechen – vermutete ich – all jener Dinge, die ich über Jahre hinweg in jenem Teil von mir verschlossen gehalten hatte, der Dinge fühlte und nicht wußte, wie er sie ausdrücken sollte. Ein kleiner, separater Teil von mir lauschte voller Erstaunen dem Heulen und Schluchzen, den verzweifelten Lauten, die ich von mir gab, Lauten, wie ich sie noch nie zuvor gemacht hatte, soweit ich mich erinnern konnte.

Dann verebbten die Tränen ein wenig, aber nur ein wenig, und ich fing an, mit jemandem zu sprechen. Ich hatte keine Ahnung, mit wem ich eigentlich zu reden glaubte, aber ich schien wirklich mit ihm oder ihr kommunizieren zu wollen.

„Ich kann es einfach nicht ertragen", sagte ich zwischen meinen Schluchzern und meinem Geheul, „daß Dan so erwachsen ist und mich nicht mehr so mag und mich ansieht, als ob er mich für einen Idioten hielte. Weißt du, er hat immer zu mir aufgeblickt, und er – also – er wollte mir wirklich gefallen, weil ich sein Papa war und wir immer alles zusammen machten, und jetzt ist das

nicht mehr so. Und was soll werden, wenn die kleine Curly plötzlich ganz kratzbürstig wird, wenn sie groß ist – ich halte das nicht
aus, ich halte das einfach nicht aus! Und ich möchte so gern, daß
Violet glücklich ist, aber ich tauge nicht dazu, die Dinge zu sagen,
die sie ... die sie von mir hören möchte, obwohl ich es vorhin getan habe, und ich wünschte, ich wünschte wirklich, ich könnte so
sein, wie sie es will, aber ich bin es einfach nicht ...“

Allmählich, während ich all diese umherwirbelnden Gedanken
herausließ, kamen meine Gefühle wieder unter Kontrolle. Endlich
gab ich nur noch kleine Schnieflaute von mir, und gelegentlich
durchlief mich ein Schauder. Ich putzte mir die Nase mit einem
Fetzen Papiertaschentuch, den ich aus meiner Innentasche ausgegraben hatte, und beerdigte das Ergebnis unter einem Grabstein
aus Erde. Dann pflückte ich einen hohen Grashalm mit einer
braunen Dolde am Ende und begann ihn in leisem, ernsthaftem
Ton anzureden.

„Und nun“, sagte ich, „kommen wir zum Thema Greg. Du“ –
ich richtete anklagend meine Finger auf den Grashalm – „hast es
irgendwie geschafft, ihn in dein *Ding* hineinzulocken, was immer
dein Ding ist, gerade jetzt, wo ich diese exklusive Aufmerksamkeit, die ich in der Vergangenheit manchmal etwas nervig fand,
am dringendsten brauche. Du schleust diesen Steve zusammen
mit Greg in *meine* Kneipe, aus Gründen, die du selbst am besten
kennst, und zwingst mich, mir anzuhören, wie er taktvoll ist und
großzügig und – uugh!“ Ich machte ein Geräusch, als müßte ich
mich übergeben. Der Grashalm schwankte sanft und heiter. Er
schien sich nicht im geringsten zu schämen.

Die nächsten fünf Minuten erfordern einige Erklärungen, oder
sie würden sie erfordern, wenn sie sich erklären ließen. Es war,
als ob unter all dem Gejammer und meinen Tiraden gegen die
örtliche Vegetation noch ein ganz anderer, ziemlich langer Dialog
abgelaufen wäre. Plötzlich redete ich gar nicht mehr zu dem Grashalm, ich warf ihn sogar weg und blickte hinaus über das Tal,
während ich weitersprach.

„Was wird passieren, wenn ich nachgebe und mit dir gehe? Was
werde ich sagen und tun müssen? Wem werde ich davon erzählen
müssen? Mit welchem Zweig der lebendigen Toten werde ich

mich öffentlich identifizieren? Was wird Violet sagen? Was wird Greg nächste Woche sagen, wenn er plötzlich verkündet, er habe sich geirrt und wolle statt dessen ein Zeuge Jehovas sein, und ich bin ganz Feuer und Flamme für das, was er gerade hinter sich gelassen hat? Werden wir immer noch hinunter in die Kneipe gehen?" Pause. „Was *wird* Violet sagen?"

Als ich diese letzte Frage zum zweiten Mal stellte, sah ich Violets Gesicht wieder vor mir, voller Hoffnung, wie es am Morgen für einen flüchtigen Moment gewesen war, und ich wußte – fragen Sie mich nicht wie, aber ich wußte es –, daß ihre Tränen und ihre Hoffnung und ein großer Teil des Kummers, den sie empfunden hatte, bewohnt waren von der Person, mit der ich hier oben auf der Kuppe dieses Hügels redete. Ich weiß, das klingt absurd, aber dieses neue Wissen hatte eine solide Wirklichkeit an sich, der ich einfach nicht ausweichen konnte. Ich schüttelte den Kopf, plötzlich verlegen über die Nähe meiner eigenen Gedanken. Was war los? Redete ich mit Gott? Redete er mit mir?

Allmählich wurde mir, während ich dort saß, bewußt, daß etwas an mir anders geworden war – etwas daran, wie ich mich für mich selbst anfühlte, meine ich. Ein paar Minuten lang bemühte ich mich vergeblich, es zu fassen, aber dann dämmerte mir, was es war. Ein paar Minuten lang hatte ich tatsächlich so etwas wie Frieden empfunden.

Frieden?

Ich wußte schon fast nicht mehr, was Frieden bedeutete. Ich hatte mich daran gewöhnt, unter ständiger Spannung zu leben. Abends im Bett mußte ich oft die Muskeln in meinem Nacken durch eine Willensanstrengung entspannen, bevor ich in der Lage war, meinen Kopf wirklich ruhen zu lassen und einzuschlafen. Für eine kleine Weile waren die Federn in meinem Innern losgelassen worden und hatten wieder die Form annehmen können, für die sie bestimmt waren. Es war ein seltsames, beinahe beschwipstes Gefühl. Sehr angenehm – wirklich sehr angenehm.

Wie in einem Traum fuhr ich wieder den Hügel hinab und summte vor mich hin, wie ich es schon vorhin getan hatte. Ich hatte keine Ahnung, was ich zu Violet sagen würde, ich hatte keinerlei Aktionsplan im Kopf. Irgendwie schien es keine Rolle zu spielen. Ich fragte mich, ob alles wieder in den gewohnten Bahnen laufen würde, sobald ich nach Hause kam.

„Laß das nicht zu!" beschwor ich den Grashalmersatz, als ich in die Einfahrt einbog und den Wagen anhielt.

In der Zeit bis zum Mittagessen waren Violet und ich seltsam schüchtern miteinander. In gewisser Hinsicht war das ganz nett – ein bißchen so wie in der Zeit, als wir uns ineinander verliebt hatten. Dankenswerterweise waren beide Kinder heute draußen unterwegs. Keiner von uns wollte den Moment verderben, indem er das dornige Thema „Was würde ich tun?" zur Sprache brachte. Violet tat es am Ende trotzdem. Ich wußte, daß sie es tun würde. Trotz der kleinen Windstille sehnte sie sich verzweifelt danach, daß sich etwas änderte, und ich empfand immer noch tief in mir eine Furcht bei dem Gedanken, daß sie aufhören könnte, mich zu lieben, und sich für immer in sich selbst zurückziehen könnte.

„Was wirst du tun?"

Das fragte sie mich, gerade als ich mein Glas hausgemachter Limonade in die Hand nahm, und ich hatte immer noch keine Antwort für sie bereit. Was *würde* ich tun? Im stillen stellte ich mir selbst erneut die Frage. Was werde ich tun? Was werde ich ...?

„Ich würde gern bald einmal Greg und seinen Freund Steve zu uns zum Abendessen einladen."

Sie sah mich einen Moment lang unverwandt an und sagte dann leise, doch mit einer herausfordernden Festigkeit in der Stimme: „Wie wäre es mit übermorgen?"

Ich schluckte. „Übermorgen wäre prima."

„Also schön."

„Ich liebe dich, Violet."

Viermal in einem einzigen Leben! Ich konnte es kaum glauben. Sie auch nicht.

„Ich liebe dich auch, aber Paul, wenn sich nicht bald etwas ändert ..."

Ich streckte ihr die Hand entgegen. „Nimm dir ein Taschentuch. Laß das Geschirr stehen, und komm mit, wir machen einen kleinen Spaziergang auf den Hügel. Geh auf meinen Wahnsinn ein. Da gibt es einen Grashalm, den ich dir gerne vorstellen möchte."

169

Joe Plass

Jetzt rede ich!

Lawrence saß auf den Pavillonstufen und lächelte mechanisch. Anfang der Woche hatte er einen unerwarteten Anruf von einem früheren Arbeitskollegen bekommen, der ihn gefragt hatte, ob er wohl einem alten Freund einen Gefallen tun und in der dritten Mannschaft von East Hinchley einspringen könnte, die zu wenige Spieler hätte. Zunächst war ihm das wie eine prächtige Idee vorgekommen. Er kannte keinen der anderen Spieler in der Mannschaft, aber das machte eigentlich nichts. Die ganze Woche über hatte sich Lawrence idyllische Szenen vorgestellt, wie er in der Augustsonne badete oder mit freundlichen Ortsansässigen im Pavillon träge Bemerkungen austauschte. Von gelegentlichen Besuchen in der Vergangenheit her glaubte er sich zu erinnern, daß auf dem Gelände von East Hinchley drei oder vier riesige Roßkastanien verteilt standen, und Lawrence hatte sich darauf gefreut, sich unter einer von diesen ein paar Stunden zu vertreiben, während seine Mannschaft am Schlag war, eingetaucht in die Freuden der Trägheit. Insbesondere die Aussicht, ein paar hartgekochte Eier und eine große Plastikflasche mit verdünntem Johannisbeersaft neben sich aufzustellen, hatte es ihm angetan. Langsam und vorsichtig würde er sich gegen den Baum zurücklehnen und sich mit Genuß eine Sherlock-Holmes-Geschichte aus seiner zerlesenen vollständigen Ausgabe heraussuchen.

Nun war der Samstagnachmittag gekommen, und sein Utopia verblaßte, als das gefürchtete „Ich-kenne-hier-keinen"-Gefühl einzusetzen begann und der alte Freund nirgends in Sicht war. Schlimmer noch, vor einer halben Stunde, als außer ihm erst zwei andere auf dem Gelände eingetroffen waren, hatte seine abscheuliche Ungeschicklichkeit wieder einmal ihr häßliches Haupt erhoben, was zur Zerstörung einer, wie Lawrence vermutete, in sentimentalen Ehren gehaltenen Vase geführt hatte, die glänzend und majestätisch auf einem dünnen Holzregal im Pavillon gestanden hatte. Er war nur ganz leicht darangekommen, doch es hatte ausgereicht, um das verdammte Ding auf den Boden fallen und in tausend Stücke zerspringen zu lassen. Lawrence, ganz der englische Gentleman, hatte die unmittelbare Umgebung nach Zeugen abgesucht und, als er feststellte, daß er allein im Gebäude war, den Tatort so rasch und leise wie möglich verlassen, um einen kleinen Spaziergang zu machen. Jetzt war er zurück.

Er trat auf den Stufen von einem Bein aufs andere, zündete sich eine Zigarette an und wartete auf die Ankunft seines Freundes.

Lawrence war sechzig Jahre alt. Er hatte einen kurzen, ungebändigten Schopf grauer Haare, ein rundes, freundliches Gesicht und eine Neigung zur Faulheit, die er sein ganzes Leben lang, ob er damit zufrieden gewesen war oder nicht, mit sich getragen hatte. Er wohnte in einem kleinen, schlecht gepflegten Häuschen einige Meilen von Hinchley entfernt. Seine großen Vorlieben waren billige Kriminalromane, deren Enden er vergessen hatte, Tee mit grotesken Mengen Zucker und Zigaretten. Die meiste Zeit verbrachte er mit zumindest einem dieser Dinge.

Als ganz kleines Kind war er ein richtiger Denker gewesen, jemand, dessen Gedanken sich nur selten mit der Gegenwart beschäftigten; ein ungewöhnlicher Geisteszustand, durch den es, verbunden mit einer rücksichtslos analytischen Intelligenz, für ihn gelinde gesagt ermüdend war, nach dem Tempo der anderen zu leben. Vielleicht hätte etwas Besonderes aus ihm werden können, wenn jemand ihn ermutigt hätte, doch in jener Zeit war von „hochbegabten Kindern" noch nicht die Rede, am allerwenigsten bei seiner eigenen Mutter. Lawrence war ungeschickt – zerstreut. So hatte ihn seine Mutter gesehen, und er hatte es nie gewagt, ihr zu widersprechen – weder darüber noch über irgend etwas anderes. Er hatte es sich regelrecht abgewöhnt, recht zu haben. Er hatte sich angewöhnt, davon auszugehen, daß er unrecht hatte.

Wenn er zurückblickte auf die Zeit, als er klein gewesen war, kamen ihm viele Ereignisse in den Sinn – Visionen seiner selbst, in denen er so leidenschaftlich für seine Ansicht stritt, daß ihm die Tränen kamen, und von seiner Mutter, einer ruhigen, rationalen Frau mit täuschend scharfer, gnadenloser Zunge, die ihm das

Wort abschnitt, ohne Erklärung, doch stets mit den schlichten, herablassenden Worten: „Du irrst dich, Lawrence." Das sagte sie stets mit einer beherrschten Singsangstimme, und sie begleitete es stets mit demselben sanften, mitleidigen Kopfschütteln.

Lawrence streckte sich. Inzwischen waren eine ganze Menge Leute eingetroffen, doch er hatte immer noch zu niemandem Kontakt aufgenommen. Er stand auf und schlenderte zurück in den Pavillon.

Die Küche schien überschwemmt zu sein von lärmenden Damen mittleren Alters, allesamt eifrig bemüht, sich genügend Platz zu sichern, um letzte Hand an die von ihnen zubereiteten Speisen legen zu können, die beim Tee enthüllt werden würden. Alle waren ungemein höflich, und in der Luft schwirrte es nur so vor „Bitte", „Danke" und „Entschuldigung", doch die Frauen machten aus der Vorbereitung ihrer Speisen ebenso einen Wettkampf wie ihre Männer aus dem Kricketspiel. Es sollte sogar schon vorgekommen sein, daß eine Quiche mit Schinken und Lauch absichtlich sabotiert wurde, während ihre Erzeugerin gerade den Rücken kehrte.

Durch das Pavillonfenster konnte Lawrence sehen, wie die kleinen Jungen ein übermütig schnelles und wichtiges Spiel spielten, wobei sie die Seitenwand des Pavillons als Tor benutzten. Braungebrannte alte Männer in Marks und Spencer-Hemden saßen träge auf Bänken rund um den Park und diskutierten vermutlich über Schlagtechniken und Kricket-Etikette, während sie ihre langen, hölzernen Pfeifen rauchten.

Einige Männer, Mitspieler in der bevorstehenden Begegnung, wie er vermutete, standen in Gespräche vertieft an der Theke und hielten sich wohl gegenseitig über ihr geborgenes, ereignisloses Leben auf dem laufenden. Widerstrebend, immer noch den Gedanken an diese verflixte Vase im Bewußtsein, gesellte sich Lawrence zu ihnen. Irgend jemand hatte offensichtlich die Scherben weggeräumt. Als er entlang der Theke einen Blick auf die anderen Spieler warf, tröstete ihn die Feststellung, daß er mit seinem Alter und seiner Fitneß nicht allein dastand. Ein dicker Mann mit zurückweichendem Haar und schweineähnlichem Aussehen, der praktisch hautenge weiße Hosen und ein schmutziges dunkelrotes

Stirnband trug, wandte sich an Lawrence und murmelte in schwerem Lancastershire-Akzent etwas, das klang wie „Der alte Bogsy hat keine Bälle".

Lawrence schmunzelte leise und versuchte vergeblich, so auszusehen und zu klingen, als ob er die Bemerkung ungemein amüsant und gleichzeitig sehr scharfsinnig fände. Doch das Schwein starrte ihn nur mit geschürzten Lippen finster an und knurrte seinem Freund etwas zu, um dann mit einem letzten, durchdringenden Blick davonzugehen, vielleicht, um sich etwas zu essen zu suchen.

Das brachte Lawrence aus der Fassung. Eine Zeitlang konnte er sich keinen Reim auf die Feindseligkeit des Mannes machen. Doch nachdem er sich das Problem gründlich durch den Kopf hatte gehen lassen, kam er zu dem Schluß, daß die Bemerkung des Schweins ganz buchstäblich gemeint gewesen war und daß Bogsy (noch ein dicker, unverständlich nuschelnder Einheimischer, wie er vermutete) tatsächlich keine Kricketbälle hatte, eine durchaus angebrachte Bemerkung vor einem Kricketmatch, zweifellos.

Ein Schmunzeln war nicht die richtige Reaktion. Lawrence versank tiefer in seinem Sitz und verfluchte sich selbst dafür, daß er sich so dämlich angestellt hatte. Schwer seufzend bestellte er sich ein Päckchen geröstete Erdnüsse, bezahlte sie und stand dann von seinem Hocker auf, um sich draußen eine dringend benötigte Zigarette anzustecken.

Sein Freund war immer noch nicht da. Allmählich dämmerte ihm, daß mit Ausnahme seiner selbst nicht eine einzige Person hier war, die darüber Bescheid wußte, daß er zur Mannschaft gehörte. Lawrence verzog beunruhigt das Gesicht. Nachdem er eine Weile geraucht hatte, trat er seinen Zigarettenstummel aus, kehrte in den Pavillon zurück und wagte sich in den Umkleideraum. Nachdem er einen Haken und einen Platz gefunden hatte, schob er seine peinlich schäbige Sporttasche unter die Bank.

Der Raum war voll, die Luft erstickend von den üblen Gerüchen der verschwitzten Taschen und uralten Pullover, die einen Sommer zuviel hinter sich hatten. Es herrschte eine rauhe Atmosphäre voller Zurufe und dreckigem Gelächter. Eine Mixtur aus wilden, tiefen Schlägen und glorreichen Ausbällen durchströmte die Luft der Kabine, als die Spieler sich auf den bevorstehenden Kampf vorbereiteten.

Die Spieler begrüßten Lawrence weder mit Feindseligkeit noch mit Interesse, und allmählich fiel die Nervosität wegen der kürzlichen Ereignisse von ihm ab. Er fing wieder an, die Aussicht auf einen herrlichen, sonnigen Samstagnachmittag auf frisch geschnittenem Rasen zu genießen. Nach einer Weile erntete er ein paar verdutzte, stirnrunzelnde Blicke von Mannschaftskameraden, aber das störte ihn nicht sonderlich. Gewiß würde sein Freund bald eintreffen.

Lawrence hoffte auf eine angenehme Schlagposition; Nummer sieben wäre sehr nett, dachte er, nicht so weit vorn, daß er zu wichtig wurde, aber wichtig genug, um nicht Schiedsrichter machen zu müssen. Bei einem Match dieser Art wurde fast ausnahmslos ein Mitglied der schlagenden Mannschaft gebeten, diese undankbare Aufgabe zu übernehmen.

Ja, er freute sich darauf. Lawrence war kein besonders guter Schläger; beim Werfen auszumachen war ebenfalls nicht seine Stärke, und sein Rheuma hatte allen Hechtsprüngen auf dem Feld, wenn seine Mannschaft die Fängerpartei war, ein Ende gemacht, aber keines dieser Dinge spielte im Grunde eine Rolle. Es war diese üppige Kombination aus neuen und alten Gerüchen, die er liebte, die Naht an einem unbenutzten Ball, der militante Stolz, mit dem man an dem morschen Weidenholz seines Schlägers hing. Am liebsten war es ihm, wenn er gerade nicht mit Spielen an der Reihe war, sondern vor dem Pavillon mit dem typischen Taschenbuch und der unvermeidlichen Zigarette auf einem Klappstuhl in der Sonne saß. Schade nur, daß die Kastanien, an die er sich so gerne erinnerte, offenbar gefällt worden waren.

Lawrence zog sich nachdenklich aus und öffnete seine Tasche. Seine Hosen waren nicht übel, vielleicht etwas zu kurz an den Knöcheln, aber für die dritte Elf mochte es angehen. Mit seinem Pulli war es freilich etwas anderes. Es war nicht zu übersehen, daß er eindeutig eine leichte rosa Färbung an sich hatte, und seltsamerweise schien ein Ärmel irgendwie länger zu sein als der andere. Die Knieschützer waren nicht besser. Einst mochten sie schön gemacht gewesen sein, aber jetzt waren es nur noch erbärmliche graue Polster. Hastig stopfte Lawrence sie tief in seine Tasche zurück.

Plötzlich wurde die Tür aufgestoßen, und das Crescendo der geschmacklosen Witze und schmutzigen Sprüche verstummte. Ein kleiner, untersetzter Mann in makellos weißer Montur, die Sonnenbrille in der Hemdtasche, marschierte in den Raum. Er stellte sich in die Mitte der Kabine, von Kopf bis Fuß der Kapitän, straff und aufrecht wie ein General, der seine Truppen mustert. Während er in die Runde der Gesichter seiner Mannschaft sah, setzte er das scheußlichste falsche Lächeln auf, das Lawrence je gesehen hatte; dann, nach einer kurzen Kunstpause und einem tiefen Atemzug, brüllte er mit aller Lautstärke und Intensität, die er aufbringen konnte, mit geballter Faust aus vollem Hals: „PACKEN WIR'S!"

Die anderen Mannschaftsmitglieder sprangen auf die Beine und antworteten, indem sie den Kampfschrei mit derselben außerordentlichen Begeisterung wiederholten, wobei sie ihre Gesichter zu greulichen Grimassen verzogen, um so viel wie möglich in diese beiden Worte hineinzulegen. Lawrence, der auf diesen Ausbruch völlig unvorbereitet war, konnte nur mit einem John-Major-ähnlichen Zwitschern reagieren, das er nicht einmal unisono mit den anderen Spielern herausbrachte.

Nachdem sie sich fertig umgekleidet hatten, setzten sich die Spieler etwas verlegen hin und beobachteten erwartungsvoll ihren Kapitän, der eine aufwendige Show daraus machte, seinen ungemein schnittigen Kricketschläger zu ölen. Nachdem diese Aufgabe erledigt und seine marineblaue Kappe symmetrisch auf seiner glänzenden Kopfhaut plaziert war, wandte er sich der Mannschaft zu, die Augenbrauen arrogant hochgezogen, und begann unter einem Wirbel theatralischer Gesten mehrere Teile seiner umfassenden Kenntnisse über das Spiel wiederzukäuen. Niemand machte Anstalten, ihn zu unterbrechen.

Als sein fesselnder Vortrag einige Minuten lang angedauert hatte, unterbrach er sich mitten im Fluß, und seine Augen bohrten sich wie die eines wütenden Falken in Lawrences erschrockenes Gesicht. Es folgte eine grauenhafte Stille, in der keiner der Männer in der Lage zu sein schien, die passenden Worte zu finden. Die Hand des Kapitäns hob sich langsam und schoß dann vorwärts wie ein Pfeil, und der lange Zeigefinger zitterte vor Erregung.

„Sie! Wer *sind* Sie?"

Lawrence war so verdattert über diesen Ausbruch, daß das kumpelhafte Lachen, mit dem er den Mann, der vor ihm stand, hatte beruhigen und entwaffnen wollen, wie ein zotiges kleines Kichern herauskam, eine Reaktion, die wenig Wirkung zeigte, außer daß sich daraufhin die Gesichtsfarbe des Kapitäns etwas veränderte, die in seinen besten Momenten tiefrot, jetzt aber von ungesundem Lila war. Diese Feuerwerksvorführung in seinem Gesicht trug nichts dazu bei, Lawrence zu trösten, der inzwischen den Tränen nahe war. Konnte es sein, daß jemand von der Vase wußte? Er räusperte sich und gab seine Erklärung ab, die ihm jetzt hoffnungslos armselig erschien, obwohl sie die schlichte Wahrheit war.

„Bryan sagte mir, Hinchley sei ein bißchen knapp an Spielern, und da dachte ich mir, ich springe ein."

Noch bevor er den Satz beendet hatte, spürte Lawrence, daß er den völlig falschen Ton getroffen hatte. Es hatte einfach nicht richtig geklungen. Wieder begleitete er seine Worte mit einem leicht übergeschnappt klingenden Kichern, das den anderen Mann zwang, abrupt einen Schritt rückwärts zu machen. Nachdem er seine Fassung wiedergefunden hatte, richtete sich der Kapitän zu seiner vollen Größe auf und sprach in demselben wütenden Tonfall wie zuvor.

„So-o-o-o?" kreischte er, das Gesicht vor mühsamer Zurückhaltung verzerrt.

Lawrence stockte der Atem. Warum war dieser miese kleine Kerl so erpicht darauf, ihn vor all diesen Leuten zu demütigen, und was hatte der Typ überhaupt für ein Problem? Er geriet selten in Wut; nun ja, er hatte auch selten Anlaß dazu, und normalerweise hätte er auch nicht den Mut, aber es war bisher ein furchtbarer Tag für ihn gewesen, und die dünnen Fäden seiner Geduld und seines klaren Denkens waren bis zum Zerreißen gespannt. Mal ehrlich, es bestand doch nicht die geringste Möglichkeit, daß er sich in diesem Falle irrte. Er war gebeten worden zu kommen, und er war gekommen. Jetzt war es ja wohl an der Zeit für ihn, sich zu wehren, diesem höhnischen Großmaul zu zeigen, daß er nicht der Schwachkopf war, für den er ihn hielt, und den machttrunkenen Tyrannen einen oder zwei Haken niedriger zu hängen. Ja, diesmal war er im Recht! Er sprang von der Bank auf, beugte sich über den ebenso wütenden Kapitän und begann ihn anzuschreien:

„Es tut mir ja furchtbar leid, daß Ihnen ein Blutgefäß platzt, nur weil Sie in derselben Mannschaft sind wie ich, aber Sie haben nicht den geringsten Grund, mich zu behandeln wie irgend so einen ...“

Lawrence unterbrach sich plötzlich, als sein Blick erneut auf die Sporttasche fiel, die zu Füßen des Kapitäns stand. In übergroßen grünen Lettern standen darauf die folgenden Worte:
LITTLE COMMON C.C. 1st XI

Lawrence blinzelte und griff nach seiner Tasche. In einem letzten, halbherzigen Versuch, seine Würde zu wahren, nickte er dem Kapitän knapp zu, bevor er rasch durch die Tür ging, den Pavillon verließ und hinunter zur Hauptstraße eilte. Nicht einmal blickte er zurück, während er niedergeschlagen auf die Bushaltestelle zu trottete.

Kleine Welt

Es heißt, man soll nie zurückgehen.

Ich habe einmal eine Kurzgeschichte gelesen, die genau mit diesen Worten begann, und im großen und ganzen hätte ich wohl damals, als ich sie las, damit übereingestimmt. Man weiß nie, was passieren wird, wenn man das Risiko eingeht, zurückzugehen. Darum war ich so überrascht, als ich mich an einem kalten Herbstmorgen, wahrscheinlich dem kältesten des Jahres bisher, auf dem Bahnsteig neun des Bahnhofs von Clapham wiederfand, wo ich auf einen Zug wartete, der mich zum ersten Mal seit zwei Jahrzehnten nach Winchester bringen würde.

Es waren noch zehn Minuten, bis der Zug eintreffen sollte, und ein Teil von mir glaubte immer noch nicht so recht daran, daß ich tatsächlich einsteigen würde, wenn er rumpelnd zum Stehen kam. Warum in aller Welt, fragte ich mich immer wieder, sollte ich mich aktiv dem Schmerz und der Enttäuschung aussetzen, die sich leicht aus einem so emotional überfrachteten Ausflug ergeben konnten? Was für einen Sinn hatte es, irgendeine innere Katastrophe zu riskieren, wenn ich doch zur Not auch mit dem eng geschnürten Knoten weiterleben konnte, der sich in meinem Magen befand, seit ich ein kleiner Junge gewesen war? Es war meine Frau, die mich schließlich dazu überredete, das zu tun, wovor ich mich so sehr fürchtete.

„Du kannst vielleicht damit weiterleben", sagte sie eines Tages, „aber ich bin mir nicht sicher, ob wir anderen es auch können. Im Ernst, John, warum nimmst du dir nicht einfach einen Tag Zeit und fährst hin? Ich weiß, es wird nicht leicht sein, aber du wirst so froh sein, wenn du es getan hast. Ich komme mit, wenn du willst. Weißt du was? Ich lade dich zur Belohnung zum Inder ein, wenn du zurückkommst."

Sie gab sich Mühe, scherzhaft mit etwas umzugehen, das ihr in Wirklichkeit sehr am Herzen lag, aber sie hatte recht. Die Vorstellung eines indischen Essens hat etwas an sich, das so ziemlich alles in einem helleren Licht erscheinen lassen kann. Das war der Auslöser. Ich würde fahren, sagte ich, aber allein.

„Winchester, Winchester, Winchester ..." Neurotisch flüsterte ich das Wort unaufhörlich vor mich hin, während ich auf dem langen Bahnsteig auf und ab ging, um mich warmzuhalten. Für mich war schon das Wort bleischwer vor Bedeutsamkeit, wie eines jener Gedichte, die versuchen, einen zuviel empfinden zu lassen.

Ich stieg tatsächlich in den 9.56, als er kam. Wäre ich nicht so durchgefroren gewesen, so wäre ich vielleicht ins Bibbern gekommen und hätte meine Meinung geändert, aber es war viel zu angenehm, in das beheizte Innere des Zuges zu steigen. Und nicht nur das, ich fand auch fast sofort einen freien Fensterplatz an einem Tisch.

Auf der anderen Seite des Tisches saß ein junger Kerl von ungefähr achtzehn, der in seine eigene Welt der Musik aus seinem Walkman versunken war. Außerhalb dieses kleinen Universums war von dem aufgezeichneten Ton nur ein nichtssagendes Summen zu hören. Während ich es mir in der Wärme und Behaglichkeit meiner neuen Umgebung bequem machte, dachte ich träge darüber nach, ob dies wohl ein glücklicher Mensch war. Er sah ganz ausgeglichen und zufrieden aus, wie ein junger Mann, der gerade anfängt, ein echtes Zutrauen zu sich selbst zu empfinden. Er machte einen wohlbehüteten, geborgenen Eindruck. Gute Eltern wahrscheinlich. Eine Mutter, die beständig ihr Bestes für ihn getan hatte, ein Vater, der sich ihm nie aufdrängte, aber immer zur Stelle gewesen war, wenn die Dinge aus dem Ruder liefen und er gebraucht wurde. Sport. Guter Rat. All diese Dinge. Ja, so wie er aussah, war das wohl genau die Sorte Vater, die er haben mußte. Ob ihm wohl klar war, was für ein verdammtes Glück er in dieser Hinsicht hatte? Oh, nein! Jede Wette, daß er ...

Ich rutschte auf meinem Sitz herum, als all die alten, langweiligen Gefühle hilfloser Wut wieder in mir aufstiegen. Wie lange würde ich es noch ertragen müssen, daß die Vergangenheit derartig ihre Klauen nach mir ausstreckte und mich an der Kehle packte? Was für ein Wahnsinniger ich doch geworden war! Abrupt schob ich mir mit einer Hand die Haare aus der Stirn zurück, riß meine Aufmerksamkeit von dem unschuldigen Musikliebhaber auf der anderen Seite des Tisches fort und starrte aus dem Fenster. Wie in einem Fiebertraum ließ ich die Vergangenheit im Geist an mir vorüberziehen, wie ich es schon tausendmal getan hatte, hilflos erkennend, daß auch zehntausend Wiederholungen niemals etwas daran ändern würden, wie es damals gewesen war.

Ich hatte nie vollkommen verstanden, warum meine Eltern sich getrennt hatten. Ich war bei meiner Mutter aufgewachsen, einer sehr tüchtigen, zurückhaltenden, insgeheim unglücklichen Frau. Das einzige, was sie je über das Scheitern ihrer Ehe sagte, war eine Antwort auf eine ungewöhnlich direkte Frage von mir, als ich etwa zehn gewesen war.

„Warum ist Papa weggegangen und hat uns verlassen, als ich klein war?"

„Dein Vater kommt nur mit sehr kleinen Welten zurecht."

Das war alles, was sie sagte und was sie sagen wollte. Es war typisch rätselhaft. Was sollte ein Zehnjähriger damit anfangen? Ich hatte nicht die leiseste Ahnung, wovon sie redete. Vielleicht hätte ich angefangen zu verstehen, wenn ich ein bißchen mehr darüber nachgedacht hätte. Schließlich hatte Papa eine kleine Welt geschaffen, in der er und ich zusammen sein konnten, und sie hatte sich in der kurzen Zeit, in der ich ihn kannte, kaum verändert.

Es fing ein paar Tage nach meinem achten Geburtstag an. Mutter verkündete eines Morgens völlig leidenschaftslos, daß mein Vater nach England zurückgekehrt sei. Er wolle mich an jenem Nachmittag in Winchester sehen.

Ob ich hinwollte?

Ich wußte, daß ich einen Papa hatte, aber er war fort, seit ich kaum mehr als ein Baby gewesen war, so daß ich überhaupt keine Erinnerung an ihn hatte. Meine Mutter bewahrte in unserem Haus keine Fotos von ihrem Ex-Ehemann auf. Viele Male während meiner ersten Lebensjahre hatte ich nachts wach gelegen, mir sein Gesicht gleich über dem Ende des Bettes in der Dunkelheit meines Zimmers vorgestellt und mir ausgedacht, wie ich eine ganz besondere Reise unternahm, um ihn zu finden. In meiner Phantasie war er immer außer sich vor Freude, mich zu sehen. Wir umarmten uns, und er erklärte mir, warum es so schwierig für uns gewesen sei, zusammen zu sein, und sagte, wie sehr er mich vermißt habe, seit er fortgegangen sei.

Jetzt war meine Chance, ihn in Wirklichkeit zu sehen. Ich empfand Scheu, aber auch Begeisterung. Ich weiß noch, wie ich meiner Mutter ins Gesicht sah und nach einem Hinweis auf die Lösung des offensichtlichen Problems suchte. Wollte sie, daß ich hinfuhr? Doch das Gesicht meiner Mutter gab derartige Informationen niemals preis. Es gab keine Hinweise.

„Ja, bitte", sagte ich, „ich möchte gerne hin, Mutter."

Später an diesem Vormittag fuhr mich meine Mutter in unserem blauen Mini nach Winchester. Wir hielten direkt vor dem „Old Market Inn". Ein paar Meter entfernt stand ein Mann gegen einen Torpfosten gelehnt. Mutter stieg nicht einmal aus. Soviel zu meinen insgeheim gehegten Träumen von der Wiedervereinigung meiner Eltern!

„Das ist dein Vater", sagte sie und deutete auf den Mann. „Du wirst ihn mögen. Ich hole dich um fünf Uhr wieder ab."

Plötzlich stand ich da, acht Jahre alt, vor einem Pub in einer fremden Stadt mit einem fremden Mann und sah der vertrauten Silhouette unseres kleinen Wagens nach, wie er beschleunigte und um die nächste Ecke verschwand. Im Rückblick kann ich kaum glauben, was meine Mutter da tat. Ich kann mir nicht ansatzweise vorstellen, etwas so eindeutig Verantwortungsloses mit einem meiner eigenen Kinder zu tun. Ein paar Sekunden lang geriet ich in echte Panik, doch kleine Kinder akzeptieren bereitwillig solch bizarren Dinge, und immerhin hatte mir meine Mutter ja gesagt, daß ich meinen Vater mögen würde, und sie war eine Frau, bei der jede Meinung, die sie äußerte, eine Trumpfkarte war. Sie hatte sich noch nie geirrt.

Auch jetzt irrte sie sich nicht. Als ich zögernd in seine Richtung ging, sagte er nur mit leiser, volltönender Stimme: „John? Ich bin dein Papa", doch aus der Tiefe seiner Augen kam ein Lächeln, und er hatte etwas an sich, das mir sofort ein Gefühl der Sicherheit gab. Ich weiß noch, daß ich aus irgendeinem Grund froh darüber war, daß er an den Torpfosten gelehnt stehenblieb, während ich auf ihn zuging. Er überließ es mir, den letzten Teil der Reise zu machen.

Diese erste Begegnung war weit von dem emotionalen Überschwang meiner nächtlichen Phantasien entfernt, doch von dem Moment an, als ich das gutgelaunte Schmunzeln meines Vaters bemerkte, vergötterte ich ihn. An jenem Tag setzten wir uns vor die Kathedrale in den Sonnenschein und machten uns über ein Picknick her, das er mitgebracht hatte. Ich erinnere mich an jeden Krümel davon. Es gab drei verschiedene Sorten Sandwich – Schinken, Banane und Käse – zwei Sorten Kuchen – Streuselkuchen und Kirschkuchen – zwei Schokoladenkekse, in glänzendes, buntes Papier gehüllt, und einen Apfel für jeden. Es gab eine Flasche Zitronenlimonade und zwei Pappbecher, um sie daraus zu trinken.

Während wir aßen, stellte er mir Fragen über mich und hörte ganz still zu, den Kopf auf die Seite gelegt, während ich Zutrauen gewann und über mein Zuhause und die Schule und meine Freunde und Fußball drauflos plauderte.

Als er mich fragte, für welche Mannschaft ich sei, zählte ich ihm alle Spieler meiner geliebten Arsenal-Mannschaft auf und fragte dann: „Und für welche bist du?"

„Aston Villa", erwiderte er.

„Ich auch", sagte ich, und von diesem Tag an war es auch so.

Als wir mit dem Essen fertig waren, packte er alles in eine braun-grüne, lederne Einkaufstasche und stand auf.

„Nun, John", sagte er lächelnd, „meinst du, wir werden Freunde?"

Ich sah ihn an und dachte bei mir, daß er ein Mann war, der gerne die Hände in die Taschen steckte. Seine Kleider waren braun und weich, und ebenso sein Gesicht und sein Haar. Er hatte etwas behaglich Unordentliches an sich, und seine Augen schienen ein wenig verletzt zu sein, aber auch lächelnd und freundlich.

„Oh ja, Papa", sagte ich und genoß dieses Wort, das auf so unerwartete, wunderbare Weise Substanz gewonnen hatte, „wir werden bestimmt Freunde sein."

Den Rest des Nachmittags verbrachten wir damit, langsam durch das Innere der Kathedrale zu wandern und hin und wieder stehenzubleiben, wenn ich eine Frage stellen oder Papa etwas erklären wollte. Er schien eine Menge über alles zu wissen, ohne in einem Prospekt nachsehen zu müssen, und ich glaube, ich spürte schon damals, daß er mir da etwas vorstellte, das er liebte.

Mutter holte mich um fünf Uhr ab – pünktlich auf den Schlag natürlich. Auch diesmal stieg sie nicht aus dem Wagen oder sah auch nur in die Richtung meines Vaters, so weit ich sehen konnte. Arme Mutter. Ich bin sicher, ich muß auf dem ganzen Weg nach Hause unaufhörlich von meinem neuen „Freund" geschwärmt haben, aber sie sagte, soweit ich mich erinnere, nichts als: „Ich habe dir ja gesagt, daß du ihn mögen würdest."

„Aber", sagte ich an jenem Abend im Bett ziemlich verwirrt zu mir selbst, „wie könnte man jemanden, der so nett ist, denn *nicht* mögen?"

Drei- oder viermal im Jahr wiederholte sich während der nächsten vier Jahre das Muster dieses ersten Besuches. Vielleicht gab es einmal einen Obstkuchen statt des Streuselkuchens, und manchmal mußten wir wegen des Wetters unser Picknick irgendwo unter einem Dach zu uns nehmen, aber in jeder anderen Hinsicht liefen unsere Ausflüge genau gleich ab, von der braun-grünen ledernen Einkaufstasche bis zu den Pappbechern. Es kam mir nie merkwürdig vor, daß wir uns immer auf dieselbe Art trafen und immer dieselben Dinge taten. Im Gegenteil, ich liebte das. Ich liebte ihn. So war es einfach. Es machte mir nicht das geringste aus, daß ich nie sah, wo er wohnte, und eigentlich nie etwas über den Rest seines Lebens erfuhr, denn solange diese allzu seltenen Nachmittage währten, schienen wir einander vollkommen zu gehören, und das war alles, was mir wichtig war. Im Lauf der Zeit wurde die Kathedrale von Winchester und alles, was mit ihr zusammenhing, in meiner Phantasie in eine funkelnde, weihnachtliche Helligkeit getaucht, eine Spiegelung der Freude, die ich darin fand, einfach mit meinem Vater dort zu sein.

Er starb zum falschen Zeitpunkt, wissen Sie. Ich war zwölf. Es war zwei Tage, bevor mein nächster Besuch fällig war. Als meine Mutter mir die Nachricht eröffnete, auf dieselbe trockene, desinteressierte Art, war es, als hätte ich unerwartet einen sehr harten Schlag in die Magengrube bekommen. Und dann – nun, ich bin nie recht schlau daraus geworden, was dann passierte. Ich glaube, es gelang mir, irgend etwas in meinem Innern abzuschalten, so daß ich nichts spürte. Ich weiß nicht, ob ich meiner Mutter je ganz vergeben konnte, wie sie beim Tod meines Vaters mit mir umging. Sie nahm mich nicht mit zu irgendeiner Art von Trauerfeier, und es gab kein Grab, weil sein Leichnam verbrannt worden war. Die Asche war irgendwo von irgend jemandem verstreut worden, sagte meine Mutter, mit einer kaum merklichen Betonung auf „irgend jemand", und das war es. Er war tot. Nichts, was mich an ihn hätte erinnern können, und eine völlige Unfähigkeit zu trauern. Ich glaube, ich habe keine einzige Träne vergossen.

Die Jahre vergingen. Ich wuchs heran. Ich heiratete. Meine Mutter starb. Wir bekamen zwei Kinder. Ich war fast glücklich – glücklich bis auf das nagende, stets gegenwärtige Wissen, daß ich mich eines Tages mit der kleinen, nicht explodierten Bombe würde auseinandersetzen müssen, die wie ein Klumpen kalten Metalls in meiner Magengrube lag. Ich konnte nie ganz den Mut zusammenraffen, mich dieser Mischung aus Trauer, Kummer, Schmerz zu stellen, die dann explodieren und mich in Stücke reißen könnte. Also hielt ich mich von Winchester fern.

Und nun hatte meine Frau mich dazu überredet, zurückzugehen. Sie hatte im Lauf der Jahre gesehen, wie der Schmerz dieser eingekapselten Emotionen sich nicht nur auf mich, sondern auch auf sie und die Kinder auswirkte. Oft äußerte er sich in finsteren Stimmungen, die keinen erkennbaren Zusammenhang mit der Vergangenheit hatten, aber dennoch eng mit jenen fernen Tagen zu tun hatten.

Manchmal lösten bestimmte Ereignisse irrationale Wutanfälle aus. Als Sam, neun Jahre alt, mich einmal fragte, warum ich für eine „Schlaffi-Mannschaft" wie Aston Villa sei, explodierte ich in fürchterlichem Zorn, fragte ihn, warum ich das nicht sollte und was ihn das überhaupt anginge. Einen kurzen schwarzen Moment lang kam ich mir vor, als wäre ich acht Jahre alt, und er würde mich tyrannisieren. Es war ein seltsames Gefühl, als ich begriff, was wirklich vorging – so, wie wenn man nach einem besonders lebhaften Traum wieder zu Bewußtsein kommt. Der arme, verdatterte Sam vergab mir bereitwillig.

Ein anderes Mal ging ich mit meiner Frau durch das Einkaufszentrum in unserer Nähe, als mir auffiel, daß eine Frau, die neben mir ging, eine Einkaufstasche trug, die genauso aussah wie die, in die mein Vater immer unsere Picknicks eingepackt hatte. Braunes Leder mit eingesetzten grünen Flicken. Beim Anblick wurde mir regelrecht schlecht. Ich war tagelang niedergeschlagen. So viele Dinge ...

Nun, jetzt würde ich es in Angriff nehmen. Bald, nachdem ich diesen Zug verließ, würde ich wieder in die einzige Welt eintreten, die mein Vater und ich je miteinander geteilt hatten. Ich legte mein Gesicht gegen die kalte Fensterfläche, schloß die Augen und döste für den Rest der einstündigen Fahrt unruhig vor mich hin.

Um elf Uhr fünfzehn saß ich in der warmen Behaglichkeit des „Old Market Inn" in Winchester. Während des Fußweges vom Bahnhof hierher hatte sich eine so nervenzerreißende Spannung in mir aufgestaut, daß meine Hände und Zähne fest zusammengekrampft waren, als ich in die Market Street einbog, doch jetzt fing ich an, mich ein bißchen besser zu fühlen. Ich hätte es nicht über mich gebracht, gleich in die Kathedrale zu gehen, und die einzige Verzögerungstaktik, die mir einfiel, war das Pub. Ich bin auch sonst kein großer Trinker, und bei einer solchen Gelegenheit schon gar nicht, so daß ich mir nur eine heiße Schokolade bestellte und sie mit an einen Fensterplatz nahm, von dem aus ich die Kathedrale sehen konnte. Ich legte meine Ellbogen auf den Tisch vor mir und umschloß den heißen Porzellanbecher mit meinen Händen. Ich kam mir vor wie eine Mini-Ausgabe jener alten, steinernen Wärmflaschen, die ich, wie ich mich dunkel erinnerte, immer mit ins Bett bekommen hatte, wenn ich als kleines Kind bei meiner Großmutter übernachtete.

Durch das Fenster konnte ich in hundert Metern Entfernung die Westtür der Kathedrale sehen, die Tür, durch die mein Vater und ich so oft gegangen waren. Heute, an diesem trostlosen Oktobernachmittag, gingen nur vereinzelte, warm gekleidete Besucher in dem Gebäude aus und ein.

Ich beschloß, mir ein bißchen gut zuzureden.

„Nun sieh mal!" flüsterte ich in meinen Becher, „du bist ein erwachsener Mann. Du bist kein Kind mehr. Du kannst selbst entscheiden, was du tun willst. Wenn du beschließt, aufzustehen und zurück zum Bahnhof zu gehen und den nächsten Zug nach Hause zu nehmen, dann ist das in Ordnung. Das ist absolut in Ordnung. Du hast zwanzig Jahre lang mit dieser Furcht in deinem Bauch gelebt. Die ein oder zwei Jahrzehnte schaffst du es auch noch. Warum dir für nichts ein Bein ausreißen? Gib es auf! Geh nach Hause! Du weißt ja nicht einmal so richtig, wonach du eigentlich suchst, und wahrscheinlich wirst du es hier sowieso nicht finden. Abgesehen von allem anderen, wie wirst du damit zurechtkommen, wenn der große Knall ausbleibt? Geh schon – geh nach Hause. Trink deine Schokolade aus und geh zurück zum Bahnhof!"

Derartige Tiraden gegen mich selbst haben mir schon immer geholfen, Entscheidungen zu fällen, und so war es auch jetzt. Ich stand auf, knöpfte meinen Mantel zu, schlang mir den Schal um den Hals und verließ das Pub. Sekunden später, atemlos vor zitternder Erwartung und eisiger Kälte, schritt ich mit beinahe roboterhafter Entschlossenheit über die Rasenfläche hinweg auf die Westtür zu. Ich war im Begriff, der Kathedrale von Winchester meinen ersten Besuch seit dem Jahr meines zwölften Geburtstages abzustatten. Als ich die Tür erreichte und aufstieß, wurde mir klar, daß es auch das erste Mal überhaupt war, daß ich sie allein betrat.

Trotz der Kälte schwitzte ich heftig, als ich durch die Innentür kam und einen Moment lang reglos am Westende des Schiffes stand. Die abrupt überwältigende Vertrautheit meiner Umgebung ließ mir die Knie weich werden. Dann, plötzlich erfüllt von einer spröden Erregung, fuhr ich herum und spähte hinauf zu dem seltsamen Durcheinander von Buntglasfragmenten, das die obere Hälfte der Westwand fast völlig ausfüllte.

„Was ist denn da passiert, John?"

Ich erinnerte mich an die Frage. Ich erinnerte mich an meine Antwort.

„Cromwell hat ein Fenster zerschlagen, Papa, und die Leute haben die Scherben aufgehoben und versteckt, und später haben sie versucht, sie wieder zusammenzusetzen, aber sie haben es nicht richtig hingekriegt, also haben sie sie ganz durcheinander zusammengesetzt wie ein riesiges Puzzle, damit sie immer noch ihr Fenster hätten, was immer der alte Cromwell sich einbildete. Stimmt das, Papa?"

Es stimmte. Es stimmte! Papa hatte es mir gesagt, also mußte es stimmen.

Ich machte kehrt und setzte mich den Südgang entlang in Bewegung. Ich war in Trance. Ich war zwölf Jahre alt. Ich wußte noch alles. Dort war das Denkmal von Dr. Warton, und dort lauschten in Ewigkeit drei seiner Schüler ihrem berühmten Schulmeister, gekleidet in ihre komischen, altmodischen Sachen.

„Wo finden wir drei winzig kleine Mönche, John?"

Ich war so stolz.

„Da drüben, Papa, sie sitzen zu Füßen des Bischofs."

Und dann, ein Stück weiter, die Liste der Leute aus dem sogenannte Hampshire-Regiment, die alle im Krieg getötet worden waren.

„Hör mal, Papa! Hör mal! Hör mal! Hör dir die Namen an – Shadwell, Smallpiece, Smith, Spanner, Stammer, Steele, Stone. Sind das echte Namen, Papa?"

„Ja, es sind echte Namen, und sie sind wirklich gestorben, mein Sohn."

Weiter zum südlichen Querschiff mit den ältesten Eichenstühlen von ganz England.

„Darf man sich darauf setzen, Papa?"

„Ja, nur zu. Es ist ja nirgends ein Verbotsschild, oder? Diese Stühle haben schon vierhundert Jahre lang eine Vielzahl von englischen Hinterteilen ertragen. Wenn da deines etwas ausmachen würde, dann wäre es wohl sowieso Zeit für sie, zu Brennholz verarbeitet zu werden."

Ich setzte mich immer auf alle beide, verzaubert von dem Gedanken an jene Hunderte und Aberhunderte verschiedener Hinterteile, die dort im Lauf der Jahre gehockt hatten.

Als nächstes kam das Grab von Isaac Walton, dem Fischer, gefolgt von dem Denkmal für Bischof Wilberforce, dem Sohn des Mannes, der versucht hatte, alle Sklaven zu befreien. Dort drüben waren die Pilgertore, und da oben links, in ihren Kisten oben auf der Mauer, lagen die Gebeine der alten Könige. Am unheimlichsten für mich als kleinen Jungen war der grauenhafte Kadaver von Bischof Fox in seinem winzigen Gefängnis hinter eisernen Gitterstäben, die er dort angebracht hatte, um die Welt zu erinnern, daß niemand für immer lebt.

Oh, Papa ...

Ich kam zu einer Stelle, wo Kerzen auf einem schmiedeeisernen Ständer brannten und flackerten. Ich nahm eine neue Kerze, entzündete sie an einer der anderen und warf eine Münze in das Kästchen daneben. Dann trat ich einen Schritt zurück und starrte die kleine Flamme an, wie sie zitterte und beinahe erstarb, bevor sie anfing, stetig zu brennen. Die Kerze war für meinen Vater. Ihre Flamme war lebendig, und er war tot. Ich fing wieder an zu schwitzen. Jene Bombe in meinem Innern würde jeden Moment hochgehen, und ich war voller Angst. Instinktiv entfernte ich mich von einer kleinen Gruppe von Leuten, die auf etwas neben mir starrten, und wandte mich rasch in den Retrochorus, der jetzt verlassen und doch, wie jeder andere Winkel in diesem Gebäude, angefüllt war mit vier Jahren Erinnerungen an Papa und mich.

„Siehst du die Worte unter diesem Rost dort, Junge? Sie handeln von St. Swithun, dem Heiligen der Kathedrale. Weißt du noch, was der erste Teil bedeutet?"

„Was immer Anteil an Gott hat, ist in Gott geborgen. Richtig, Papa?"

„Richtig, mein Sohn."

Ich hielt es nicht mehr aus. Ich mußte hinaus. Ich setzte mich durch den nördlichen Presbytergang in Bewegung, in der Absicht, direkt auf den Ausgang am anderen Ende des Gebäudes zuzugehen, doch eine lärmende Gruppe Touristen zwang mich, in den Chorraum auszuweichen, und plötzlich wußte ich wie ein Kind, das sich am falschen Ort plötzlich übergeben muß, daß ich es nicht schaffen würde. Ich ließ mich auf einen der vorderen Chorstühle am Fuß der Presbyteriumstreppe fallen und versuchte so auszusehen, als interessierte ich mich brennend für das Grab des Rufus, des Normannenkönigs, der auf mysteriöse Weise im New Forest ums Leben gekommen war.

„Was hat man gefunden, als man den alten Rufus aufgemacht hat, John?"

„Eine Pfeilspitze, Papa. Jemand hat ihn erschossen!"

„Oh Papa, oh Papa! Warum bist du gestorben?"

Ich sackte nach vorn, vergrub mein Gesicht in den Händen und weinte. Die Explosion war nicht so überwältigend heftig, wie ich gefürchtet hatte, aber die Krämpfe, die mich in endlosen, zitternden Wellen durchliefen, erschütterten alles in mir. Und es lag soviel Zorn darin. Trauer hatte ich erwartet, aber nicht Zorn. Vielleicht war das der Grund, warum ich nach dem ersten dumpfen Schock vor all diesen Jahren abgeschaltet hatte. Wahrscheinlich war ich einfach nicht mit dem Gedanken zurechtgekommen, wilde Wut gegenüber jemandem auszudrücken, den ich so sehr liebte.

Aber jetzt drückte ich sie aus.

„Du hast mich verlassen! Du hast mich im Stich gelassen! Du hast mich einfach verlassen? Oh Papa, warum hast du mich verlassen?"

Die schiere Stärke meiner Gefühle zerrte mich auf die Beine. Soweit ich mich erinnere, war außer mir niemand im Chorraum, aber ich glaube ehrlich nicht, daß ich es bemerkt hätte, wenn jemand dagewesen wäre. Und es war in diesem Moment, durch die Tränen hindurch, die so lange darauf gewartet hatten, vergossen zu werden, als mein Blick auf das Ding fiel, das mein Vater am meisten geliebt hatte, die geschnitzte Christusfigur genau in der Mitte der großen Altarrückwand.

Es war einer der ganz seltenen Momente in meinem Leben, in denen mir ganz ungebeten einige Worte Jesu in den Sinn kamen.

Was immer Anteil an Gott hat, ist in Gott geborgen.

Adrian Plass

Tagebuch eines frommen Chaoten
Paperback. 160 Seiten. ISBN 3-87067-391-5
Mit diesem Buch wurde Adrian Plass zum
christlichen Bestsellerautor. Inhaltsbeschrei-
bungen sind zwecklos – das muß man gelesen haben . . .

Mr. Harpers Traum vom Leben
Paperback. 220 Seiten. ISBN 3-87067-678-7
Der junge und unerfahrene David Harper
wird Hausvater in einem Heim für milieuge-
störte Kinder. Ein Plass-Roman mit auto-
biographischen Zügen.

Die steile Himmelsleiter
Paperback. 220 Seiten. ISBN 3-87067-462-8
Adrians Autobiographie mit unwidersteh-
lichem Humor und entwaffnender Ehrlich-
keit.

Ansichten aus Wolkenkuckucksheim
Paperback. 192 Seiten. ISBN 3-87067-475-X
Adrian beschreibt mit gewohntem Witz das
Auf und Ab des Christen, das zum größten
Teil aus dem Sichwiederaufrappeln
besteht . . .

Streß-Familie Robinson
Paperback. 208 Seiten. ISBN 3-87067-609-4
Die Robinsons sind eine „ganz normale
Familie". Familienmitglied h. c. Elizabeth
Reynolds gewährt dem Leser einen Einblick
ins „traute Familienglück" . . .

Ein Außerirdischer im Kirchenschiff
Paperback. 180 Seiten. ISBN 3-87067-511-X
Eine himmlische Begegnung der dritten Art
hat die Gemeinde von St. Wilfried's, als sie
in ihrer Kirche einen Außerirdischen vor-
findet.

Brendow
Buch · Kunst · Verlag

Die theatralischen Tonbänder
des Leonard Thynn
Paperback. 144 Seiten. ISBN 3-87067-508-X
Adrians Gemeinde will beim Theaterfestival
mitmachen: Daniel in der Löwengrube. Na
ja, wir erleben Daniel doch etwas anders als
gewohnt . . .

Warum es kein Verbrechen war,
Onkel Reginald zu töten
Paperback. 192 Seiten. ISBN 3-87067-555-1
Adrian erzählt gleichnishafte Geschichten
mit tiefgründigem Humor. Während der
Leser an der Haustür unterhalten wird,
schlüpft die Wahrheit durch ein Seiten-
fenster ins Zimmer . . .

Gesprengte Mauern
Gebunden. 192 Seiten. ISBN 3-87067-584-5
Ein Andachtsbuch – ein ganz neuer, anderer
Plass. Texte, die die Mauern der Angst in
uns sprengen.

O Herr, laß mich (k)ein Kohlkopf sein!
Paperback. 160 Seiten. ISBN 3-87067-641-8
Humorvoll und dennoch mit Plass'schem
Ernst und Tiefgang serviert der fromme
Chaot witzige Geschichten, Sketche und
Verse quer durch Gottes Gemüsegarten.

Die rastlosen Reisen
des frommen Chaoten
Paperback. 192 Seiten. ISBN 3-87067-643-5
Das zweite Tagebuch des Adrian Plass
berichtet von den Reisen und Vorträgen des
zum christlichen Redner avancierten Buch-
autors und seiner chaotischen Heimatge-
meinde.

Brendow
Buch · Kunst · Verlag